STEM 教学
实践指南

［美］ 理查德·M. 费尔德（Richard M. Felder） 著
丽贝卡·布伦特（Rebecca Brent）

陈　圆　译

彭　静　校译

重庆大学出版社

TEACHING AND LEARNING STEM：A PRACTICAL GUIDE/ Richard M. Felder，Rebecca Brent.
Copyright © 2016 by John Wiley & Sons, Inc.
ISBN: 9781118925812
Authorised translation from the English language edition published by Jossey-Bass.
All rights reserved.

本书封面贴有 John Wiley & Sons 公司防伪标签，无标签者不得销售。
版贸核渝字（2018）第 226 号

图书在版编目（CIP）数据

STEM教学实践指南 /（美）理查德·M.费尔德
（Richard M.Felder），（美）丽贝卡·布伦特
（Rebecca Brent）著；陈圆译. --重庆：重庆大学出
版社，2022.5
（高校教师教学发展译丛）
书名原文：TEACHING AND LEARNING STEM：A
PRACTICAL GUIDE
ISBN 978-7-5689-2916-5

Ⅰ.①S…　Ⅱ.①理…②丽…③陈…　Ⅲ.①高等学
校—教学研究　Ⅳ.①G642.0

中国版本图书馆CIP数据核字（2021）第227646号

STEM教学实践指南
STEM JIAOXUE SHIJIAN ZHINAN

［美］　理查德·M. 费尔德（Richard M. Felder）　著
　　　　丽贝卡·布伦特（Rebecca Brent）

陈　圆　译
彭　静　校译
策划编辑：贾　曼　陈　曦
责任编辑：夏　宇　　版式设计：贾　曼
责任校对：邹　忌　　责任印制：张　策

＊

重庆大学出版社出版发行
出版人：饶帮华
社址：重庆市沙坪坝区大学城西路21号
邮编：401331
电话：（023）88617190　88617185（中小学）
传真：（023）88617186　88617166
网址：http://www.cqup.com.cn
邮箱：fxk@cqup.com.cn（营销中心）
全国新华书店经销
重庆华林天美印务有限公司印刷

＊

开本：787mm×1092mm　1/16　印张：17.75　字数：355千
2022年5月第1版　2022年5月第1次印刷
ISBN 978-7-5689-2916-5　定价：54.00元

本书如有印刷、装订等质量问题，本社负责调换

总　序

　　教师教学与教学发展是一项专业活动，高校（及专业院系）、教师（及教学团队）、学生等都是这项专业活动的核心参与者与利益相关者。当我们审视尤其是展望一项专业活动的未来时，通常都会对其所处的内外部环境进行扫描，以此来尽量地发现和确定其所面临的机遇与挑战。经济发展与社会转型（如全球化等）、教育教学改革与发展（如高等教育大众化或普及化、以学习者为中心的教学范式等）、教学理念与技术的更新（如循证教学、教与学的学术等）、学习方法与策略的变化（如深度学习、自主学习等）等都是高校教师教学发展所置身其中的重要内外部环境，只有基于对上述内外部环境的认识与理解，才能更加全面地把握与预见高校教师教学发展面临的机遇与挑战。

　　作为教师教学发展的从业者，同时也是丛书的译者，我们将丛书的读者定位为高等学校中关心和关注教学发展的广大一线教师、教师教学发展从业者以及高等学校教与学相关的专业研究人员。以高等学校教师教学发展面临的机遇与挑战为出发点，我们希望作者、译者、读者能够尽可能地面向高校教师教学发展的未来，因此在选择书目时会考虑其编著者是否对高等教育改革与发展的内外部环境有足够的认识与理解，对教学发展与学习发展所面临的机遇与挑战是否有全面的把握与预见。该丛书是重庆大学教师教学发展中心整合学校资源，经过较长时间的筛选与审读的，我们确信，第一批遴选的五本著作都能够满足以上两个条件。为此我们与重庆大学出版社合作，陆续推出了"高校教师教学发展译丛"的第一批，包括《高等教育与技术加速——大学教学与研究的蜕变》《新教育——不断变化的世界给大学带来的一场革命》《教师学习与领导力——教有、教治、教享》《高等教育循证教学》《STEM教学实践指南》等经典著作。

　　该丛书既关注宏观的经济与社会发展（如新媒体技术），也关注高等教育自身（如高等教育转型发展、学术伦理），最终又落脚在教师的教学策略、学生的学习方式等。《高等教育与技术加速——大学教学与研究的蜕变》基于经济制度与大学之间的纠葛以及世界高等教育转型发展的背景，批判性地分析新媒体技术、学术伦理及其与当代大学教学策略之间的关系，涉及大学外部的"贪婪企业"和内部的"免疫紊乱"，海德格尔和加塞特等对教学的影响，以学生为中心和自下而上的学习方式等诸多方面。作者从其作为学术和行政人员学习和工作过的亚欧大学收集了大量的逸闻趣事，这些故事不仅能够帮助读者更深入地了解这些大学及其人和事，也能够启发读者重新审思经济背后的一些理念。

同样是以社会变革为宏观背景，思考技术变革与社会发展、社会重塑与教育变革，在此基础上反观学校、课堂、教学、学习等和教与学密切相关的具体要素，《新教育——不断变化的世界给大学带来的一场革命》的作者提倡"当变革性技术出现并开始重塑社会时，我们必须依靠高等教育为学生的生存做好充分准备"，基于高等教育滞后于社会变革的背景，反对技术恐惧或技术狂热，探讨如何以创造力、协作力、适应性等 21 世纪最重要的生存工具为抓手来改造学校和课堂，从而不仅教会学生如何思考，更要教会他们如何学习。这本书揭示了培养学生的路径和方法，使学生不仅要生存，而且要在即将到来的挑战中茁壮成长，适合所有想要了解为什么以及如何为 21 世纪重新构想大学的人。

相比前面两本著作，《教师学习与领导力——教有、教治、教享》将其关注点直接聚焦到"教师"这一教学最为核心的主体，强调应最大限度地发挥教育体制中教师的主观能动性，强调只有通过不断地加强横向与纵向的学习，教师方可成为优秀的教育者。基于"最好的教育者首先必须是最好的学习者"这一基本立场，通过回顾和梳理加拿大教育改革中所经历的包括由上至下、由下至上、市场驱动等在内的各种改革和发展的尝试，提出并论述了一个适应 21 世纪加拿大教改需求的新颖构想，即"归其所有，由其而发，为其所用"的教师专业发展模式及系统。希望通过借鉴加拿大教育理论专家和实践者在开发教师学习与领导力方面的相关经历和经验，帮助国内同行寻找一个更符合中国国情的教改发展之路。

教与学的学术（Scholarship of Teaching and Learning, SoTL）是近年来高等学校教育与教学的热点，循证教学（Evidence –based Teaching）则是更为新的教育教学理念。《高等教育循证教学》将"教与学的学术"和"循证教学"两者结合起来，探索基于数据驱动的证据来指导教师挑选教学技巧与工具，尝试将 SoTL 的理论研究与教学实践相结合。围绕和谐师生关系、在线教学、新媒体技术等主题全面梳理现有的 SoTL 研究成果，分析现状与问题，并给出基于证据的对策建议，旨在帮助教师挑战教学技术与工具，进一步帮助有志于从事 SoTL 的教师明确其在相关领域的出发点和可能的落脚点。本书不仅是针对非专业人士关于如何授课的简略指南，而且还涉及诸如因时制宜地选择教学技术，可以作为指导教学发展从业者组织教学发展工作坊、开展教学咨询的依据。

《STEM 教学实践指南》从一位大学化学专业教师的视角出发，将注意力更多地集中于高校一线教师在教学实践中会直接面对的一些具体的、实际的、操作性的问题。作者以"STEM 教育水平的高低在很大程度上影响着一个国家的创新力和竞争力"为出发点，反思了传统教学方式在促进学生深度学习和能力培养方面的局限，倡导"以学习者为中心"的教学范式，详细分析和阐述了教学设计、教学实施、教学评价这三个阶段中具体的困难与对策。在重点关注学生学习成效提升的同时，探讨学生批判性思维、高效团队合作和自主学习等方面能力的培养。新教师可以从书中学到很多行之有效且容易上手的教学策略，避开雷区，少走弯路；资深教师则可以结合书中内容找到共鸣，引发反思；教学发展和教学管理从业人员则可以借助该书提升工作水平。

本译丛得以实施，得益于重庆大学教师教学发展中心专项资金资助，感谢支持该项目立项和为该项目获得批准而付出辛勤劳动的重庆大学副校长廖瑞金教授、本科生院院长李正良教授。本译丛得以出版，要感谢重庆大学教师教学发展中心黄璐主任、李珩博士、陈圆博士、刘皓博士和重庆大学外国语学院游振声博士以及翻译硕士们的辛勤付出。尽管教师教学发展中心一直在开展教师教学发展项目，翻译国外著作对于教师和学生而言也是一种培育和鞭策，但同时面临着语言、专业及能力等诸多挑战，即便我们努力找到与现实教育场域非常贴切的表达方式，仍可能存在不足与问题，万望各界专家和教师们海涵并指正。本译丛得到了重庆大学出版社总编辑陈晓阳、社文分社社长贾曼、责任编辑夏宇、李定群、陈曦的大力帮助。对参与该项目的所有同事、学界同人、出版社的朋友，以及他们对本译丛能够克服重重困难而得以顺利出版所给予的支持、鼓励以及体谅，我们表示由衷的感谢！最后还要特别感谢我的先生但彦铮，对丛书的翻译工作给予了全方位、大力度的理解与支持。

重庆大学教师教学发展中心作为国家级教师教学发展示范中心，一直关注国际教育发展的动态趋势。该丛书的主要译者都有研修和访学的经历，他们或策划实施或亲身参与了诸如牛津大学举办的"Oxford Faculty Development Programme"、密歇根大学举办的"CRLT Fellows Program"等国际化教师教学发展研修项目，以及台湾大学举办的 ISW（Instructional Skills Workshop）、FDW（Facilitator Development Workshop）国际认证教学发展高级研修项目，这些项目的经历、经验及其本土化应用都极大地促进了学校和区域的教师教学发展。衷心希望本译丛的出版能更好地满足当前教师教学发展研究和实践的需要，为我国教师教育研究和实践做出贡献。

彭 静

2021 年 4 月于重庆虎溪

STEM 是科学（Science）、技术（Technology）、工程（Engineering）和数学（Mathematics）四门学科英文首字母的缩写。《STEM 教学实践指南》一书由美国著名的 STEM 教育专家理查德·费尔德和丽贝卡·布伦特合著，系统阐述适用于 STEM 学科的以学习者为中心的教学方法（Learner-centered teaching，LCT）的背景、原理、方法和手段。理论研究和教学实践证明，这些方法可以显著提升 STEM 各学科学生多方面的学习能力和学习成效。

《STEM 教学实践指南》提供了一系列关于如何设计和实施课程教学以及如何评价学生学习成果的经过研究检验的实用策略，这些策略既适用于已开课程，也适用于新开课程。书中涵盖内容丰富，包括如何开启引人入胜的课程，如何提高大班小班的学生参与度，如何帮助学生理解基础知识和概念，如何培养学生解决问题、沟通交流、创造性思维、批判性思维、高效团队合作和自主学习等能力，如何在面对面、在线和混合式教学以及翻转课堂中有效利用信息技术辅助教学等。作者还总结了现代神经科学的发现及其对教学的启示，同时展现了不同类型学生对自身教育经历的态度和见解。

借助《STEM 教学实践指南》的引导和支持，教师再结合自身教学工作实际，就可以找到更为科学、合理和睿智的工作方法，点燃学生主动学习的热情，提升学生掌握高难度学习内容的能力与效果。

谨以此书献给夏洛特和威尔逊·布伦特，记录他们幸福生活的美好回忆。

作者简介

　　理查德·费尔德博士是美国北卡罗来纳州立大学化学工程学院的荣誉教授，1969年以来一直在该校担任教员。他与人合著的《化学过程基本原理》（*Elementary Principles of Chemical Processes*）（第四版，美国威利出版社，2015年）自1978年首次出版至今，已经被将近90%的美国高校和很多美国以外的高校的化学工程院系选用，作为化学专业导论课程的教科书。理查德撰写或合著了300多篇关于工艺过程和STEM教育的论文，在教学、研究和出版的书刊方面获得了很多奖项，包括国际工程教育学会联合会颁发的杰出工程教育全球奖（2010年，排名第一）和美国工程教育学会颁发的终身成就奖（2012年，排名第一）。有关理查德的论文、专栏等相关信息资料，请访问ncsu的网站。

　　丽贝卡·布伦特教育博士是北卡罗来纳州卡里市一家教育设计咨询公司的总裁，拥有超过35年的教育经验，擅长STEM教师发展、师范类教师培训以及大学预科和大学层级的教育课程评估。布伦特还持有乔治·华盛顿大学评估师协会颁发的评估实践证书，撰写或合著了60多篇关于有效教学和教师发展的论文，并组织实施了美国国家科学基金会资助下的SUCCEED联盟[1]教师发展项目以及北卡罗来纳州立大学工程与科学学院的新教师入职培训项目。在进入咨询行业之前，布伦特曾是东卡罗来纳州立大学的教育学副教授，曾获"杰出教师奖"。2014年，她入选美国工程教育学会会员。截至目前，费尔德和布伦特已经独立和联合举办了450余场工作坊，内容涵盖有效教学、课程设计、新教师的辅导与支持、美国国内外学校STEM教师发展等领域。1991—2015年期间，他们还共同负责美国工程教育学会国家有效教学研究所的管理工作。

1　SUCCEED联盟接受美国国家科学基金会资助，积极促成联盟高校的教师发展计划，推广以学生为中心的教育理念与教学方法，以期提升美国国内工程教育和工程专业毕业生的总体质量。——译者注

前　言

对于许多大学教师而言，初登讲台就像手握一把汽车钥匙却没人教导该如何驾驶的新手司机。其结果呢？即便是经验丰富的老司机也会时不时忘记放下手刹就上路。他们一路跌跌撞撞，没去想过还有没有更轻松的驾驶方法，甚至没有留意到排气管冒出来的阵阵白烟。

本书为科学、技术、工程和数学领域的教师们提供了最佳指导。夫妻档组合理查德·费尔德和丽贝卡·布伦特在本书中运用了格外清晰又不乏趣味的笔调，让你在繁忙的工作之余也能静心阅读。只需浏览一下目录或索引，无论你是否完整读过这本书，都可以快速找到你想要查找的内容。

这本书不拘一格，其中插播了一些小文章，让你借此了解学生的想法，也包含了神经科学核心观点的简要总结，以及基于扎实研究和丰富经验的具体建议。书中所写的所有内容都以翔实的参考资料为支撑，你可以根据自己阅读的深度自由探索。

市面上关于 STEM 专业教学的书籍通常聚焦于某一个特定专业，比如物理或工程，很少有人能全面透析包含生物、化学、理论数学等在内的所有 STEM 专业的教学方法选择与应用。本书采用广泛的视角，使读者能够从各个专业视角获取有关 STEM 教学的最佳见解。

在高等教育 STEM 专业领域，能够有一本书为有效教学奠定基础，我们对此的渴望从未如此强烈，此乃幸事。在全球范围内，STEM 职业的发展态势生机盎然，工作岗位的涌现速度也远高于许多其他领域，但我们的 STEM 毕业生却供不应求。事实上，通常仅有小部分高中毕业生对 STEM 职业感兴趣，这小部分学生一旦遭遇 STEM 学业的挑战，又有很多会半途而废，仅存的硕果更是少得可怜。

但正如理查德·费尔德和丽贝卡·布伦特在这本引人入胜的书中所说，有很多方法可以帮助教师更加睿智地教学，还可以激发学生学习极富挑战学习内容的欲望和能力。本书可以帮助你为学生开启重要的职业机会，帮助他们改进和提升综合能力以满足国家和世界发展的长远需求。你还会发现，正如放下手刹开车更加轻松愉快一样，适宜的教学方法也会让你的教学生涯更加充实和愉悦。

以学习者为中心的教学方法最早可以追溯到希腊，佛陀以及远东的各种传统，近年来借助数学家罗伯特·李·穆尔，物理学家埃里克·梅热和卡尔·威曼等专家教师和研究人员在 STEM 学科中得以重现。要相信以学习者为中心的教学方法持续受到这些顶级教师的欢迎必定是有原因的，这种方法确实在促进学生学习方面有很大帮助。本书就如何在 STEM 学科中应用这些方法提供了最新的实用信息。

就我个人而言，在我教学职业生涯最初时就认识了理查德和丽贝卡，并且很幸运地参加了他们以学习者为中心的亦是本书框架所在的教学工作坊。那次工作坊彻底改变了我的教学重心，使我能够以全新的、更深入的方式理解学习。相信当你阅读这本书时，自然会体味到它的不同凡响，也会发现自己对学习的理解得到了极大的丰富。

芭芭拉·奥克利

博士，工程学院资深教授

美国密歇根州罗切斯特市奥克兰大学工程学院资深教授

美国加州大学圣迭戈分校访问学者

笔者系《纽约时报》（*New York Times*）畅销书《心灵数字：如何在数学和科学中脱颖而出》（《即使你的代数不及格》）［*A Mind for Numbers: How to Excel in Math and Science（Even If You Flunked Algebra）*］的作者，作者也合作讲授了《学会如何学习：助你掌握高难度科目的强大心理工具》（*Learning How to Learn：Powerful Mental Tools to Help You Master Tough Subjects*），该课程是美国加州大学圣迭戈分校 Coursera 课程系统提供的世界最大规模开放式在线课程之一。

序　言

为什么又要写一本关于"如何教学"的书？为什么是由我们来写？我想答案便在我们的故事里。

理查德的故事

早年我在美国北卡罗来纳州立大学开启化学工程教学和研究生涯时，与大多数同行一样，并未经历过任何严谨的教学培训。由于不知晓其他的教学方法，我只有遵循我唯一知晓的教学模式，那就是我的教授们当年教我的方式。不幸的是，也没有人教过那些教授们该如何教学。所以，在我职业生涯的前15年里，我做了所有同事都在做的事——无休无止地满堂灌输与测验。讲授和测验太过冗长，课程成绩也呈现起伏较大的曲线分布，日子也就这样得过且过。

我的讲义写得很规整，上面的推导完整无误，讲述清清楚楚，偶尔也趣味横生，大多数学生离开教室时认为他们都听懂了。我也因此获得了很高的赞誉，赢得了一些奖项。然而，一些小小的波折也会不期而遇。讲课结束后，作业中出现几道与我在课堂上讲过的类似的问题，学生们却要奋斗好几个小时才能完成，许多学生的考试成绩也低得可怜。大多数考得不好的学生都把责任归咎于自己，他们自责地认为如果连我这么一位口才一流的老师都教不好他们的话，那显然只能怪自己缺乏工程师的特质和天分了。

其实大多数学生都想错了，他们的失败更多应该归咎于我。当我开发和完善这些讲义时，我在思考如何用明确清晰的方式表达复杂的概念，寻找恰当的案例，事实上是我正在学习这些知识。接着问题来了，我再教给学生的都是我已经消化的这些"食物"。学生没有经过有效"咀嚼"，不能感受到通过思考自己解决问题的必要和重要，这意味着无论他们当时在课堂上自认为理解得有多透彻，其实他们从来都没有真正理解学习的内容，也没有获取知识。

大多数 STEM 教授从未阅读过有关教育的文献，我也不例外。几年前，我才知道其实在教学领域早已有相当成熟的研究，有众多可供选择的教学方法，其中一些已被证明远比传统方法更能促进学生学习。于是，我开始尝试其中一些方法并取得了不错的成效。后来我又遇到了一些教学专家，他们进一步加深了我对教学的理解。其中一位专家成为我的同事，与我合著了这本书，她正是我的妻子丽贝卡·布伦特。（谁说教育研究没有回报呢？）

丽贝卡的故事

当我还在上幼儿园的时候就已经是一名"教师"了，"教授"邻居家的孩子认字母。打那时起，我便将教育视作自己一辈子的事业。我热衷于探究人们是如何学习的，有哪些创造性的方法可以促进学习。我真正的职业生涯是从一名小学教师开始的，之后获得博士学位，以教师教育者[1]的身份任教于美国东卡罗来纳州立大学。每当看着学生们登上讲台，并把我研究过的所有教育理论付诸日常教学实践，我都为之着迷。同时我也任职于师资团队，为那些想要跨界成为教师的人们开发培训课程。也正是在那时，我意识到传授一些精心挑选的策略可以帮助人们成为有效的教学者。当理查德和我开始为大学 STEM 教员举办工作坊时，我发现这种方法很奏效。我们可以帮助人们了解他们的学生是如何学习的，让他们仔细审思自己希望学生能够做什么以及如何评估学生的能力，并提供一些简单的方法来提高学生课堂参与度，不管他们的教室里有多少学生。在参加过我们工作坊的教师中，有些教师在尝试了我们的建议后看到了学生学习的变化，有些教师对自己的课程进行了重大变革，并随之看到相应的明显效果，还有些教师如今已开设了自己的教学工作坊，这确实让我们很高兴。

我们在工作坊中介绍过很多经过扎实研究和反复证明的行之有效的教学方法，其中大多数操作起来并不难。我们写这本书的目的也正是与你分享这些方法和相关研究。

本书的第 1 章简要介绍了教育研究揭示的有效教学方法、各章内容的预览以及如何使用本书的一些建议。这一章是一个快速导览，其中出现的观点将在相应的章节中反复出现。接下来的章节主要涉及有效设计和实施课程的方法，以及如何帮助学生获取并提高解决问题、沟通交流、创造和批判性思维、高效团队合作以及自主学习的能力。

由于篇幅有限，我们也深知你的阅读时间更加宝贵，因此有一些内容我们不打算在本

1　教师教育者是指依据教育发展要求和教师专业标准，遵循教师成长的内在规律，承担教师职前培养和在职发展的专业人员。——译者注

书中深入探讨，其中包括众人皆知的教学原理，以及方法背后的理论文献。市面上有很多书都在讲述这些理论，我们只会引导你关注其中最重要的部分。我们的重点将放在实践的细节上——方法是什么，如何应用以及在实践过程中要避免的雷区。我们还将与你分享现代认知科学的研究成果，提供关于这些方法为什么可以始终如一高效运行的背景和原理。

这本书大量引用了我们撰写或合著的期刊文章。值得注意的是，章节之间插播的片段几乎全部源于我们自 1988 年以来在季刊《化学工程教育》（*Chemical Engineering Education*）中发表的"随机思考"专栏文章。在此，非常感谢总编林恩·希斯利授权我们修改和重印这些文章。

为了这本书我们不惜多方求助，一大帮同事帮忙审阅了章节初稿，分享了自己的课程材料，并给予了宝贵的鼓励和建议。为了缩减序言的篇幅，我们在此仅诚挚感谢大卫·布莱曼、丽莎·布拉德、乔-安·科恩、马克·库贝塔、杰基·迪茨、约翰·法克纳、斯蒂芬妮·法雷尔、埃琳娜·费尔德、加里·费尔德、肯尼·费尔德、玛丽·费尔德、辛迪·弗斯、苏珊·杰拉蒂、杰夫·乔伊斯、米洛·科雷茨基、苏珊·洛德、米斯特·洛克里、尼基·莫纳汉、迈克尔·莫伊斯、迈克·普林斯、朱莉·夏普、金伯利·坦纳、丹·提格、约翰·托尔、托马斯·温特沃思和卡尔·佐罗夫斯基。

就算篇幅有限，我们也要在此特别感谢两位同仁。因为若是没有他们的鼎力相助，就一定没有这本书的诞生。其中一位便是杰出的作家和教育家芭芭拉·奥克利。多年以前，从她得知我们计划写书的那刻起，她就开始关注我们，充当我们的首席啦啦队队长、批评者和推敲者。每当我们自我怀疑的时候，她总是善意地向我们保证世界急需这本书，精心修改我们迂回和夸张的文笔，并在收到我们的邮件之后立即回复，给予我们贴心的鼓励。最终我们无路可退，若让芭芭拉失望，我们将无法承受心中的这份愧疚。长久以来，对芭芭拉的这份感激无以言表。

言语同样不足以表达我们对编辑玛丽莲·韦默的感激，她既是《教学的教授》（*The Teaching Professor*）时讯的资深专家，也是《以学习者为中心的教学》（*Learner-Centered Teaching*）一书的作者。与玛丽莲这样的专业偶像共事真有些令人生畏——好比我们已着手谱写一部交响曲时得知莫扎特会来提建议。幸运的是，玛丽莲不仅是世界高等教育的最高权威之一，还是最优秀的编辑和最友善的导师。她源源不断地给了我们很多无可挑剔的好建议，并没有试图将她的观点或立场强加于我们。每当我与丽贝卡产生争论，玛丽莲总是偏向丽贝卡那一方，而我也总是口服心服。

最后，我们还要感谢肯尼、乔伊斯、埃琳娜、利奥尼西亚、加里、罗斯玛丽、玛丽、本、杰克、香侬、约翰尼、詹姆斯和塞塞莉娅，感谢你们忍受我俩在撰写本书的最后阶段经常失踪。开始写作这本书时，我们曾经设想，"当我们完成这本书时，已经儿孙满堂承欢膝下"。希望经历漫长的岁月，当你们13人在读到这本书时，仍然可以见证我们不变的初心，感受我们前行的勇气。

理查德·M.费尔德

丽贝卡·布伦特

目 录

1. 初识大学教学 /1

1.0 欢迎你进入大学，这是你的办公室，祝你好运 /1

1.1 如何让学习发生 /2

1.2 以学习者为中心的教学：定义、忠告与保障 /4

1.3 本书涵盖的主要内容 /7

1.4 如何使用这本书 /8

第一篇 设计课程

插曲一则 他们应当知道什么？ /13

2. 学习目标：有效教学的基石 /15

2.0 引言 /15

2.1 叙写和使用课程学习目标 /17

2.2 布鲁姆教育目标分类法 /25

2.3 响应先修课程和专业成果的需要 /29

2.4 要点回顾 /30

2.5 课堂实践 /31

插曲一则　红脸与黑脸：拥抱教学中的对立　/32

3. 课程设计与准备　/34

　　3.0　引言　/34
　　3.1　通向备课灾难或雷区的三步　/35
　　3.2　准备和重新设计课程的理性方法　/36
　　3.3　选择一本教材或一套内容交付系统　/38
　　3.4　制订课程评分规则　/39
　　3.5　撰写教学大纲　/42
　　3.6　关键的第一周　/43
　　3.7　要点回顾　/52
　　3.8　课堂实践　/52

插曲一则　如何编写教学计划（或其他教学文本）　/54

4. 教学设计与安排　/56

　　4.0　引言　/56
　　4.1　避开常见的设计雷区　/57
　　4.2　教学设计的要素　/58
　　4.3　促进长时记忆的存储、提取和迁移　/58
　　4.4　有效课堂教学的两大法宝　/62
　　4.5　设计高质量的问题和活动　/63
　　4.6　别将课堂变成幻灯片的秀场或者喧嚣的集市　/66
　　4.7　使用留白的讲义　/67
　　4.8　设计本科实验课程　/70
　　4.9　要点回顾　/71
　　4.10　课堂实践　/72

第二篇　实施课程

5. 有效教学的要素　/75

    5.0　引言　/75

    5.1　让课堂教学更有效　/76

    5.2　让课前任务更有效　/79

    5.3　不要成为教学计划的奴隶　/82

    5.4　持续改进教学　/83

    5.5　要点回顾　/86

    5.6　课堂实践　/87

插曲一则　认识你的学生：艾莎和瑞秋　/88

6. 主动学习　/91

    6.0　引言　/91

    6.1　何为主动学习　/92

    6.2　学习活动的结构和形式　/93

    6.3　主动学习的成效和机理　/95

    6.4　为解决问题而开展的主动学习　/98

    6.5　关于主动学习的常见误区　/100

    6.6　关于主动学习的常见顾虑　/103

    6.7　主动学习策略在习题课和翻转课堂中的应用　/105

    6.8　要点回顾　/106

    6.9　课堂实践　/107

插曲一则　科技到底是学习的朋友还是敌人？　/108

7. 科技助力教学　/110

　　7.0　引言　/110

　　7.1　教育技术工具　/110

　　7.2　教育技术对学习的促进作用　/111

　　7.3　建立沟通与联系　/112

　　7.4　将技术融入教学　/114

　　7.5　混合式学习与翻转课堂　/116

　　7.6　在线课程　/119

　　7.7　要点回顾　/121

　　7.8　课堂实践　/122

插曲一则　认识你的学生：米歇尔、瑞安和亚历克斯　/123

8. 评价知识、能力与理解程度　/126

　　8.0　引言　/126

　　8.1　选择题与简答题　/127

　　8.2　评价与促进概念理解　/131

　　8.3　评价学生解决问题的能力　/134

　　8.4　评价书面和口头报告　/142

　　8.5　要点回顾　/149

　　8.6　课堂实践　/150

第三篇 促进能力发展

插曲一则 认识你的学生：斯坦和内森 /153

9. 问题解决能力 /155

9.0 引言 /155

9.1 从新手到专家的悠悠坎坷路 /156

9.2 有助于培养专家型问题解决能力的教学策略 /158

9.3 解决复杂问题的模型 /164

9.4 基于问题的学习 /169

9.5 要点回顾 /170

9.6 课堂实践 /171

附录：废水处理解决方案的步骤四和步骤五 /171

插曲一则 认识你的学生：戴夫、梅根和罗伯托 /174

10. 通用职业能力 /177

10.0 引言 /177

10.1 如何培养学生的职业能力 /178

10.2 沟通交流能力 /180

10.3 创造性思维能力 /181

10.4 批判性思维能力 /188

10.5 自主学习能力 /191

10.6 基于项目的学习 /193

10.7 为职业能力发展创设支持环境 /194

10.8 要点回顾 /196

10.9 课堂实践 /197

插曲一则　面对抱怨的几套说辞　/198

11. 团队合作能力　/200

11.0　引言　/200

11.1　合作式学习　/201

11.2　如何组建团队　/203

11.3　团队可以完成哪些任务?　/206

11.4　让学生团队高效运作的策略　/209

11.5　处理团队合作中的困难　/216

11.6　要点回顾　/221

11.7　课堂实践　/221

12. 重温以学习者为中心的教学　/222

12.0　引言　/222

12.1　学生多样性的多种体现　/223

12.2　归纳式教学　/229

12.3　以学习者为中心的教学策略　/232

12.4　最后的话　/234

参考文献　/235

译后记　/261

1. 初识大学教学

1.0 欢迎你进入大学，这是你的办公室，祝你好运

众所周知，技能型人才在有资格独立从业之前都要遵循惯例接受专业培训。例如电气工程师、机械工程师和厨师在接受基础训练之后都要以学徒的身份再操练数月乃至数年。会计师、心理咨询师、物理学家和医师则要为获取各自领域的学位付出数年的努力，医师还要度过额外数年的实习期。很难想象，某个行业专业岗位的从业者不经培训就直接上岗，特别是这些从业者的过错还可能导致对他人的直接或间接伤害……而大学教师就是这个例外。

教师的职业生涯始于本专业的本科和研究生课程学习以及完成他人指定的项目研究。当你加入了大学院系之后，不少学校的入职培训可能只包含本节标题的那几句，最多再花半天或者一天的时间来告知你关于医疗与退休福利、实验室安全须知那些事。大家潜意识里的假设都是只要你拿到了某个学科的专业学位，你就一定懂得如何教好一门课。

任何一位曾经念过大学的人或许都体验过这种假设带来的恶果。谁不曾遇到过这样的教授，他们要么授课毫无章法，丝毫不给学生理解的机会；要么在长达50分钟或者75分钟的课堂时间里把学生当作空气，单调枯燥的教学让人昏昏欲睡；要么就是以人类大脑无法企及的速度飞快地播放幻灯片，让人目不暇接。

遗憾的是，像这样糟糕的教师在大学里比比皆是。如果你也和他们一样，无论你的学术造诣多么深厚，表达多么精准，你在面对学生的考试成绩和课后评教时恐怕都难免尴尬。

要想成为一位合格乃至杰出的教师，需要学习很多在研究所里学不到的东西，例如如何进行课程设计并有效教授，如何严格公正地布置作业和安排考试，如何进行课堂管理和解惑答疑，如何对付作弊等负面问题，等等。面对这些问题，靠自己独立解决绝非易事。尽管已经有一些关于试错学习的说法，但收效甚微。因为就教学而言，你的过错是由他人在承担后果。很多大学新教师花费数年去学习如何上好课，而有的人却从未付诸努力。

其实这一切都是可以避免的。在长期的教学实践中，人们已经发现了很多行之有效的好方法。通过这些方法可以激发学生的学习动机，帮助他们获取未来学业和职业发展所需的知识、技能和素养。这些方法中的大多数其实并不难——你只需要了解它们是什么，然后就可以开始运用了。但这并不意味着这些方法可以帮助你把教学变得简单。事实上，要想上好一门课，尤其对于新手教师而言，必定是一项充满挑战又耗时耗力的任务，但也不要因此而畏惧。本书的目的就是帮助你学会如何教好一门课。

1.1　如何让学习发生

知识加油站：当我们学习时大脑是如何运作的？

学习是在长时记忆中编码和存储信息这一过程的简称，通过学习使得这些信息以后可以被提取和使用。根据一个广泛使用的模型来看，新的信息通过感官进入大脑，在感觉记录器中保持几分之一秒，之后要么传递到工作记忆中，要么丢失。一旦处于工作记忆中，大脑就会处理这些信息，并在几秒钟后（如果信息重复则需更长时间）要么将其存储到长时记忆中，要么丢失。

从一种输入到另一种输入，一个新感官输入能够转变成长时记忆的机会变幻莫测。最有可能与长时记忆相关的输入包括：（1）对学习者生存或幸福可能产生的威胁；其余的关联按降序排列分别是（2）与学习者的强烈情感联系；（3）与学习者的兴趣、目标、先备知识和过往经历有意义的关联；以及（4）感觉（可理解性）。

因此，如果教师提供的信息与学生所知道和所关心的事物都毫无关系，那对于学生来说，学习几乎没有任何意义。如果学生后来表现得好像从未听闻，那也就不足为奇了。这些信息永远不会成为学生们的长时记忆，所以出于某些实际目的，他们根本没有"听到"这些信息。除此之外，即便这些信息进入了长时记忆，除非通过强化训练（有意识的重复），否则包含信息的神经细胞簇之间的关联微弱，信息的提取也会遇到困难。

简言之，对于学生来说，越有意义的新信息越有可能被存储。一旦被存储，提取和运用这些信息的频率越高，学习就越有效（Sousa，2011）。

想想你真正擅长的事情吧，也许是踢足球、修理车、下象棋、弹钢琴、学物理、Java编程或其他任何事情。你大可继续思考，我们会耐心等待。

现在再想想你是如何变得擅长的。你可能会想到以前学过的某门课程，但更有可能想起的应该是自己第一次尝试做这件事时的尴尬和失败，然后从他人获得反馈或从自身错误中吸取教训，再做尝试。如果你坚持走过了这个过程，最终便会开启成功之门。你得到的练习和反馈越多，就会变得越精通，直至达到目前的水平。

其实这就是人们学习的方式。掌握一项技能主要来自实践、关注与反思，以及可能从他人处获得的反馈。如果我们仅仅通过阅读文本、观看和聆听讲座来学习，收获通常不会太多，长时间保留信息的可能性也很小。关于学习的真理，先哲们的下述观点值得我们深思和牢记：

人必须在做中学，即使你认为你已经会了，但在付诸实践之前你仍没有十足的把握。

——古希腊三大悲剧作家之一索福克勒斯

我们必须学会做的事，我们做中学。

——古希腊著名哲学家、科学家和教育家亚里士多德

你无法教会他人任何东西，你只可能帮助他自己去发现。

——意大利数学家、物理学家和天文学家伽利略

没有任何一种思想和观点能作为一种既定的观点传达给别人。

——美国哲学家和教育家约翰·杜威

现代认知科学和数十年的课堂研究表明，索福克勒斯和其他圣贤的思想是正确的。人们是通过实践和反思，而不是通过观察和倾听来学习的。遗憾的是，大约从小学六年级开始直到大学，大多数课程都主要是通过聆听教师讲授来学习的。因此，传统教育对于大多数人来说既没有吸引力，也没有效果，甚至对有些人的终身学习还是一种严重并且永久的威胁。幸运的是，我们已经发现了代替纯讲授式教学的好办法。从本章的下一节开始，我们将为大家介绍很多种有效的教学方法。这些方法在STEM教育中并不常见，但其合理性已经在大量广泛的实证研究中得以证明，也有很多STEM教师接受并成功运用了这些方法。此外，我们还有更多好消息与你分享：

想要有效教学，你不必使用你所知的每一种也不必一次性实践太多种有效教学方法。

如果你试图彻底颠覆之前的教学方式，可能会让你和你的学生都感到不适，让课堂成为灾难，学生的抵抗情绪可能会很强烈，你自己也会失去尝试新方法的勇气。相反，从一个或两个相对简单的替代方法开始，例如主动学习，再逐步引入其他新方法，让学生始终保持在学习舒适区附近。只有采取这种温和的方式，你的教学和学生的学习才会稳步提高，这才应该是你的目标。

要成为一名教学更有效的老师并不需要抛弃一切传统的东西。

我们并不是要你放弃讲授，让你的每一堂课都成为学生活动的盛会。我们的建议是尽量避免以单一的讲授方式贯穿整个课堂。在你的前几节课程中引入 1~2 个学习活动，这样你和学生就可以逐渐适应这种模式，之后再逐渐增加活动的频率。当你继续使用这种方法时，你的信心会提升，对主动学习的应用熟练程度也可能随之增加。我们接下来要讨论的其他教学方法也与此同理。再次强调，运用这些方法的关键是轻松平和的心态。

你没法保证让全班学生都达到你的要求，你也无须如此。

即使你使用教育领域最有效的教学方法，许多学生也不会因此取得最优异的成绩，甚至还会不及格。但这并不意味着你是位失败的教师。学生在课程中的表现并不是简单地由教师教学能力决定的，还取决于他们自身有多少把控主题的能力，对主题有多少兴趣，愿意和能够付出多少努力，课程成绩对他们有多重要以及很多其他因素。我们的建议是：作为教师，你的目标设定不应该是让 100% 的学生都达到你的要求，因为这样的要求通常都遥不可及。不是每个人都是天生的科学家、工程师或数学家。如果所有学生都能完全达到你设定的标准，那可能是标准设置得太低了。你的目标应该是让尽可能多的学生具备足够的能力、动机和职业道德，能顺利通过课程考核，并将所学迁移到其他课程以及未来的职业生涯中。这些是你可以做到的。

1.2 以学习者为中心的教学：定义、忠告与保障

著名的哲学家和教育家约翰·杜威曾经说过："好比销售与购买，教学和学习也是两

个相互关联或相互对应的过程。也有人可能会说，不管有没有人购买，销售都可以照常进行，正如不管有没有人在学，他都可以教学一样。"（Dewey，1910：29）

这种说法看似有点道理，但并非每个人都这样认为。如果你在字典中查找"教"这个字，会看到两种截然不同的解释：

1. 教：展示或解释某物。
2. 教：促使了解某物。

根据第一种定义，如果学生在一门课程中期待学习的东西涵盖于讲授与阅读中，那么教师就已经成功地教授了这门课程，不管学生有没有真正学会。根据第二种定义，如果学生没有学会，教师就没有教授成功。

许多 STEM 教师选择了第一种定义。"我的工作就是讲完教学大纲规定的内容，"他们争辩道，"如果学生没有学会，那就是他们而不是我的问题。"他们使用以教师为中心的教学方法，由授课教师决定课程内容，设计和实施讲座式的教学方式，创建、管理和批改课后作业和测验，评定课程成绩……教师几乎控制了课程中发生的一切，唯独不关心学生的反应和收获。学生们的主要任务是静坐聆听，有些学生偶尔会提问或答问，但大多数只是被动地观看。

学生们在课堂上竭尽所能去吸收教师所讲的内容，然后尽力在作业和考试中复制所学——这种几乎代表了 STEM 高等教育现状的教学模式，已在世界各地实践了几百年之久，尽管它并不符合当前我们关于学习的认知。

从本节伊始引用约翰·杜威的名言，可以清楚地看到他信奉"教"的第二种定义——促使学习发生。该定义正是现在所提倡的以学习者为中心的教学精髓所在。在以学习者为中心的教学范式下，任课教师仍然需要设定广泛的教学参数，确保学习目标和课程内容涵盖应该涉及的所有知识和技能，确保课程评价符合目标并且公平合理，确保课程成绩与评估数据相一致。不同之处在于，学生不再是被动的接受者和信息的重复者，而要为自己的学习承担更多的责任。教师不再是智慧和知识的唯一来源，而是帮助学生获得所需知识和技能的教练或向导。

魏玛（Weimer，2013）查阅了大量关于不同形式以学习者为中心的教学的相关文献后得出结论，正确实施以学习者为中心的教学，效果优于以教师为中心的教学，并且前者几乎可以实现所有构想的学习成果。因此，我们将"以学习者为中心"作为本书的框架。在后面的章节中，我们将讨论具体的以学习者为中心的教学策略——这些策略是什么，相关研究有哪些，如何实现这些策略，使用时可能出现的问题以及如何确保使用时不出问题。在预览下一节之前，我们想提醒你当你第一次使用以学习者为中心的教学方法时，可能并不会一帆风顺。当你要求学生对学习承担起前所未有的重任时，他们恐怕不会全部跳起来感激地拥抱你。魏玛就曾经提醒道：

> 　　一些教师（职员）发现支持以学习者为中心的论据非常有说服力，于是便以极大的热情开始创设新的教学任务，设计课堂活动并重新制订课程规则。当他们完成这一系列规划后，会兴奋地觉得自己开发了一门全新的课程。他们在开课第一天就介绍了这些新的课程特点，与学生分享这些变化将使课程变得更好的坚定信念。接下来发生了什么呢？学生并没有给予他们相应的热情回应。事实上，学生们说得很清楚。他们还是喜欢像大多数课程那样学习。学生们的反应会让教师心灰意冷，有些激烈的言辞甚至堪比人身攻击。
> （Weimer, 2013: 199）

　　如果你尚未使用过以学习者为中心的教学方法，当你第一次尝试时遇到的阻力可能会给你造成不小的冲击。你的脑海中可能会浮现出学生评教分数急剧下降、职称晋升因此受挫的画面，然后装作若无其事地说"谁要以学习者为中心呢"，便重新退回到原来的轨道。

　　如果你发现自己处于这样的境地，就要努力克服畏难的情绪。有几篇关于以学习者为中心的教学方法的参考文献也曾经讨论过学生抵制的现象，包括为什么会出现抵制现象，以何种形式抵制以及教师如何处理这种抵制等（Felder, 2007, 2011a; Felder & Brent, 1996; Seidel & Tanner, 2013; Weimer, 2013）。我们此时不会详细解析这种现象，但稍后当我们进入主动学习、合作式学习和其他以学习者为中心的方法等章节时，我们将探讨这个问题。现在，请留意学生抵制的可能性，并确信如果采取了我们建议的对策，你可以将学生的抵制情绪降到最低甚至完全消除。如果你迫切需要消除疑义，请查看刚刚引用的5篇参考文献中的任何一篇，便可以轻松应对。

　　你可能也会听到一些教职员工认为以学习者为中心不起作用。如果你听到了这样的观点，请热情地与他们分享能证实其有效性的相关研究（我们将为你提供大量的参考资料）。这些研究成果都是最有力的回应。

1.3 本书涵盖的主要内容

本书的组织结构如图 1.3.1 所示。

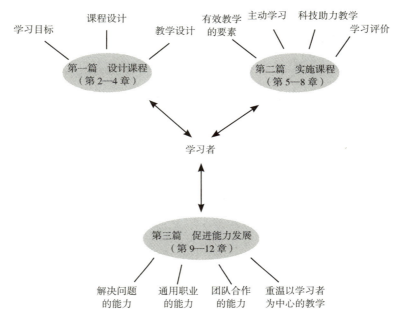

图 1.3.1　以学习者为中心的教学的构成要素

以下是各章节涵盖的主要内容。

第 2 章

叙写课程学习目标（陈述学生将如何展示教师所教知识、方法、技能和态度或价值观的掌握程度）并使用学习目标实现建构一致性（constructive alignment）[1]，即保证教学内容、课堂活动、课后作业和学习评估都对齐同一目标。

第 3 章

主要面向首开新课或重新设计的课程，包括撰写教学大纲并制订课程评分规则，给予课程一个良好的开端。

第 4 章

设计独立的课程单元。

1　建构一致性原则由澳大利亚教育心理学家约翰·B. 比格斯率先提出，强调教师为学习者提供明确指定的目标、精心设计的学习活动，以及与之相匹配的评估标准和评价反馈，三者之间需要进行有意识的校准。——译者注

第 5 章

有效教学与持续改进。

第 6 章

即便是在大班的条件下，也努力让学生积极参与课堂活动。

第 7 章

用科技提升教学效率，包括混合式学习（面对面教学和线上指导的结合）、翻转课堂和在线课程。

第 8 章

评价学生对学习目标中指定知识、技能和概念理解的掌握程度。

第 9 章

帮助学生发展解决问题的专业能力，以及基于问题的学习。

第 10 章

帮助学生发展沟通交流、创造性思维、批判性思维和自主学习的能力，以及基于项目的学习。

第 11 章

帮助学生发展必备的高效率团队合作能力（时间和项目管理、领导力、冲突管理以及各种人际协调能力）。

第 12 章

重温以学习者为中心的教学以及全书总结。

1.4 如何使用这本书

我们写这本书的目的是介绍一些经过验证的教学方法，这些方法中的大多数相对简单并不需要花费大量的备课时间，少数方法可能使你在实施过程中面临稍大的挑战，但这是一个小问题，让我们看看前面提到的一个观点：

对技能的掌握主要来自实践、关注和反思，以及可能从他人处获取的反馈。如果我们只是通过阅读、观看和聆听来学习，学到的通常不会太多，而且长时间保留所学知识的可能性也微乎其微。

不管是对于学生而言，还是对于想要努力成为一名更好的教师的你而言，上述规律都是适用的。如果你打算从头到尾通读这本书，你可能会被信息的浪潮所淹没。你可以选择一些有用的好点子，但它们不会导致你的教学发生巨大的变化，你在读完这本书之前可以随时停止阅读。

你无须像读小说那样从头到尾地阅读本书，而应将其视为一本工具书。我们已将各章节及其中的许多小节进行了合理划分和可独立阅读处理，所以你基本上可以挑选任何一个章节开始阅读。关于应该何时以及如何阅读这本书，以下建议供你参考：

在你即将开始授课时拿出这本书，查看你最近或从来没有读过的章节，找出几个新颖的点子并尝试使用。

公平对待书中所有的教学方法，不要只做一次尝试就断定这些方法不起作用，因为通常情况下一种教学策略从完全陌生到逐渐适应，教师和学生都需要经历一个反复磨合的过程。

当教学过程中的问题、困难或需求出现时，查阅本书的某个或某些章节来解决问题或满足需求。

例如，如果你刚刚组织了一次考试但结果非常糟糕，请翻到第 8 章，了解你可能有哪些做法不当，即使你还没有阅读过前面章节的内容也没关系（你可能没有做错任何事，可有时学生就是怎么都不学习）。

针对那些没有如你预期发展的状况收集信息。

当你准备再次教授同一门课程时，想清楚你要改变什么，并将这些想法放进你的教学计划中以提醒自己做出改变。

简而言之，请主动发掘这本书的最大功用。

好的，我们准备好了，开始吧！

第一篇

设计课程

假设你是一位微生物学专业的教授，你正在读高三的外甥想去邻近一所大学主修这个专业。外甥的母亲也就是你的妹妹特意前来征求你的意见。你因此去浏览了他们的网站、课程体系和课程描述。看完这些材料之后，你对该专业的了解程度应该有所增长，但增长并不显著。

一份课程体系（本质上就是一张课程名称的清单）、课程的目录描述和教学大纲都是教师打算如何教的浓缩版说明。当你读了之后，你仍然不太明白学生在学完一门课后，应该学会做什么（学习目标）——定义、解释、计算、推导、建模、评论、设计等。但是，如果教师采用了如第1章所述的以学习者为中心的教学方式，他们会设定学习目标，并将其作为课程设计、实施和评估的基准。此教学方法实施以后，无论是专业评估者、即将迈进校门的学生、高中指导顾问还是本专业的教职员工，包括学生本人都可以对本专业的培养目标，以及本专业毕业生应该准备些什么建立起更加清晰全面的认识。

本书的第一篇将简要描述如何设计一门有效的课程。第2章将讲解如何撰写学习目标，反映基础知识、高阶思维、解决问题和其他重要的非技术专业能力等。第3章将讨论在准备一门新课或主要课程的重新设计时，如何将可能花费的时间和精力降到最低，以及如何在开课第一周取得良好的开局。第4章将探究如何设计余下的课程内容。图 I.1 展示了上述章节的内在联系。

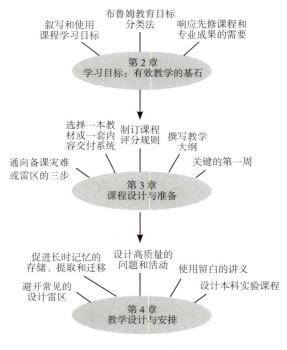

图 I.1　第一篇章节导图

插曲一则 他们应当知道什么?

面 试 官：早上好，艾伦先生。我是安吉拉·马歇尔，来自纳米产品公司项目工程与人力资源部。

大四学生：早上好，马歇尔女士，很高兴见到您。

面 试 官：我看到你5月份就要毕业，正在寻求我们公司的职位。我也注意到你这学期的平均成绩是3.75分，很高的分数。你想要寻求什么样的职位呢?

大四学生：嗯，我最喜欢工程类的课程，尤其是很多数学和计算机应用的内容。我特别擅长 Visual Basic 语言环境下的 Excel 程序和 Simulink 环境下的 MATLAB 程序，此外，我还懂一点 Java 计算机语言。我对集成电路设计或类似的工作比较感兴趣。

面 试 官：我知道了。坦白讲，我们只开放了很少几个有关设计和编程的职位。我们已经将大部分设计和制造业务转移到了中国和罗马尼亚，将大部分编程业务转向了印度。你会外语吗?

大四学生：呃……多年前读高中的时候学过一点西班牙语，到了大学就没再学了。大学的课程实在太多了，没有时间再学了。

面 试 官：那你是否愿意参加一个为期几个月的语言集训，然后到其中一个海外公司去呢? 如果你能胜任这个职位，你可以更快进入企业的管理层。

大四学生：呃……我还是希望能留在美国。美国国内还有职位吗?

面 试 官：有肯定是有的，但是现在毕竟不同于十年前了，你想要获取这些职位就必须展现出多种不同的能力。现在我会问你一些问题看你是否适合。首先，你认为自己在电子和计算机工程之外还擅长什么?

大四学生：我一直很擅长物理。

面 试 官：你的社会科学和人文学科学得怎么样?

大四学生：还行吧，但我并不喜欢。

面 试 官：我明白了，（站起身来）好吧，艾伦先生，谢谢你。我会将你的申请呈递公司总部，如果有合适的职位我们会联系你的。祝你过得愉快！

这一场假想的面试在现实中是可能发生的。特别是在发达国家，技术学科的就业市场正在悄然发生改变，对未来毕业生的能力要求也与日俱增。社会对 STEM 教育有一种不言自明的态度便是我们教授的很多东西都是错误的。自 20 世纪 60 年代以来，我们几乎完全专注于培养学生分析解决问题的能力。近年来，相当多的工商界发言人（Prichard，2013）认为，大多数需要这些技能的工作岗位，现在可以通过计算机或发展中国家的熟练工人以更低的成本、更好的方式完成。如果这些工作可以更廉价更优质，何乐而不为呢？他们还预测，发达国家的就业岗位将更加欢迎具备以下能力的 STEM 毕业生：

◆ 可以帮助公司保持领先于技术发展趋势的有创造力的研究人员、研发人员和企业家。

◆ 善于发现全球经济中的机遇并制订策略加以利用的全面的、多学科的思考者。

◆ 能与同事、客户和潜在客户建立并保持良好关系的善于沟通、管理和团队合作的人。

◆ 拥有多种语言技能和多元文化意识，能够在发展中国家和发达国家的企业之间架起桥梁的人。发达国家的许多制造设施和工作岗位正在移出而许多客户和消费者则继续留在本土。

问题在于，我们是否正在帮助 STEM 学生发展这些日益重要的特质？少数情况下，在大多数擅长人文学科并且强调基于项目的学习（Prichard， 2013）的小型大学和一些独立的 STEM 院系，答案是肯定的；但在绝大多数 STEM 专业，答案却是否定的。我们仍然把大多数时间和精力都花费在教学生"推导出一个有关 A 和 B 的表达式"以及"给定 X 和 Y，计算 Z"之类的问题上，很少为未来的毕业生提供系统的能力训练，以帮助他们找到并保住合适的工作。我们为什么不呢？因为人们通常不愿意离开自己的舒适区，教职人员也不例外。我们中的大多数人闭着眼睛都能解出方程，教学生解方程也是轻车熟路，却并不确定自己是否有能力解决需要创造力和批判性思维的跨学科问题，更不用说培养我们的学生具备这些能力了。

在培养高阶思维和解决问题能力的过程中，有效的第一步便是制订学习目标，用一种对教师和学生都很清晰的方式来定义有针对性的知识和技能。如何针对基础知识和高阶技能做到这一点是第 2 章的主要内容。如何教学生达到这些目标则是本书余下部分的内容。

2. 学习目标：有效教学的基石

2.0　引言

　　下面的两段对话你每天都可以在各大校园里听到相似的版本。对于一场即将开始的物理考试，我们听一下学生们在休息室里说了些什么吧。

乔　治：布冯教授的课下周一就要第一次考试了。我以前没选过他的课。他的要求是只要会代入公式求解就行呢，还是要求推导公式呢？

明　华：说不准呢。杰基收集了布冯以往的考试试题。去年秋季学期的考题中很多问题都是直接代入公式，但也有很多次，布冯考了他从来没在课堂上讲过的问题。

凯　利：是的呢，我去年春季选过他的课。他时刻都在抛出问题，甚至让你长篇大段地写，还会标记出你的语法错误！无论做了些什么，都不要问他这个跟考试有什么关系。他只会生气，然后对你滔滔不绝地讲一大堆诸如你的学习态度太糟糕之类的话······我们的教科书有600页，按照布冯的说法，我们应该记住书中的每一个字。

乔　治：算了吧——没时间了。我只打算复习一下作业中的错题和以前的试卷，但愿够了吧。

再让我们穿过大厅去教师休息室，听听这些学生的老师们要说些什么吧。

哈伍德教授：现在的学生就会死记硬背！给他们一个问题，只要让他们稍微思考一下，他们就不会了。

布冯教授：我搞不懂这些学生是怎么读到大二的。在我上次考试之后，还有学生去系主任那里投诉我的考试中出现了从没教过的内容，殊不知刚刚讲完的那一章里面就有所有要考的知识点。

哈伍德教授：我都想不通这些学生是怎么高中毕业的！他们中的大多数连写一个通顺的购物清单都费劲，更不用说项目报告或者论文摘要了。

克利帕克教授：这就是被宠坏的一代！他们只想要分数，但又不想为之努力！

显然，事情没有朝着两方中的任何一方期望的方向发展。许多 STEM 课程教师都认为自己布置的作业和考试恰好能够反映他们所教过的内容——解决复杂问题的能力、批判性或创造性思维能力或前面插曲中讨论的其他专业能力，学生一旦无法顺利完成作业或考试，教师就会感到沮丧。学生于是相信他们的主要责任不是学习，而是去猜测教师希望他们知道什么。如果考试成绩证明自己猜错了，学生就会埋怨教师对他们的要求不合理或者不清楚。另一方面，教师们认为学生都是缺乏动力、懒散或无知的，显然不能满足未来职业发展的需要。其实，教师们通常都错了。要知道，大学成绩与未来职业成功之间的相关性真的微乎其微（Cohen，1984；Donhardt，2004；Stice，1979）。

将教育演变成一场猜谜游戏，对促进知识获取或能力发展没有任何好处。教学经验和许多参考文献（例如，Ambrose et al.，2010；Felder & Brent，2005；Weimer，2013）都告诉我们，只有当教师更加清晰地表达出自己的期望，学生才更有可能达到这些期望。本章将为你介绍一种向学生传达期望的好方法，即设定学习目标，清楚表述出一旦学生们学会了你想要教给他们的内容之后，他们能够完成的任务类型。当你合理设定并恰当使用学习目标后，你的课堂讲授、课堂活动、课后作业和测验考试都会对齐统一的知识和技能，实现"建构一致性"（Biggs，1999）。即便是考试成绩不理想的学生，也很难归过于考试不公平。更重要的是，"建构一致性"可以帮助更多有能力在未来成为 STEM 专业人士的学生完成教学目标中明确要求的各项任务，尤其是我们刚刚在插曲故事中看到的那些需要良好的问题解决能力和通用职业能力的任务。

本章拟解决以下问题：

◆ 什么是学习目标？为什么要写学习目标？

◆ 我应该如何叙写目标以使其尽可能有用？

◆ 我应该将学习目标分享给学生吗？如果要，最有效的办法是什么？

◆ 什么是布鲁姆教育目标分类法？分类法的实用知识如何帮助我提高班级的学习水平？

◆ 什么是专业学习成果？什么是以成果为本的教育？为满足诸如专业认证之类的特定学习成果，教师又该如何叙写课程学习目标？

2.1 叙写和使用课程学习目标

学习目标是指当学生已经学会教师试图教他们的内容后，能够做什么样的明确表述（包括定义、解释、计算、推导、模拟、评论、设计等）（Felder & Brent，1997，2003；Gronlund，2008；Mager，1997）。学习目标的出现通常以诸如"到本节课 / 本月 / 第 6 章 / 本课程结束时，学生应该能够……"或者是"为了在下一次考试中取得更好的成绩，你应该能够……"之类的句子开头，紧接着表述任务，如表 2.1.1 所示。

表 2.1.1　学习目标示例

要想在下一次期中考试中取得好成绩，你应该学会：

◆ 在一系列图片中标记发动机部件 / 各类岩石 / 发射光谱 / 云团等。

◆ 对样本均值和方差进行单尾和双尾假设检验。

◆ 对代数和三角函数进行积分和分部积分。

◆ 概述腺苷和多巴胺导致咖啡因依赖或上瘾的原因。

◆ 用通俗易懂的语言定义转动惯量 / 蒸气压 / 光合作用 / 地质时间等。

◆ 解释磁共振图像。

◆ 评论一篇关于本课程主题的专栏文章。

◆ 根据所选单元格中的已知值、公式和子程序预测 Excel / VBA 电子表格的输出结果。

◆ 描述干细胞研究可能如何影响特定疾病的治疗。

教师对学习目标应该都不陌生，就算你从未听过"学习目标"这个名词。只要你曾经教过一门课程，你就肯定写过。你只是没有把它们称为"学习目标"，而是"考点"。通常只有当教师在策划一场考试时，才第一次认真思考他们希望学生能够做哪些事情，以此检测学生的学习成效。可是，这个时候已经太晚了。没有在考试之前设定学习目标会导致令人不安的状况，即考题中出现的某些问题教师并没有在平时教学中给予学生足够的指导。对于复杂问题，一节课、一篇阅读材料或者一两个案例通常远远达不到解决问题所需的全部知识和技能，还需要充分的练习和反馈。

我们曾在本章引言中表明良好的学习目标可以帮助教师在课程中实现"建构一致性"，其工作过程如下：

◆ 回想你希望学生在课程中学到哪些知识，提高哪些技能。叙写详细的学习目标以明确这些知识和技能。

◆ 围绕学习目标设计教学内容、课堂活动和课后作业并提供练习机会，通过作业和考试评测学生对指定任务的掌握程度。

◆ 与学生分享目标，最好将学习目标作为考试和其他评估手段的学习指南，并在教学过程中和作业布置时不断提醒学生。

◆ 当评估显示许多学生未能达到目标时，教师应当考虑修改相应的教学设计、活动和作业，并为该目标指定的任务提供更多练习和反馈。

这个过程是可以迭代的，通常经过多轮迭代之后的目标、课程和评估才能真正达到一致。每当课程内容需要修改时，这个过程都应当重来一次。

2.1.1　学习目标的层级

学习目标可大可小。下面我们将针对三个不同层级，分别给出微分方程或应用数学课程学习目标的示例。

课程层级的目标

在极端情况下，学习目标可以非常宽泛地涵盖希望课程帮助学生获取和发展的知识与技能，例如，完成本课程的学生将能够使用导数和积分方程对物理系统进行建模，求解这些方程，并应用计算结果描述或预测系统行为。合理、精准的课程层级的学习目标远远优于通常采用的主题列表，还有助于学生建立起自身目标、兴趣爱好与课程学习之间的关联。

单位课时的目标

在另一个极端，学习目标可以描述学生在单节课程后应该能够做什么。在课程刚开始时，教师可以在黑板上写下 1~3 个课程目标，帮助学生知晓课程安排，集中注意力，并为课程尾声的总结提供方便的参考。例如，教师可以告知学生"到今天课程结束时，你应该能够求解可分离一阶微分方程"。

章节层级的目标

学习目标也可以通过"完成第 4 章学习的学生应该能够……"或"为了在下一次考试中表现更好，你应该学会……"的形式来呈现学生在完成部分章节学习以后能够具备的知识和能力。例如，为了在下一次考试中表现更好，你应该学会用一阶常微分方程对物理系统进行建模，求解方程，并应用结果来描述或预测系统行为。章节层级的目标可以在确保课程质量和学习成效方面发挥重要作用。

2.1.2　有效目标的两个关键：清晰度和可观测性

从学生的角度而言，有效的学习目标所指向的行为必须是清晰可见的，从教师的角度则必须是可观测的。对于一个清晰的目标而言，学生应该能够读懂并且充满信心地说："是的，我明白它的意思，我可以做到。"或者："不，我做不到。考试前我还需要学习怎么做。"（但是，目标也不应该具体到让学生确切地知道你要考什么。）叙写学习目标的主要目的之一是向学生传达你的期望。如果学生无法确定自己能否完成这些指定的任务，这个目标很可能无法达成。

如果教师既可以观察到学生是否在执行任务，也可以看到学生执行的结果，这个目标就是可观测的。如果你对某项特定任务的可观测性不太确定，你可以问问自己是否将其包含在某次作业或考试中。一旦答案是否定的，这项任务很可能就是不可观测的，这个目标也是有缺陷的。作为一次识别练习，请再次浏览表 2.1.1 中的目标，你会发现这些目标对于已经完成课程相关章节的学生而言（可能）都是清晰的，对于教师而言一定是可观测的。

可观测性这项要求使得教师在叙写目标时要尽可能少使用"知道""学习""理解""欣赏"等字眼（我们把这几个动词称作"四禁止"）。这些任务对于任何一位教师而言无疑都是非常重要的，但它们却不适合写进学习目标当中。你无法直接观察到学生对某个概念的理解程度，如果你在作业或考试中单纯让学生"理解"，这样的命题可能毫无意义。为了让你清楚学生们是否真的理解了，学生必须做出可观测的行为，比如解释、推导、评论某件事或解决某个问题，以证明他们是否真的理解了这些知识或技能。你要求学生们做的事情就是你设定的学习目标。

以下为叙写学习目标的正确和错误示范。

叙写学习目标的正反案例

案例 1　到本课程第一组实验结束时，你们（或者是"学生们"）将：

差劲的写法：学会如何设计和开展实验（无法观测）。

勉强的写法：能够设计一项实验并分析实验结果（可能太模糊了）。

提倡的写法：能够

（a）设计并开展实验，根据 1~2 个自变量测量因变量，并对数据进行误差分析。

（b）向一名聪明的高三学生解释实验结果的含义。

案例 2　到课程结束时，你们（或者是"学生们"）将：

差劲的写法：了解跨学科团队的要求（无法观测）。

勉强的写法：能够在跨学科项目团队中有效地发挥作用（语义模糊，可能造成很多种不同的理解）。

提倡的写法：能够

（a）作为团队成员在跨学科项目团队中有效地发挥作用，其有效性由教师观察、同行评级和自我评估决定。

（b）解释不同学科在项目中的不同角色，并判断其相对重要性。

2.1.3　将目标用作学习指南

问你一个小问题，在学生常问的所有问题中，你最不喜欢的是哪一个？想一想，我们给你 5 秒钟。

如果你的答案是："这道题考试会考吗？"恭喜你答对了。许多教师在想到这个问题时都会很生气。"学生应该能够弄清楚什么对自己很重要，"教师们总是愤怒地说，"他们应当搞清楚，自己该对考试负责。今天的学生们可真是……"你可以自行脑补剩下的话。

然而事情并没有那么简单。教师经常布置数百页的阅读材料，也会在课堂上举例说明，布置课后作业。作业可以覆盖一部分但不是全部阅读材料。余下的内容，教师就会将其放进考试中。而那些问题的解法，教师可能只在作业中提及过一次甚至从来没有提及过。押中了试题的学生就会考得高分，那些没猜中的哪怕学得同样用心的学生可就没那么幸运了。

用这样的方式来评估学生的学习真的太可怕了。我们强烈建议你编写全面的章节层级的学习目标，并在距离每次考试至少一周之前以学习指南的形式分享给学生。学生会非常关注学习指南。下一段"知识加油站"将说明为何课程层面的学习目标和操作层面的学习指南具有改善学习的巨大潜力。

知识加油站：熟能生巧，有的放矢

在章节 1.1 的"知识加油站"中，我们得知当我们第一次"学习"某种知识或方法时，信息经过神经细胞回路网络被存储在长时记忆中。温习信息（有意识地重复）的次数越多，网络就变得越强大，随后唤醒这些知识或实施这些方法所需的努力就越少，因此学习者对所学知识或技能的熟练程度就越高。

学生在进行专注于明确和具体目标的刻意练习（deliberate practice）时，比起分散学习，可以学会更多知识并且保留更长时间（Ericsson et al., 1993）。假想一位网球运动员试图改善她的比赛成绩。她有很好的发球和强大的正手，但是她的反手很弱且不受控制。她每周练习 3 小时，会通过专注于反手练习而不是均等练习所有的击球来改善她的比赛成绩。同样地，一位钢琴家要想挑战一首高难度的奏鸣曲，也会通过反复排练最难的段落而不是一次又一次练习整首作品。

同理，学生应该集中精力去学习和练习对于他们来说最具挑战性的概念和方法。明确的学习目标有助于他们实现这种聚焦，帮助他们更好地掌握教师希望他们学到的知识和技能。

与运动员和钢琴家相比，STEM 学生面临着更大的挑战。网球运动员很清楚，如果她没有改进反手，她就不能在高水平的比赛中走得更远。钢琴家也确切地知道哪些段落还需练习。但是 STEM 学生却无从得知这方面的讯息。他们通常不会知道在长篇大段的文本和讲义中，哪些部分会被考到，通常也只有在考试结束时才能发现哪些地方还没有学会，可惜为时已晚。学习指南中全面完整的目标列表可以帮助你的学生决定如何最合理地集中精力学习，然后你也可以更清楚地了解到他们对你所期望的学习内容掌握到了何种程度。

我相信，在职业生涯里尝试过的所有教学技巧中，学习指南对我的学生学习产生了最明显的积极影响。这就是我的故事：

> 我在开始教授关于化学过程原理的化学工程概论这门课之前了解到学习目标，并决定在期中考试时有所尝试。这场考试难度较大，平均成绩一直很低。我写下了学习目标，并把它们放进一本学习指南中（"要想在这次考试中取得好成绩，你应该学会……"），然后故意在考试中放进了更多的高阶认知

问题。结果那次考试的平均成绩比以往还高出了 **10** 个百分点。缺乏课程基础、没有完成作业或没有好好准备考试的学生仍然考得不好，但其余那些从一开始就好好学习了学习指南的学生则要好很多。从那以后，我在教授的每门课程中都会做同样的事情，并且教学成效稳步提升。这大概就是因为我越来越擅长于设定、表述并在教学中执行我的学习目标吧！

表 2.1.2 和表 2.1.3 分别为大一统计学课程和大三化学课程的学习指南。请注意，学习指南并非是考点罗列，而是考试中可能出现的问题类型的综合列表。有的学生在第一次期中考试前没有认真对待学习指南，没关系，一旦他们发现考试中的每一道问题都与学习指南有所关联，所有认真的学生都会在接下来的课程中更加关注这些指南。

想一想

有的教师会抵制给学生考试提供学习指南的做法，因为他们担心这会让学生觉得一切来得太容易，降低了教学质量。你怎么能在不降低甚至提高学习标准的情况下提供学习指南呢？

表 2.1.2　学习指南示例 1

MAT 245 统计学 I
第一次测验学习指南
这是一次闭卷考试。你可以带一个简单的只能进行算术运算的计算器，不需要也不允许携带笔记本电脑进入考场。
在章节 2.1 中，你应当学会： ◆ 识别题目中的解释变量和响应变量； ◆ 绘制包含两个定量变量的散点图； ◆ 阐释散点图的形式（线性）和方向； ◆ 解释两个定量变量之间的关系强度，并判别异常值。
在章节 2.2 中，你应当学会： ◆ 依据散点图估计相关系数 r 值； ◆ 依据相关系数 r 值的大小，描述两个定量变量之间线性关系的强度和方向； ◆ 解释课本第 103 —104 页相关系数 r 的特性； ◆ 描述如何使用 Fathom 软件计算一组数据的 r 值。
在章节 2.3 中，你应当学会： ◆ 在已知直线方程的情况下，绘制直线图；

◆ 描述被最小二乘回归线最小化的量；

◆ 依据 x 和 y 的均值和标准差以及相关系数 r 计算最小二乘线的斜率和截距；

◆ 使用最小二乘直线方程来预测特定 x 值对应的 y 值；

◆ 在特定数据集合中阐释最小二乘线的斜率和截距；

◆ 在特定数据集合中阐释 r^2 值的含义；

◆ 解释外推法的预测误差；

◆ 描述如何使用 Fathom 软件来计算最小二乘直线方程，将其绘制在散点图上，并解释特定的 Fathom 输出结果。

在章节 2.4 中，你应当学会：

◆ 计算特定观察值的残差；

◆ 预测异常点和影响点对最小二乘线的影响；

◆ 解释为什么关联性并不意味着因果关系。

在章节 2.5 中，你应当学会：

◆ 使用双向表汇总两个分类变量的数据；

◆ 使用边际总数（或百分比）描述每个变量的分布；

◆ 使用适当的条件分布（行或列百分比）来描述两个变量之间的关系。

在章节 2.6 中，你应当学会：

◆ 解释变量混淆的含义；

◆ 解释观察到的两个相关变量如何与第三个变量发生共同反应；

◆ 解释观察到的两个相关变量如何混入其他潜伏变量。

资料来源：经 E. 雅克兰·迪茨博士同意转载。雅克兰·迪茨是美国北卡罗来纳州罗利梅雷迪思学院数学和计算机科学专业的荣誉教授。

表 2.1.3　学习指南示例 2

CH 312：物理化学 I

第二次期中考试学习指南

本次考试将包含课本上章节 6.3 之前的全部内容。要想取得好成绩，你应当学会：

1. 定义理想气体。针对理想气体，已知变量 P、V、T 和 n，计算第四个变量。

2. 已知气体的温度和压力，确定理想气体定律是否为一个好的近似。

3. 绘制一个单一物种的相图（P vs. T）并标记区域（固体、液体、蒸气、气体）。用这个图来定义蒸气压、沸点和正常沸点、熔点和升华点温度以及临界温度和压力。按照图表上的特定路径，解释 P 和 T 如何随时间变化而变化（增加、减少或保持不变）。

4. 用一名大一学生能理解的术语解释天气报告中的下列说法：温度 75 华氏度、气压 29.87 英寸、相对湿度 50%、露点 54 华氏度。

5. 在具有单个可冷凝组分（A）和液体 A 的平衡气液体系中，已知 A 的蒸气压与温度之间的函数关系，以及任意两个变量 y_A［A（v）在气相中的摩尔分数］、温度和总压力的情况下，运用拉乌尔定律计算第三个变量。

6. 在包含单一可凝蒸气 A 和一种及以上非冷凝气体的蒸气混合物中，已知 A 的蒸气压与温度之间的函数关系和任意两个变量 y_A（A 在气相中的摩尔分数）、温度、总压强、露点、过热度以及相对饱和度、绝对饱和度和百分比饱和度（或湿度），运用拉乌尔定律计算剩余变量。

7. 假设你开展了一个实验来检验第 6 项得出的变量，理论值与计算值出现显著差异。找出 10 个可能导致差异的原因，包括计算中的假设条件。

8. 找出一个涉及多相的常见物理现象（如池塘表面形成的雾），用本课中涉及的概念解释这个现象。在已有解释的基础上，评价其科学合理性。

2.1.4　为什么要叙写目标？

除了为考试提供适宜的学习指南、帮助教师实现"建构一致性"之外，章节层级的学习目标还有很多其他作用，比如有以下两个重要作用：

评估课程内容的重要程度，并以此为据删减部分内容。

当你浏览教学内容，试图确定学生掌握了这些内容之后能够做什么的时候（比如当你在写学习目标时），你会发现有些内容会让自己有点迷茫，不由得扪心自问："我到底为什么要教这些？"这些内容可能曾经很重要，但现在已经过时了，或者它们更像是锦上添花却不是必不可少。当你无法写出这一部分学习目标时，你应当考虑放弃，这样可以让你有更多的时间来帮助学生发展你认为真正重要的知识和能力。

向课程相关人士传递重要信息。

课程的目录和大纲展现的是所教主题和技能的概括性内容，而学习目标则阐明了每个主题的广度和深度。一系列全面而清晰的目标对于第一次上课的教师而言简直是无价之宝，同时也可以告诉后续课程的任课教师，让他们清楚学生已经在先修课程中具备了哪些知识和技能。如果将课程体系中每一门核心课程的学习目标都收集起来，院系审查委员会就很容易发现课程设置的覆盖面上有哪些重复或遗漏，并据此重新修订。

2.1.5　不同意见与回应

我们在推进叙写学习目标的过程中，也不时会听到相当多的反对声音。以下便是两种常见的反对意见以及我们对此的回应：

给学生提供学习目标和学习指南是填鸭式教育的体现。

学生确实非常喜欢学习指南，这是好事，但这不是我们提供指南的初衷。我们的职责是将学生培养成行业专家。专业的科学家、数学家、统计学家和工程师的每一项工作描述都伴随着明确的任务，要么是解决问题，要么是设计、优化或维护某个流程、产品或程序。

一旦他们知道应该做什么，他们就会开始学习一切有关的事情，必要时还会寻求帮助。为学生提供学习指南实际上就是在模拟这一过程，让他们清楚地知道自己需要做些什么准备。除非目标本身设定的难度偏低，正常情况下提供学习目标和学习指南不会降低考试的难度等级。

弄清楚需要学什么是一项重要技能，我希望我的学生自己去获取这项技能。

这项技能当然很重要，但是只有当任务明确之后，STEM 专业人士才能找出自己需要学什么，这与猜测自己可能需要知道什么和为以防万一做准备是不同的。当你为学生设定好学习目标后，他们仍然需要寻找达到目标的路径，然后确保自己已经掌握了必要的知识和技能，具备了达到目标所需的思考问题和解决问题的能力。

强调一下，学习指南不是考点的简单罗列，而是你可能会考的问题类型的综合列表，包括一些需要高阶分析、批判性思维和创造性思维的问题。那些不能进行深度学习或者没有完成要求的学生，即使他们手握学习指南，也无法解决这些问题。如果学生能根据这些目标，答出任何一道考试试题，说明他们已经很好地达成了目标；如果他们答不上来，说明他们还没有掌握。无论哪种情况，分数都能说明问题。

2.2　布鲁姆教育目标分类法

如表 2.1.2 和表 2.1.3 所示，不同的学习目标对学生的智力要求有很大的不同。有些需要记忆，有些需要常规应用课程中介绍的原则和方法，还有一些需要良好的问题解决能力。从 20 世纪 50 年代开始，由美国芝加哥大学的本杰明·布鲁姆领导的教育研究小组将目标分为三个领域——认知（包括获取知识、理解概念、思考和解决问题的能力）（Bloom & Krathwohl，1956）、情感（包括兴趣、态度和价值观的发展）（Krathwohl et al.，1984）和技能（包括操作实验和临床程序）（Simpson，1972）。针对每个领域，研究小组又定义了不同的层次。

技术类课程中的大多数教学和评估都涉及布鲁姆教育目标分类法中的认知领域。此外，注重培养学生价值观（例如道德推理）的课程会涉及情感因素，也有一些着重教会学生如何操作设备或执行实验、临床等流程的课程会涉及技能领域。本章余下部分我们只做关于认知领域的探讨。〔备注：另外一个对目标和价值进行分类的杰出体系是迪伊·芬克的重要学习分类法（Taxonomy of Significant Learning）（Fink，2003）。〕

2001年，研究人员对布鲁姆认知领域的教育目标进行了重组和重新命名（Anderson & Krathwohl，2001），结果如图2.2.1所示。研究人员将不同层次的认知水平用方框框了起来，旁边配上了简短的解释和行为动词。

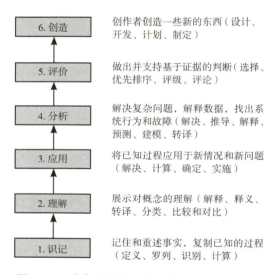

图 2.2.1　布鲁姆教育目标分类法——认知领域

从下往上的三个认知层次（识记、理解和应用）通常被称为低阶思维能力（lower-level thinking skills），在此基础上依次升高的三个认知层次（分析、评价和创造）则是高阶思维能力（higher-level thinking skills）。大多数被归类为批判性思维的活动都属于第五级。六个层次的目标分别如表2.2.1所示。

表 2.2.1　不同层次的布鲁姆认知目标示例

1. **识记**：列举［前十个烷烃］；陈述［简单代数和三角函数的导数公式］；识别［青蛙剖面图上的主要器官］。
2. **理解**：用非专业程序员能理解的语言解释［Java 中比较器的功能］；比较和对比［细菌和病毒感染］；阐释［SIMULINK 模拟的输出结果］；概述［团队运作的四个阶段］。
3. **应用**：计算［两个样本均值相差超过 5% 的概率］；绘制和标记［支持分布式重量的悬臂受力图］；求解［具有特定初始条件的二阶常微分方程］。
4. **分析**：解释（为什么我们在 70 华氏度的空气中感到温暖而在同样温度的水中却感到寒冷）；预测［生物体对特定环境条件变化的反应］；实施［数学归纳法对指定结果的证明过程］；模拟［一阶系统在 PID 控制下的动态响应］。
5. **评价**：确定［几种给定的 C++ 代码中哪一种更适合实现指定的目标，并做出解释］；［从多种扩大生产能力方案中］做出选择［证明你的选择］；［使用课堂上提出的标准］评价［一个口头项目报告］。
6. **创造**：设定［用指定侧基合成苯衍生物的程序］；头脑风暴［为什么组织工程皮肤更换在按比例放大时可能无法按设计运作］；设计［符合指定技术标准的实验、过程、产品或代码］。

请注意，学习目标打头的行为动词并不是某个层次目标的专属用语。例如，"解释"一词在表 2.2.1 的第二级（理解）和第四级（分析）中都有提及。"用自己的话解释电导率的概念"是第二级，而"解释为什么使用聚合代谢途径和酶抑制的代谢疾病治疗方案会起作用"则可能属于第四级，除非这种解释可以像第二级一样通过套用教科书上的内容而轻易给出。表中给出的大多数关键词都是通用的。

接下来，我们将为你提供一些使用布鲁姆教育目标分类法对学习目标进行分类的练习机会。在你开始尝试之前，请注意，有时候只有拟定目标的教师本人才能确定这个目标是属于第三级（直接应用常规方法解决新问题）还是第四级（比直接应用更复杂一些）。我们只是希望你基于目标本身去推测教师要求学生做什么，然后把你的推测和练习题下面的参考答案相比较。如果你的推测和我们的不一致，那并不意味着你的就是错误的，试着揣测一下我们在写下答案时的想法。

练习题

请推测以下目标的布鲁姆教育目标层次：

1. 用你祖父母（没有接受过科学训练）能理解的术语解释并区分减数分裂和有丝分裂。
2. 设计一个鸡蛋容器，可以从 3 米高的地方扔到混凝土表面而不会打碎里面的鸡蛋。

3. 在电阻器颜色代码中说明指定颜色的数值。

4. 使用课堂上讨论过的评分标准对实验报告样本进行评分，并解释你的理由。

5. 对于涉及均值或标准差的问题，给定一个零假设和替代假设，选择要使用的统计检验并解释推理。

6. 求解一个单变量函数的不定积分（这一题可能是三个层次中的任意一层，取决于函数类别）。

7. 根据一位病人的病史，陈述可以改变病人药物反应的生理、病理和药理学因素。

8. 计算电流 I（安培）通过电阻 R（欧姆）时，电压下降的部分 V（伏特）。

参考答案：1—理解；2—创造；3—识记；4—评估；5—评估；6—识记、应用或分析，取决于函数的复杂程度　7—分析；8—识记（将变量值代入一个简单公式）。

在本章的前半部分，我们建议学习目标应清晰明确可观测，并以学习指南的形式提供给学生。接下来还有三条建议供你参考。首先，请明确你要叙写的所有目标的布鲁姆分类层次，然后参照下述建议：

如果有些内容纯粹是第一层次（识记），可以把它们写在讲义上放进学习指南里，尽量减少课堂讲授时间。

我们不是否定记忆的重要性。所有领域都有一个包含定义、方法和概念的核心体系，实践者必须熟识这些体系才能有效开展工作。在某些学科，如健康和其他生物科学，这一核心体系是巨大的。无论如何，你可以把识记层次的内容保留在课程里，放进测验和考试中，但不要在它上面花费太多宝贵的课堂时间。你节省的时间可以更好地花在学生需要你指导的更高层次的内容上。

如果你刚刚准备动手，可以写一些第二级目标（例如，用自己的话解释），这个层次的目标要求学生解释一些他们会用但尚未充分理解的概念。

这些概念的实例包括衍生物、体重、代谢、统计显著性以及在好几个不同学科中都出现过的概念——归纳。

确保你的目标中至少有几个更高级别的目标（例如分析、评估和创建）。针对这些目标，在课堂教学和课后作业中要给予足够的练习机会和实时反馈，并确保在考试和其他评估中也包含类似的任务。

如果教学中你要讲授但在测验和考试中却从不涉及某些高层次认知能力，许多本来有此能力的学生便不会再费心去付诸努力。另一方面，如果你要测验他们的高层次认知能力却又没有在课堂内外提供足够的练习和反馈，那么许多本来能够达到这个层次的学生可能又缺少机会去培养这样的能力。

2.3　响应先修课程和专业成果的需要

假设你已经尝试了截至目前本章中推荐的所有建议，叙写了清晰可观察的学习目标，涵盖了你希望学生获得的所有知识和技能，并作为学习指南与学生分享；设计好教学内容、课堂活动和课后作业以提供有关技能的练习与反馈并且已经对学生的学习情况进行了测试。通常情况下，学生的考试成绩比起你之前没有叙写和使用目标的时候有了显著提升（至少我们相信会是这样），你会觉得一切都妥当了，对吧？

抱歉，并没有，还有另外两个很重要的问题需要我们考虑。我们不是在真空中教学：我们的课程属于某个课程体系。在这个体系中，学生必须通过一系列课程才能获得学位，大部分课程都有自己的先修课程。如果你是某门先修课程的任课教师，后续课程的教师就会假定他们的学生已经在你的课堂上掌握了某些知识，培养了某些技能。对于你的同事而言，你有责任传授这些知识和技能，因此也应当把这一部分纳入你的学习目标当中。

此外，你也许会在一个"成果为本的教育"（outcomes-based education, OBE）框架下教学。这种教育理念下，教师需要就一系列学习成果，即学生在毕业时应该获得的知识、技能和态度达成共识。如果你的课程面向其中一个或多个学习成果，你在创建学习目标时就必须加以考虑。这些目标因此也应当成为你教学设计和考核评估的纲领，如图2.3.1所示。

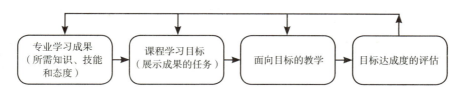

图 2.3.1　成果为本的课程设计

成果为本的教育是一个动态的过程，其成果、目标、教学和评估相互影响并不断修正以达到改善学生学习的目的。这种教育理念已经广泛适用于欧洲（Cedefop，2009；European Higher Education Area，2014）、美国的工程课程体系（ABET，n.d.；Felder & Brent，2003），以及其他一些签署了《华盛顿协议》的国家（International Engineering Alliance，n.d.）。然而，大多数践行"成果为本"教育理念的STEM专业都面临一个共同的问题，即他们期望达成的（或者是认证机构要求他们达成的）教育成果从未系统地出现在他们的课程体系中。

例如，美国的工程和技术认证委员会（ABET，在美国为工程专业提供认证的组织）明确规定了所有寻求认证的专业必须达到特定的学习成果。其中一些成果可以在不对传统课程体系进行任何更改的情况下实现（例如通过应用工程、科学和数学原理解决工程问题的能力，以及设计满足特定需求的系统）；还有一些成果则涉及大多数教师从未受训的知识和技能，包括实验设计、团队合作、问题识别和界定、职业道德和自主学习。当你发现自己正在教授一门涵盖这些成果目标的课程时，你不禁会问："我如何能写出那些自己都不见得具备的技能目标呢？我又该怎么帮助我的学生发展这些技能？"

幸运的是，已经有人想到了这个问题，找到了解决方案并撰写了相关文章。费尔德和布伦特（Felder & Brent，2003）、舒曼等人（Shuman et al.，2005）和斯维尼基（Svinicki，2010）提出了如何帮助目标、教学和评估对齐 ABET 成果的建议。这些方法虽然是在工程教育的背景下开发的，但适用于所有 STEM 学科，其中一些方法会在本书的第 10 章和第 11 章中进行概述。

2.4 要点回顾

◆ 学习目标是关于学生已经掌握了教师试图教授的知识和技能之后能够实施的可观测行为的明确表述，既适用于整门课程，也适用于部分课程（例如期中考试期间）或单节课程。

◆ 将章节层级的学习目标作为考试的学习指南与学生分享，可以增加学生达成学习目标的可能性。

◆ 课程的学习目标应当更多地设定为布鲁姆教育目标分类法的四级（分析）、五级（评价）和六级（创造）。学生在高阶思维和解决问题的能力方面得到的锻炼越多，他们在毕业时所展现的专业技能就越突出。

◆ 课程教师不应该把宝贵的课堂时间完全花费在布鲁姆分类的第一级目标上（背诵基础知识），学生完全有能力通过自学来达成此类目标。如果某部分教学内容对于学生而言可有可无，则应该考虑将其从课程中删除。如果重要，就应该给学生一张清单，罗列出需要他们记忆的知识点。课堂时间应该用于更高层次的需要解释、举例和练习机会的教学内容，以便大多数学生可以真正理解这些内容。

2.5　课堂实践

在你正在或即将教授的课程中，挑选一部分学生总是觉得很难的教学内容，然后进行以下操作：

◆ 写一份全面的学习目标清单，其中包括你在考试中可能会考的每一种问题类型，并写进学习指南中（如图2.1.2和图2.1.3所示）。

◆ 在考前1~2周内将学习指南发给学生，或在网上发布，告知学生考试中的所有题目都将以学习指南里的学习目标为准绳。

◆ 准备考试，根据学习指南为每道题目评分。

如果学生在同一内容上的平均成绩要比你以前教过的学生更好，你可以考虑在其他教学环节实施这一策略。

插曲一则　红脸与黑脸：拥抱教学中的对立

> 我开始怀疑，无论何时，当人们很难学会或很难出色地表现某一种能力
> 之时，很可能是因为一对矛盾的出现——就像是让左右手同时分别拍脑袋和
> 摸肚子。因为这对矛盾的存在，好的写作很难，因为它意味着要努力做到既
> 有创造性又有批判性；好的教学很难，因为它意味着师生之间既是盟友又是
> 对手；好的评价很难，因为它意味着既要主观又要客观；好的智慧很罕见，
> 因为它意味着直觉和逻辑缺一不可。（Elbow，1986：234）

彼得·埃尔伯在《拥抱对立》（*Embracing Contraries*）书中如是说。这本经典的书应该
能引起大多数教职员工的共鸣，因为大家觉得自己时常都在面临同样的矛盾。为了终身教职、
职称晋级和升职加薪，我们被迫将大部分时间花在专业活动（教学和研究）上，但我们也
知道其实应该为身心健康和人际关系留出更多的时间。作为研究者，我们希望让自己指导
的研究生在摸索和辗转中自主学习，但我们也需要研究生为我们的基金资助机构快速产出
结果，因此只能给研究生下达直接而详细的指令，让他们依葫芦画瓢。在诸如此类的很多
方面，我们似乎必须既是粒子又是波，这让我们不知所措：我们可以是优秀的粒子和平庸
的波，反之亦然，就好比鱼和熊掌不可兼得一样。

教学里就有一对特别具有挑战性的对立关系，埃尔伯说道：

> 优秀的教学离不开两种心态，这两种心态来自教学工作中固有的一对自
> 相矛盾的义务：我们对学生有责任，但我们对知识和社会也有义务。我们对
> 学生的责任要求我们成为他们的盟友和导师，就像我们所教导和分享的那样：
> 邀请所有的学生作为成员加入我们的学习共同体。与此同时，我们对社会也
> 负有责任，包括我们的学科、学院或大学以及我们所在的其他学习共同体。
> 要确保我们认可的学生真正理解或真正能做我们教的东西，要看到我们授予
> 的分数、学分和学位真的物有所值。（Elbow，1986：142-143）

在他书中的其他地方，埃尔伯分别将这两种角色比喻为"教练"和"守门员"，他指
出这两种角色都是必不可少的，但我们又无法同时扮演。他的解决方案是交替扮演。在学

生支持者和标准守护人之间切换——红脸与黑脸——让我们能够舒适地兼顾两种身份。如果你知道自己可以帮助学生达到标准，那么你就可以把标准定得高一些，并且一旦明确了标准再给予学生锻炼的机会，标准也更加容易执行下去。

怎样才能完成这个高难度的扮演任务呢？开课之初，教师应该作为守门员制订严格的课程要求和评分标准，然后戴上教练帽宣布："这些是我在评分中使用的具体标准，也是你们接下来要面对的……但是现在我们有很多时间来帮助你达到这些标准。标准是高但我相信只要你努力学习就一定可以达成。我会和你们并肩战斗。"（Elbow，1986：155）

在第2章中，我们建议你叙写学习目标，为你所期望的目标设定高标准（守门员身份），然后以考试学习指南的形式与学生分享（教练身份）。在第3章中，我们会讨论如何制订课程规则和流程，严格却公平的评分体系（守门员身份）以及如何了解学生的先备知识、经验、目标和兴趣并以此激励他们更好地学习（教练身份）。在本书的其余部分，你将继续看到这两种看似对立的角色。我们将从守门员的角度看待如何设计和评测考试，又从教练的角度看待如何让学生主动参与学习，并帮助他们获得考试所需的知识和技能。除了概述如何执行这些任务外，我们还将提供有关如何高效完成这些任务的建议，帮助你良好履行守门员和教练的双重角色，而且这些建议在理论上都是经得起检验的。

3. 课程设计与准备

3.0　引言

　　如果用一个词语来表达巨大的"时间无底洞"，这个无底洞让教职员工没法做自己需要和想做的任何事，你会想到什么？想想吧，我们等着你的答案。

　　你可能会想到下面这些词，比如申报书截止日期、大纲修订、安全检查、认证访问和预约停车（上课前几分钟你好不容易在校园里找到唯一一块能停车的空地，上面却写有一行小字"副教务长采购白板笔的预留停车位"）。我们心中浮现的词语却是"备课"——准备一门你从未教过的新课，或者对现有课程进行彻彻底底的修改。任何没有亲身经历过这个过程的人都无法想象要创建一整套新的教学大纲、课程安排、讲义、幻灯片、作业、项目和考题要花费多少时间和精力。你可能已经连续好几个月把清醒时的每一个小时都花在了这上面，把科研工作和私人生活都晾在一边，然而这门课却教得并不成功，学生给你的评分也很低！

　　当你发现自己正在为了一门新课苦恼时，不要为难自己，也不要质疑自己是否适合这个职业，要意识到任何一位教师都会被这些新的准备工作压得喘不过气来。这一章中，我们给你的一些建议虽不能完全替你消除压力，但至少会帮助你把压力降低到可控范围内。使用那些适合你的策略，尽量少走弯路，从经验中学习，当你再次教授这门课程时或许会发现自己明显轻松了很多。

本章将重点关注在你开始一门全新或重新设计的课程之前，以及开始后的 1~2 个星期里需要解决的问题：

◆ 为什么我的课程要基于学习目标来设计？应该怎样来设计？

◆ 投入备课的合理时间是多长？如何才能做到？

◆ 应该如何选择教学内容？如何制订课程管理和评分规则？如何编写教学大纲？

◆ 在刚开始的第一周我该做些什么来确保课程有效？

找出这些问题的正确答案对你在课程中塑造"守门员"和"教练"角色大有帮助。

让我们从面对一门全新或大修的课程却没做准备的状况说起，然后再继续其他话题。

3.1　通向备课灾难或雷区的三步

以下是你已经或迟早要面临的两种备课场景：

场景 1：你正在为第一次授课做准备，这门课程有可能是院系的一门新课，也有可能是别人教过但对于你来说是头一次的课程。如果你很幸运，会有几个月的时间来做好准备；相反，你的系主任会在课程开始前一周"请求"你接手这门课。

场景 2：你要教一门以前教过但需要大幅度调整的核心课程。这门课程的内容和教学法还是十多年前的样子，非常老旧，课程成绩很糟糕，学生对它很反感，或者是有人（系主任、教职委员会或是你自己）决定在这门课程中使用在线课程或采用混合式教学方式（线下与线上教学相结合）。

面对上述场景，以下三种做法最为常见却毫无效果：

1. 孤军奋战。你所在院系的同事或其他学校的朋友可能已经教过该课程并取得良好成效，但是你认为如果去找他们索要一些教学材料（如教学大纲、课程安排、在线教程和动画演示、课后作业、考试题目等）又不太合适。因此，你就从头开始创建一切。

2. 事无巨细。你努力使教学设计覆盖整个学科，并准备回答学生可能会问的任何问题。于是，你收集所有可以找到的书籍和文献，让你的课程计划变成了一本关于该主题的独立百科全书。

3. 力求完美。你一遍又一遍地校对并修改自己的教学计划，清除每个可能的错误和混淆点，还努力让自己的幻灯片模板变得更加清晰、时尚又美观。

如果你遵循这样的思路和做法，下面的事情很可能接踵而至。你将花费一大把的时间来规划教学安排、作业和考试。你会因为忙着备课而忽略你的个人生活和学术研究（如果你身处一所研究型大学的话）。如果你不幸要一次性准备两门这样的课程，那你用在个人生活方面的时间从此可以忽略不计。为了覆盖填塞其中的所有内容，你的教学计划因此变得漫长而密集，你必须以常人无法企及的速度飞快地讲课。你根本没有时间在课堂上进行互动，连一些重要的内容你也不得不快速浏览或直接跳过。学生的挫折和抱怨与日俱增，期末的学生评教也会让你悲从中来。

其实我们还有更好的办法。

3.2　准备和重新设计课程的理性方法

准备新课和重新设计旧课程从来都是一件费时费力的事，但还是有一些方法可以把难度控制在可以接受的范围内。

时刻参照学习目标。

在第 2 章中，我们试图说服你叙写学习目标来明确你希望学生在课程中获得的知识、技能和可能的态度。既然你不辞辛苦地写好了目标，就应该用它们来指导课程设计。现在先保留这个想法，我们一会儿再聊这个话题。

不要填塞过多内容。

罗伯特·博伊斯（Boice，2000）花了很多年时间研究新教师的职业发展路径。他发现，大多数教师每授课 1 小时，要花 9 小时或更长的时间来准备。粗略一算，每门课程每周要花去大约 30 小时的准备时间，这还不包括准备与批改作业和试卷以及与学生课外见面的时间。如果同时承担两门或更多门课程，你可以算算花费的时间。尽管做了所有这些准备，前文中描述的灰色场景多半还是会如约而至：课程内容过多，学生没有积极参与课堂活动，课程结束时的评教结果低于全校平均水平，甚至低得可怕。

博伊斯还观察到，那些控制备课时间的教师奇迹般地提高了他们的教学有效性和研究产出（如果他们也参与科研的话）。根据他的观察，他提出了这个指导方针：将每 1 小时课堂时间的平均准备时长限定在 2 小时以内。如果你正在准备教授新课或重新设计旧课程，你可能经常要超时，会花费 3~4 小时。然而，当你以后再教授这门课程时，就会省力多了。

无论如何，如果你意识到自己经常为了课堂上的 1 小时要花去 5 小时甚至更长的时间，你就要提高警惕了。

为了避免内容过多，你需要重新聚焦你的学习目标，检查你计划涵盖的每一篇教学材料，然后决定它们属于哪一类：是"必须知道的"（need-to-know）（直接面向一个或多个学习目标）还是"最好也知道的"（nice-to-know）（只与学习目标有一点点关联）。把你的准备时间集中在那些"必须知道的"内容上。

尽量使用现有的课程材料和现成的数字资源。

你可以请教那些教学优秀以及曾经上过这门课的同事，希望他们能与你分享一些课程材料。大多数心地善良的好老师都会欣然答应这个请求。通过下载教学计划、讲义、照片、视频链接、动画演示、模拟游戏、案例和互动指导等在线素材，可以进一步缩短准备时间。你可以使用常见的数字资源库查找此类资源（2016 年这些资源包括 Google 和 Bing 图像、视频网站、维基共享资源、可汗学院、MERLOT 在线学习平台和国家科学数字图书馆等），或在 Google 或 Bing 等搜索引擎输入"［资源类型］［主题］"查找特定主题对应的网络资源。在可能的情况下，你还需要根据学习目标删减和补充部分内容。你可能仍然需要花费大量时间备课，但总比完完全全白手起家要轻松多了。

上面提到的那些数字存储库中的资源有时会受到版权保护。经常有人会问，是否可以在未经许可的情况下下载并使用这些资源？至少在美国，答案是非常肯定的。根据美国版权法的公平使用原则，未经许可仍然可以复制使用受版权保护材料的特殊情况之一包括用于教学（US Copyright Office，n.d.）。例如，如果下载的受版权保护的照片只出现在你课堂展示的幻灯片上，应该没有问题；如果它出现在有密码保护的课程网站或课堂讲义上，仍然是可以接受的；如果你把它放在课堂之外广泛散发或出版的内容中，这个问题就会变得比较棘手了。关于版权的问题，学校里的图书管理员可以帮助你，或者为你找到更加专业的人士来解答疑惑。

遏制完美主义。

你可以轻轻松松花去 2 小时来准备一堂非常精彩的课，再花 6 小时来润色、重写和重新安排教学计划，没完没了地修改幻灯片让它们看上去更漂亮。可是，别这么做！当你第一次讲一门课时，你应该树立一个最重要的目标——先解决生存问题，"挺好的"就已经挺好了。所有这些额外的润色对课程质量影响并不大。如果把这些时间花在你迟迟未交的申报书或论文上，或者花一个下午的时间陪陪家人，又或者去健身房锻炼一下身体，效果会更好。在你第一次讲这门课时，每次课后回到办公室花 5~10 分钟记录下自己想在课程内容和演示材料上做的调整，并在你再次讲这门课之前做出一些改变。如果采用这种循序渐进的方式持续改进，从长远来看，你的课程会更好，你的研究产出、职业发展、身心健康和幸福指数也会变得更好。

尽量减少开新课的次数。

如果你是一名新教师，为避免开新课的准备工作占据自己的全部时间，其实还有一个办法。有些系主任会在新教师入职的头两年，给新教师布置很多新开课程的任务，让新教师不堪重荷。如果你发现自己处于这种状态，不妨礼貌地恳请你的领导考虑让你在开始另一门新课程之前先教几次同样的课程。如果你能坦诚说出来，不妨补充一句自己正拼命争取在那个学期提交 1~2 个新的研究项目申请书。这一招也许不管用，但正如理查德的祖母所说，鸡汤虽然不能治愈癌症，但终归没什么害处，不妨一试吧。

想一想

翻看你所教课程的教学计划，你能找出一些无法直接对应学习目标、学生很少用得上或是书上都有的浅显易懂的教学内容吗？如果有，你如何通过删减这些内容来强化课程教学呢？

3.3　选择一本教材或一套内容交付系统

在 20 世纪的大部分时间里，教师在挑选教材时只需思考一个问题：在这些不分伯仲的书中，哪一本能最好地呈现我计划涵盖的内容，同时可以为我提供许多好题目用来布置作业？当然，这个问题放在当下仍然很重要，但现在还有新的问题需要考虑了。例如，"我应该使用传统的纸质教材或电子书，还是使用附带纸质补充材料的在线内容交付系统，还是仅仅指定阅读材料或在线课程而根本不用教材？我应该选择一本现成的教材还是定制一本综合了多种资源的教材，又或者将我的注释注入一个纸质或电子课程包中并将其用作教材呢？"

回答完这些问题后，我们建议你思考回答表 3.3.1 中的其他问题，并参考这些答案做出最后的决策。

表 3.3.1 用于评估教材或内容交付性的若干问题

◆ 这本教材（或这套体系）与我课程目标的匹配度如何？（为简化起见，从现在开始我们会用"教材"来代表一本或一套教材）其中主题的顺序是否是我想要使用的顺序？

◆ 针对该教材，公开发表的评论有哪些观点？

◆ 我认识的其他人用过该教材吗？如果有，他们的感受如何？

◆ （选择一些不太熟悉的主题并阅读相关内容。）内容清楚吗？普通学生能看懂吗？

◆ 教材中提到的所有方法都有清晰的示例加以说明吗？

◆ 教材中是否有大量的视觉资料（图片、示意图、图表、平面图等）或者全部都是文字和方程式？

◆ 教材中的内容是否理论与实际应用相结合？

◆ 是否有自我测试或章节末的思考题来帮助学生学习？

◆ 教材中的问题大多是简单练习，还是冗长烧脑的难题，又或者是（理想情况下）两者的完美结合？

◆ 有足够的问题让我在不同的学期里变着花样布置作业吗？

◆ 教师和学生可以获得哪些支撑材料？教师手册？一堆试题？一套幻灯片？动画演示或模拟或交互式教程？支撑材料的质量如何？

◆ 这本教材得花多少钱？有没有更加经济实惠的替代品？

3.4 制订课程评分规则

课程成绩如何决定，这是一个与课程相关的关键问题且通常对于学生来说是最重要的问题。你应该在学期开始前准备好详细的答案。在课程进行过程中，评分体系如果含混不清必将导致学生因对成绩不满而向教师、系主任或更高层管理人员发起大量的投诉或抱怨。不管结果如何，教师都不喜欢这种经历，管理人员也不喜欢。

3.4.1 哪些应该计入课程成绩，各占多大比重？

一般来说，在成绩的计算上不需要惊喜。当你提前制订好评分规则并把它放到课程大纲中，学生们就可以根据每一次考核的分数，再参考课程大纲估算出自己的最终成绩。你可能仍然会被学生抱怨，但你可以理直气壮地说，自己只是在执行第一天课上宣布的规则而已，学生关于成绩的异议通常就会偃旗息鼓。

评分规则的制订是非常灵活的。表 3.4.1 列出了一些制订办法及其建议。然而，最终的决策权还是在教师本人，教师应该在综合考虑自己的评价理念和学校院系的教学文化后再确定最终的评分规则。

表 3.4.1　课程评分规则设定

问题	设定选项
期中考试和小测验分数应该占比多少？	分配给期中考试和小测验成绩的权重之和可能从 25%~75% 甚至更多，这取决于除此之外其余组成部分的重要程度（如课后作业、项目、期末考试、额外加分作业、进步和出勤）。
应该去掉得分最低的一次期中考试成绩吗？	可以考虑将得分最低的期中考试成绩计为其他成绩的一小部分，比如说一半，激励学生学习并参加所有测验。如果期末考试成绩更好，一个好的替代方案便是用期末考试成绩替换得分最低的期中考试成绩。
期末考试应该占比多少？	如果期末考试涵盖的是所有课程内容，它在总成绩中的占比应该从 20%~50% 甚至更多不等。如果它只包含上一次期中考试之后的内容，它的占比就应该和一次期中考试相同。允许期末考试成绩代替得分最低的一次期中考试成绩（参见上一问）是奖励在期末表现优异的学生的好办法。
课后作业应该占比多少？	大多数教师认为课后作业主要用于形成性评价（针对后面会被测评的知识和技能，让学生有练习并获得反馈的机会），其次才用于总结性评价（在总成绩中占一定比重）。如果你也秉持这样的理念，课后作业的占比一般不超过 10%~20%（不管学生们对此有多么不满）。
如果是以小组为单位，课后作业的比重应该有所增加吗？	即使课后作业允许或要求小组合作，也不要将作业成绩的占比设定太高，例如不超过 15%。在计算课后作业成绩之前，你还可以要求学生在个人考试中的成绩必须至少及格。这一招可以避免个人考试不及格的学生利用小组作业"搭便车"。
如何评量学生其他方面的表现？	如果实验或项目也是课程的组成部分，它们也应在总成绩中占据适当比重。问一问你的同事以确定合适的分数范围。你也可以将学生的出勤或课堂参与纳入计算范围（我们不计算）。
什么情况可以认定为"未完成"？	在我们所知的每一所大学里，"未完成"都意味着存在不可预见但完全合理的理由导致学生无法完成课程要求，比如他们在期末考试期间生病住院并能提供相关证明。学生没有取得自己满意的分数这种情况不能认定为"未完成"。
对于那些通过了考试就能毕业但却未能通过我这门课程的高年级学生，该怎么办？	当学生来找你时，不要当场回复。首先要了解大学有关这种情况的政策，让学生的导师知道事情的原委，然后做出公平的决定。

3.4.2 是否应该曲线分级？

一旦经过加权平均得到最终成绩的数值，评分的所有工作就差不多完成了。然而，有时候我们还需要对成绩进行分级（例如 A、B、C、D 和 F；或者 A⁺、A、A⁻、B⁺、B、…、F；或者 1、2、3、4、5；或者一等荣誉、二等荣誉、三等荣誉、及格或不及格），需要将数值进行等级归类，这就引出了本小节的问题。我们将以字母等级为例展开讨论。

曲线分级［curving grades，更正式的说法是常模参照评分法（norm-referenced grading）］意味着将加权平均后的数值成绩划分为若干区间，将成绩最高的学生定义为 A（或者 A⁺），第二高的定义为 B（或者 A），第三高的定义为 C（或者 A⁻），以此类推，F 则为最低区间。通常用两种办法来确定区间：（1）为每一种字母等级指定数值百分比，例如前 10% 获得 A，接下来的 20% 获得 B，以此类推；（2）选择几个相邻的加权平均数值之间的差值作为范围边界，第一条边界以上的数值得 A，第一条和第二条边界之间的数值得 B，以此类推。

与曲线分级相对立的是绝对分级（absolute grading）或标准参照评分法（criterion-referenced grading）。在绝对分级情况下，特定的数值等级被预先设定为范围边界，例如，得分为 92.0 或以上者得 A，得分 80.0~91.9 都是 B，以此类推。当采用绝对分级时，理论上整个班级的每个学生都有获得 A（或 F）的可能性；而采用曲线分级时，无论班级是强是弱，字母等级都必然分布在从 A 到 F 的整个区间内。

基于以下原因，我们非常反对采用曲线分级来设定成绩等级：

曲线分级有什么问题？

◈ 课程成绩只应反映学生对学习目标的掌握程度，但曲线分级却违背了这一初衷。同样的掌握程度在特别弱的班级里可能拿到 A，而在特别强的班级里只能拿得 C。

◈ 当采用曲线分级时，表现很差的学生可以蒙混过关，并继续学习他们无法胜任的后续课程。

◈ 成绩评定应对学生公开透明，可是曲线分级就做不到这一点。即使学生知道自己在作业和考试中的所有成绩，只要不知道班级其他人的成绩，他们就无法预知自己的总成绩。

◈ 第 11 章中引用的研究结果显示，为完成课后作业而开展的同伴学习会让成绩较差（从被辅导中获益）和成绩较好（通过教别人实现了深度学习）的学生都受益。曲线分级不利于合作。如果学生乔帮助学生简，但乔的课程成绩却比简低，在曲线分级的情况下，乔的最终成绩可能更低。绝对分级制则不会排斥学生之间的相互合作。

绝对分级制可以有效规避曲线分级的缺陷和不足，却也有两个潜在的弊端。

问题：考试分数低得离谱，并且有一部分是教师原因造成的。

解决办法：调整考试成绩。

在对考试成绩做出任何调整之前，教师应当先问问自己考试是否公平（内容适量且没有超纲）。如果答案是肯定的，你应该坚持自己给出的成绩。相反，如果你认为自己应该为低分承担部分责任，就可以做出一些调整。8.3.4 节为你推荐了几种调整考试成绩的策略，这些策略不同于曲线分级，可以对不同的学生起到帮助和惩戒的作用。

问题：成绩数值上的微小差异在转换为字母等级时可能被放大。

解决办法：在字母等级的标准水平以下设定一个弹性空间。

在标准参照评分制下，字母等级之间有一条清晰的边界。加权平均成绩达到 80 分的学生可以获得 B 而 79 分者只能得到 C。这种情况下，我们通常会在每个边界值下设定一个弹性空间。例如，假设所有成绩为 92.0 及以上的学生可以得到 A，我们就可以将 88.0~91.9 之间的范围设定为弹性空间。如果某位学生的成绩位于弹性空间以内，你既可以给他 A 也可以给 B（或 A⁻ 或 B⁺，如果你设定了这些等级的话）。你这么做的依据一定是成绩评定的其他相关标准，例如完成加分作业的次数或者期末考试的得分等。然而，请记住在成绩评定上一定要有据可依。如果你采用了这种做法，一定要在教学大纲中详细说明。

3.5 撰写教学大纲

课程的教学大纲就像一本旅行指南，记载着从课程开始第一天到期末考试这段旅程所覆盖的地域、旅行所需的资源以及沿途必须遵守的交通规则（O'Brien et al.，2008）。教学大纲中常见的内容包括课程描述和学习目标，作业提交时间和考试时间，关于考勤、使用电子设备和作弊的政策声明，选课学生可以使用的课程资源，迟交作业和错过考试的处理办法以及最终课程成绩的确定方式等。这里有一份包含所有要素（包括弹性区间和一组有关团队项目评分规则）的工程课程教学大纲可供参考，详见 ncsu 的网站。

如果你是第一次上课，准备教学大纲的任务会非常艰巨。一个聪明的办法便是向以前教过这门课的同事求助（最好是一位教学优秀的教师），并把他的教学大纲作为你撰写的起点。你也可以在搜索引擎上输入"［课程名称］大学教学大纲"寻找几乎所有 STEM 课程的教学大纲样本，找一份最适合你的并以此为基础撰写自己的教学大纲。此外，一些学校规定所有大纲中必须包括有关学术诚信和关爱残疾学生的相关信息。在撰写自己的教学大纲之前，要弄清楚你所在的学校是否也有这些规定，如果有就必须遵守。

3.6　关键的第一周

在本章前面的插曲故事中，我们借鉴了彼得·埃尔伯（Elbow，1986）的工作成果，看清了我们身为大学教师必须兼顾的两个相互矛盾的角色——守门员和教练。作为守门员，我们制订了足够高的标准，以证明我们的学生有资格继续学习后续课程，我们的毕业生有资格进入他们的职业岗位；作为教练，我们要帮助学生达到并超越这些标准。我们在课程开始第一周就应该让自己树立起正确的角色观，这样会在课程开展的全过程中产生深远的影响。

以下是一种启动课程的方式：

> 各位同学早上好。我是特威德利教授，我们这学期的课程是"化学102"。各位进门时都拿到了教学大纲的复印件，请务必仔细阅读。这份大纲上面写明了本人关于成绩评定、出勤、迟到、错过考试，尤其是本人非常不能容忍的作弊等行为的课堂规则。毫无疑问，你们会发现这门课难度不低。上学期你们已经学过了原子结构、元素周期表和原子种类的各种性质，一些化学反应的组合规则，以及辨别酸和碱的不同方法及其反应过程。本学期我们将进行更多的定量化学计量分析，并检测其热力学和动力学反应。首先，假设我们想用 3.5 摩尔硫酸溶液中和 4.4 升 2 摩尔氢氧化钠溶液，化学计量方程是……

你开始觉得有点不舒服了吗？我敢打赌特威德利教授的许多学生都会觉得不舒服，因为在课程开始的第一分钟他可能已经吓退了半数以上的学生。他从一开始就明确了自己作为守门员的角色，却丝毫没有亮明自己的教练身份。第一节课结束后，一些原本完全可以学好这门课的学生或许已经开始在大学网站上搜索可能的替代课程了。

在每门课程的初期，许多学生都会有意无意地问自己几个重要问题：

◆ 这门课程有多难？我能够通过考试吗？这些内容我是真的想要学习和掌握，还是仅仅为了分数而来？

◆ 这位老师是我尊敬的人吗？我想要赢得他的尊重吗？

◆ 这门课值得我每天都到场呢，还是我不来上课也能自学我需要的内容？当我在课堂上时，我需要保持最佳状态呢，还是坐在教室后面发短信或打盹儿也不会错过任何重要信息？

特威德利教授的学生们将在第一堂课中得出针对以上问题的试探性答案，这些答案很有可能会引发他的强烈不满。除非教授在接下来的一两堂课中采取有效措施树立他作为教练的身份，否则这门课程可能会演变成一场灾难。

以下方法可以帮助你快速建立起守门员和教练的双重身份，为课程开一个好头。我们将提供五个方面的建议：构建师生与生生之间的良好关系和有效沟通（教练），建立明确的预期（守门员），激励学生学习（教练），测试学生的先备知识和技能（教练和守门员），并启动形成性评价（教练）。你不必一次性采纳所有这些建议，相反，你可以将这些建议视为可选列表，一开始只从中选出一小部分进行尝试，当你的教学经验有所增进时再尝试其余的建议。

3.6.1 构建师生与生生之间的良好关系和有效沟通

在一项具有里程碑意义的教育研究中，亚历山大·阿斯廷和他的同事收集了 309 所学校 24847 名学生的数据，以确定一系列因素对学生在大学阶段学习体验的影响程度（Astin，1993）。经过大量的多元回归分析得出结论：对大学阶段学习体验影响最大的因素是师生互动的质量，其次是生生互动的质量。学生与教师以及学生之间的关系越好，他们的大学学习体验可能就越美好。罗曼（Lowman，1995）、霍克和里昂斯（Hawk & Lyons，2008）以及梅尔斯（Meyers，2009）的研究也相继证明了关心学生的教师可以对学生的大学经历产生积极的影响。

在课程刚开始的第一周内建立起良好的师生关系和生生关系，对课程的良好开端至关重要。以下是一些具体的建议，你可以从最重要的两点做起：

向学生做自我介绍。

告诉学生一些关于你本人，尤其是与你所授课程相关的背景信息。趁着这个机会，你可以向学生表达自己对课程教学的热爱以及乐意帮助他们学习的意愿。如果你曾在相关行业工作、提供过咨询或做过相关研究，也可以大方地与学生分享这些经历。你也可以谈谈自己的兴趣爱好，好让学生对你在课堂之外的生活有一些了解。

尽可能多记住学生的名字。

如果教师能够在课堂上和大厅里直接叫出学生的名字，就等于告诉他们：你不是仅仅把他们看成学号背后的一张张面孔而已，这样能够增加学生们在你的课程中出色表现的动力。如果你班上有 300 名学生，要想全部记住学生们的名字是不现实的，但你至少可以努力试试。你的努力学生都会看在眼里，记在心里。表 3.6.1 总结了一些可以帮助你记名字的小技巧。

表 3.6.1　记住学生名字的小技巧

◆ 从电子名册中下载附有学生照片的学号信息，在办公室里多多熟悉。

◆ 在课堂上发给学生姓名小卡片。开学第一天，提前几分钟下课，让学生四人一组，拿着各自写着姓名的卡片拍照，并在办公室熟悉这些照片。

◆ 在课程的第一天，为每一排的学生发放一页纸，让学生在纸上写下他们的名字，用 X 代替空座位。准备这样的座牌，用它来叫答学生，并在课堂活动和考试期间慢慢熟悉座牌上的名字。

莫里斯等人（Morris et al.，2005）也提供了一些记名字的好办法。

了解学生的目标和兴趣。

将你的课程内容与学生的目标和兴趣关联起来有助于激励学生学习。你可以在第一次课程作业中请学生提交一份简短的自我陈述，或者是一封求职信和简历，借此了解他们毕业后想要从事的工作类型。收集他们的特长、爱好和职业目标，并在今后涉及课程内容的应用时参考这些信息。

请学生匿名提交选课缘由和自己所知的关于课程的传闻。

学生之间的小道消息虽然强大但不一定准确，学生往往对这些虚假或夸大的传言将信将疑，并由此生成对课程的最初印象。把这些传言放到桌面上将有助于你发现和消除学生对这门课程的误解和恐慌。例如，如果传闻中你的课程不及格率很高，你可以通过展示上一学期的成绩分布来平息学生的恐慌（如果传言属实，请忽略此技巧）。

让学生写下他们对你的期待。

如果学生们认为自己的期望得到了一定程度的满足，他们就更有可能满足你的期望。

因此，教师可以通过第一天课上的小组练习或者是第一次课后作业，让学生写下自己对教师的期望。大多数学生会提出合理的期望，比如期望你按时来上课并做好准备、回答他们的在线问题、合理快速地批改作业和考卷并发还学生等。你可以从中挑选出那些合情合理的期望，并在课堂上对学生们做出承诺。

倡导主动学习。

大学初期的许多辍学事件都与学生的孤立感有关（Astin，1993；Seymour & Hewitt，1997；Tinto，1993）。主动学习——让学生在课堂上以小组形式进行与课程相关的简短学习活动，是一种可以帮助学生建立联系且相较传统教学方法能够产生更好学习效果的教学方法（第 6 章将详细介绍如何开展主动学习以及如何规避风险）。在课程的第一次小组活动中，告诉学生们在开始指定问题或任务的学习之前要先进行自我介绍。

与学生建立有效沟通。

在良好的课堂氛围中，学生可以自如地与教师互动，提出自己的想法，与教师互相问候，在需要时寻求教师的帮助。不幸的是，很多学生都害怕自己的老师。如果你只是在开课第一天告诉他们可以在课堂上大胆提问，也可以在答疑时间去找你，而未能通过若干细节来实现这些诺言，你可能永远见不到他们中的大多数人，那些原本完全有能力通过课程考核的学生也很可能因为未在需要时得到帮助而丢掉学分。表 3.6.2 列出了一些可以帮助你保持与学生顺畅沟通的小技巧。

表 3.6.2　增进师生沟通交流的小技巧

◆ 让班里的每位学生在开课第一周内给你发一封短信或电子邮件。一旦他们这样做了，当他们再有问题或意见时就会更加勇敢地联系你。

◆ 只要班级学生不是特别多，都应尽可能在第一周内与所有学生预约一次 5 分钟的办公室面谈。面谈时教师可以先做一个自我介绍，再跟学生简单聊聊兴趣爱好，回答他们可能提出的任何问题。一旦他们找到了通往你办公室的路，他们就更有可能在需要前往寻求帮助。

◆ 如果学生不主动到你的办公室寻求帮助，你可以主动去他们聚集的地方集体答疑，如休息室或学习区域等。你可以在桌上放一块牌子，上面写着"BCH 303——需要帮助吗？"或者类似的文字。

◆ 只要班级学生不是特别多，应尽量在第一次测验后让学生们自行前往你的办公室取回试卷，利用这个机会花几分钟与他们交谈。如果他们考得不好，问问他们是如何准备的，以及打算如何备考下一次测验。

◆ 在线答疑。在一周的特定时间段，你可以通过短信、视频聊天和其他社交媒体、在线论坛或电子邮件等方式（如果你在读这篇文章的时候还有这些方式的话）来回答学生的问题。不管你用什么方法，你都会联系上一些不愿去你办公室的学生。

3.6.2　设立明确的期望

明确教师对学生的期望，可以帮助教师扮演好守门员这一角色。以下方法可以助你一臂之力。

在第一堂课上，简要讨论你的课程规则。

你无须关照到教学大纲中的每一个细节，但却需要花点时间来强调一下特别重要和特殊的规则。可能要强调的话题包括考核评分（哪些计入成绩及各自比重）、缺勤迟到、迟交作业、错过考试、课堂上使用手机和个人电脑的情况以及你希望学生如何称呼自己（教授、博士、先生或女士还是直呼大名）。关于最后一个问题，如果你相对年轻，或是新教师，或是男学生占多数的班级里的女教师，建议你让学生尤其是本科学生称呼你的头衔。让学生直呼自己的名字，有时会显得不够尊重。

在课程早期（但不是第一天），讲明你对作弊的定义以及处理态度。

每一个大学校园里都难免存在作弊现象，据说现在作弊已经成为与通宵补习、上课睡觉一样普遍的校园文化。在一项最近开展的针对1000多名本科生进行的调查中，来自23所机构的80%受访者承认自己在大学期间曾至少有一次作弊行为，来自工程领域的33%受访者承认曾在过去的考试中作弊，而60%的受访者承认曾在课后作业中作弊（Carpenter et al.，2006，2010）。其他研究还发现，49%接受调查的工程和理科学生坦陈他们曾在作业中使用了未经授权的材料，75%的人从盗版手册中复制过作业方案（Bullard & Melvin，2011）。在学校就使用不道德手段的学生，我们没有理由相信他们在未来的工作中，例如进行工厂安全检查和设计有毒废物处理设施时就不再如此，事实上研究表明在这些学生当中，作弊会成为一种习惯（Carpenter et al.，2010）。

以下基于卡彭特等人（Carpenter et al.，2010）以及布拉德和梅尔文（Bullard & Melvin，2011）研究成果的建议，可以最大限度减少并帮助教师在发现时妥善处置学生的作弊行为（Felder，2011b）。

1. 定义什么是你认为的作弊，什么样的借鉴和采用形式是可以接受的，并在课程早期与学生讨论。学生对作弊的定义可能与你的有所不同，只有当你把你的定义说得很清楚，学生们才有可能据此约束自己的行为。

2. 考虑让学生参与定义和处理作弊的办法制订。如果他们参与并协助了规则的制订，他们就更有可能遵守这些规则。

3. 如果你所在的大学有荣誉规章，应当支持并强化这项制度。荣誉规章虽无法完全消除但至少可以有效减少作弊行为的发生。

4. 遵守学校处理作弊的正式规程。当你意识到有学生作弊的时候，不要私下处理。如果你的规则与学校的规则有出入，被你发现作弊的学生尽管可能从此以后不会在你的课程上重蹈覆辙，但却可能利用这个漏洞在其他课程上故技重施，并可能以作弊的方式获得学位。

5. 尽最大努力保证考核评分的公正性。如果你的测验又多又难，只有班上的优秀学生能通过，又或者你布置的作业太多以至于有些学生不得不放弃其他课程的作业才能完成，这些学生会感觉不公平，就会毫不犹豫地采用作弊的手段来报复。

3.6.3 激发学生的学习动机

在 1.1 节的"知识加油站"中，我们曾经指出，学生通过感官获取信息，并将那些他们真正感兴趣并且可以与现有信息建立关联的信息存储到自己的长时记忆中（即真正学到）。为了使课程有一个良好的开端，你应该随后尝试将课程中的新内容与学生应该知道和可能关心的内容关联起来。以下有几种方法可供参考：

用图示方式展示课程主题与学生先备知识之间的联系（Bellanca，1992；Dansereau & Newbern，1997；Kiewra，2012；Nilson，2007）。

与传统的课程大纲列表相比，视觉化方式可以让大多数学生获得更多的信息。在课堂上简要介绍一下图示知识体系，让学生清楚新内容将如何与先备知识之间建构联系。这种可视化的方法在本书三个篇章的引言部分都有所描述。

简要描述课程内容在重要技术和社会问题中的应用，能让学生集体讨论这些应用则更好。

你会经常听到 STEM 专业的学生们痛苦地抱怨自己不知道诸多课程与现实世界到底有何关系，当然，这里的世界指的是与他们自己的经历、兴趣和目标有关的世界。学生的感受可以从这位工程专业大四学生的话中得到印证。

我记得自己当年在几门数学课上都很沮丧，老实说，我还真想不到什么时候要用到四面体的体积？如果能让我知道我正在学习的知识在现实世界有朝一日也是用得上的，这对我的学习大有帮助。在《控制装置》的第一节课上，博士将淋浴喷头作为控制系统让我们找出执行器和传感器的案例让我印象十分深刻。直到现在只要一想到控制器，我都会马上联想到淋浴喷头。

如果学生们想象不出有任何需要或想要学以致用的时候，唯一能激励他们努力学习的就只剩分数了。对于部分学生而言，分数的激励已经足够了，但对于包括学霸在内的大部分学生而言，分数的激励是不够的（请参阅第8章前关于米歇尔的插曲故事）。你最好在课程开始时花几分钟时间，努力构建每个新知识点与重要系统和现实问题的关联性。

演示或播放演示的视频。

一次引人入胜的实验或模拟也能激发学生对学科的兴趣，即使在课程内容淡忘很久之后仍然留在学生心中。你通常可以在搜索引擎中输入"［主题］演示"来寻找合适的资源。为了让课堂上的演示取得更好的效果，你可以先描述自己要做或展示什么，让学生预测会发生什么，然后再实做或展示实验过程，接下来让学生讨论为什么会是这样的结果，以及那些错误的预测到底是错在了哪里。

邀请业界专家谈论他们在工作中如何使用课程内容。

学生们关心的是他们毕业后要做什么，欢迎一切洞察未来的讯息。学院的校友和公司的招聘官也经常很乐意去课堂上分享他们的经验。你可以提前与嘉宾沟通，并建议他们就你的技术课程内容和你想要强调的专业技能（如沟通交流、团队合作等）提出相关的观点。

抛出一个需要大量课程内容支持的开放性现实问题，让学生以小组形式进行几分钟头脑风暴，讨论为了解决这个问题，他们需要学习些什么，又该如何开始学习。让每个小组的一名成员做好记录。讨论结束以后，请学生们在记录上签名并交回你手中。

你可以自己设计一个问题，也可以从课本的最后一章中提取一个问题，或者从其他渠道找一个相关案例（NCCSTS, n.d.）。显然，大多数刚开始学习这门课程的学生并不知道如何解决这些问题，当然也有一些学生会超出你的预期，但这不是重点。当你结束讨论之后，让他们在讨论记录上签名并上交（你无须对此打分）。

在此之后你还可以做几件事。伴随课程进展，你可以将新的知识点与开放性问题关联起来，帮助学生理解每一个小小的知识点是如何构建起知识整体的。当学生清楚地意识到学习的必要性时，他们学习新内容的动力会增强很多。让学生了解所学知识如何支持重大问题的进行与发展，也有助于增强他们的学习动力。

然后，在课程快结束的时候，让学生进入他们原来的小组，给他们同样的问题，再让他们描述一下如何解决。现在，他们应该可以洋洋洒洒地写下他们学到的东西了。讨论结束后，把他们第一天上交的讨论结果发还给他们，让他们对比前后变化。这样的对比会让他们欣喜地看到自己的成长（这不会对你的期末评教造成任何影响）。

3.6.4 测试先修课程的知识和技能

当你教授的课程很大程度依赖于先修课程时，你可能会陷入一种两难的境地。你是否可以假设所有学生都掌握了先备知识？最好不要如此假设！有些学生可能早在几年前就学习了先修课程然后就抛到了九霄云外，或者有些先修课程内容非常难、课时非常紧以至于有很少学生真正学懂了，哪怕他们名义上已经通过了考试。问题在于，你在不耽误太多自己的课程时间或重新讲授大部分内容的前提下，应该如何帮助学生补上先修课程中缺失的内容？

一个可行的办法是先向学生明确他们需要掌握哪些先备知识，如果他们忘记了或者一开始就没学懂，你可以给他们一些时间来重新学习。下述方法可以有效达成这些目标。

测验关键的先备知识点

◆ 课程开始以前，写下一系列课程学习目标（参见 2.1 节），让学生明白如果具备了你要求的先备知识和技能，他们就会有做相应事情的能力。将目标写进学习指南分享给学生（为了在考试中取得好成绩，你应该学会……）。

◆ 第一节课上，告知学生第一次期中考试将在何时进行（通常是此后一周），考试内容仅限于先备知识。下发学习指南并且带领学生快速浏览一遍，向学生保证考试的每个问题类型都将基于这份指南。

◆ （参考项）在考试前组织复习，学生可以就学习指南上的任何内容提问。也可以告诉学生如果有关于学习指南的疑问，他们也可以在课堂上或答疑时间提出来。

◆ 组织考试并评分。在计算期末成绩时，要把这次成绩计入总成绩，哪怕只赋予它很小的比重（否则许多学生就不会把它当回事）。

◆ （参考项）允许学生额外进行一次课外复试，复试成绩好的话，最多可以恢复他们在先前测验中丢掉的一半分数。

当你采用这种策略时，大多数学生会不惜一切代价重新学习规定的内容，你也不必把

很多课堂时间花在他们已经学过的内容上。你应该提醒少数在测验中表现不佳的学生，除非赶紧将这些内容补齐，否则他们很可能无法通过课程考核。如果测验反映出很多学生都没有掌握某一特定知识点，你可以考虑对这部分内容进行额外的讲解和复习。

3.6.5　启动形成性评价

第 2 章曾经谈到了设定学习目标的重要性——明确学生在学会了你想让他们学会的内容之后能够完成哪些任务。教学中还有另外一个同样重要的组成部分——反映每位学生对目标的掌握程度。评估（assessment）和评价（evaluation）通常用来表示这种教学功能。有时候它们可以互换使用，但在本书中它们各自的含义如下：

评估：明确收集何种数据以衡量知识和技能的掌握程度；选择或创建收集数据的工具并管理这些工具。

评价：分析评估数据并从结果中得出结论。评价结果可用于提高学生的学习质量和教师的教学质量（形成性评价），也可用于评判成绩或做出学生是否能够获取学分的决定（总结性评价），或两者兼而有之。

我们将在下文中介绍一种常用的形成性评价方法，并在第 4 章至第 7 章中提供了一些额外的建议，在第 8 章中详细介绍总结性评价，包括如何有效实施总结性评价，教师在实施总结性评价时的常见错误以及如何避免那些错误。

我们推荐一种用于课程早期的形成性评价方法叫作快速写作（minute paper），这是一种非常有效且简便易行的方法（Angelo & Cross，1993；Wilson，1986；Zeilik，n.d.）。

当你使用这种技巧时，你是在向学生传达一个极其重要的信息："我非常关心你们的学习，我愿意从我计划好的课程时间里抽出一部分来发现你们学习中的问题，再尽力帮助你们。"向学生传递这样的信息可以在很大程度上弥补你教学上的美中不足。

快速写作

在授课的过程中暂停 1~2 分钟，让学生单独或组对思考，并在一张纸上匿名回答两个问题：（1）今天课程的要点是什么？（2）什么是最容易混淆的（或最令人困惑或最迫切的）问题？然后站在教室门口，在学生离开教室时收集他们的答案。

课后，浏览这些答案，寻找共同点，并以此为基础开始你的下一节课。如果大多数学生都明白了重点，那就表扬他们，并简短重述；相反，那就需要再复习一遍，然后强调两三个容易混淆的知识点并加以澄清。

有的教师喜欢在每堂课上进行快速写作，但这样做很容易让你和学生产生疲劳感。我们建议每 2~3 周收集一次，可以选择学生觉得困难的章节进行。

3.7 要点回顾

◆ 准备一门新课程和重新设计一门现有课程可以从同事的课程资源和现有数字资源库入手，这样更容易、更快捷，不必从头开始创建所有内容。

◆ 为每学时所花费的课程准备时间应以平均 2~3 小时为限。花费过多时间准备可能会导致课程内容过多、课程质量堪忧和学生评教偏低，使得教师没有足够的时间安排其他重要的学习活动。课程设计的重点应该放在必备知识点上（直接回应教师的学习目标），而不是放在那些锦上添花的内容上（无法直接回应学习目标）。

◆ 课程规则应该在教学大纲或单独的讲义中详细说明，包括课程成绩如何构成以及关于出勤、迟交作业、课堂问题行为和作弊等行为的规定。

◆ 成绩评定应当严格避免曲线分级。课程的分数应该完全由学生达到学习目标的程度和教学大纲规定的评价标准来决定，而不是由学生在班级的相对位置来决定。

◆ 课程的第一周对学生接下来的表现和态度起着至关重要的作用。本章提出的第一周策略可以帮助教师建立与学生的良好关系，设定合理期望，激励学生参与课程学习。

3.8 课堂实践

◆ 为你的课程创建一张思维导图，帮助你在上课第一天完成课程概述。

◆ 在课程的第二周进行先备知识测验。在第一天上课的时候，分发一份写着学习目标的学习指南。在第一周之内进行一次单独的复习课。监督测验，并将这次成绩以较小的比重计入课程总成绩。

◆ 使用本章中推荐的一个或多个技巧，在第一周内（大班用时可稍长）记住所有学生的名字。

◆ 开课第一天设计一个小活动，提出一个需要很多课程内容来解决的现实问题，给学生几分钟的时间分组讨论并概述他们的解决方案。此后，每当你开始一个新知识点的教学时，都把这个问题提出来，并展示你将要教的内容将如何推进问题的解决。

◆ 再尝试一条其他的建议，让课程在第一周有一个好的开始。

◆ 在课程早期，当一节可能会让学生觉得困惑的课结束后，实施一次快速写作练习。

插曲一则　如何编写教学计划（或其他教学文本）

假设出现这样的情况。你在准备下学期的一门新课，已经写好了教学大纲，也对想要达成的学习目标有了初步的想法。现在你正在试着写一份教学计划，因为你知道只有在课程开始以前才会有点时间来提前思考和写作。可是，编写教学计划的进展并不顺利，你用了一周的时间绞尽脑汁也只写出区区一页。

我们有两个建议可以帮助你编写教学计划：（1）定期投身写作和（2）将创作和修改分开进行〔这两种策略都不是我们的原创，而来自大量参考文献（Boice，1990；Elbow，1998）〕。

每隔一小段时间就重温一遍教学计划的编写。

听听这些小小的独白是否很耳熟。"我现在没有时间准备下一学期的教学设计，我必须去见学生、准备周三的课程、回复堆积成山的电子邮件，然后去参加教师会议，再去学校接孩子们放学，然后……但是，一旦秋假（或圣诞节或暑假或休假）到来，我就会开始准备的。"

我们很自然地将可以快速完成或即将期满的任务放在首位，不管这些任务是真的很紧急（准备周三的授课）或并非如此（回复大多数电子邮件），因此重要的远期任务总是被不断推迟。一种更有效的办法是将短暂且频繁的时间段用于主要的写作任务，比如每天30分钟或者每周四次，每次一个小时，关上门，远离手机和邮件，专心写作。当时间结束，再停下来回到你的日常生活中。一两个星期后回头看自己写了多少东西，你会感到震惊。

将创作和修改分开进行。

下面是另一种常见的场景。你坐下来写一些东西，刚写好第一句话就开始反复考究、皱眉、删除、重写、换个说法、添加一个短语、去掉一个逗号，然后继续琢磨5分钟，直到它变成你想要的样子。接着，你开始起草第二个句子，这时第一个句子又显得有点不合适了。你按照同样的程序重写这两个句子，花10分钟去打磨直到它们都让你满意，然后继续第三句，循环往复。一两个小时以后，你万般努力的劳动成果可能只有短短一段话。

如果你的写作过程正是这样的套路，那你很可能没法写好一份教学计划。当你花费数小时写作和修改，一字一句地打磨每一个句子、图表、算式和图片时，教学设计可能永远无法完工。当课程开始后，你又没有太多的库存，你最终会在每次上课前的头一个晚上才定下那节课的教学计划。这样对于你或学生而言都不是好事。

这种情况下我们的第二条建议就派上了用场——将创作和修改过程分开进行。第一稿可以采用自由写作的方式（Elbow，1998），写下任何你脑子里想到的东西，不要回头看。如果你提笔时感觉困难，必要时你可以先写下一些随意的单词，这些单词会在一分钟或两件事之后串联流动起来。如果你还是难于下笔，可以从中间开始写，稍后再来补充开头。

在这个过程中，你肯定会听到脑海中有一个声音在说你写的东西是草率的、混乱的、琐碎的等。先别管它！写好第一段，再写下一段，一直写下去，直到计划时间结束为止。然后，当你第二天重新回到该任务时（别忘了，你可是答应了的），要么继续写，要么退回去审视自己之前写下的文字，这时你可以开始操心（如果非要这样的话）如何润色文章和美化图表了。

如果你这么做了，接下来的事情肯定会发生。你在前几分钟内写的东西可能会像你自己认为的那样毫无价值，但其余的部分会比你想象中的要好得多。你会在很短的时间内写好大量的材料，也会发现一次性修改和编辑这些材料要容易和迅速得多，逐句修改效率太低。这门课的教学效果理应会有很大提高，而你也会有更多的时间来完成肩头上的其他任务。

题外话：一旦成功使用了这两步方法来编写教学设计，你也可以考虑将这种方法用于撰写申报书、论文和专著，并推荐你的研究生在他们写作小论文和学位论文时使用这个方法。它总是有效的。

4. 教学设计与安排

4.0 引言

假设你下周将要开始讲授一个新章节，估计至少需要四个课时。你现在需要弄清楚在此期间会发生什么。换言之，你需要进行教学设计。你的计划制订得越详尽，就越有可能有效达成所有学习目标。

以下是本章将要解决的主要问题：

◆ 教学设计的常见错误有哪些，应该如何避免？

◆ 当我在课堂上讲授新内容的时候，怎样才能最大限度地提高学生们将其储存在长时记忆中（例如他们会去学习），随后能够提取并迁移到新情境中的可能性？

◆ 为什么要在课堂上倡导学生参与？如何在不影响完成大纲规定任务的前提下做到这一点？

◆ 我在课堂上应该如何提问，才能够比"听明白了吗"和"你们有疑问吗"更有效促进有意义的学习？

◆ 我如何才能最大限度地提高实验课的有效性？

在开始之前，我们先简要介绍一个术语。"教案"（lesson plan）这个术语经常用来表示我们所说的"教学计划"（class session plan），许多教授把他们的计划也称为"讲义"（lecture notes）。在本书中我们不会使用"教案"和"讲义"这两个术语。"讲课"听起来像是小学老师在做的事情，我们会鼓励你采用比传统讲授法更加有效的课堂形式。

4.1 避开常见的设计雷区

大多数新教师，包括许多有经验的教师，在设计教学时都会不可避免地犯一些错误。表 4.1.1 列出了几种常见的情况。

表 4.1.1　教学设计中常见的错误做法及其预防

错误做法	导致后果	预防建议
1. 内容太多。	教师为了讲完内容紧赶慢赶，学生基本没有现场练习和获取反馈的机会。	将教学内容与学习目标紧密关联，集中精力于必备的知识和技能，尽可能减少可有可无的内容。
2. 高估了学生的先备知识和能力。	教学内容和考核评估的难度设置太高，让原本有能力学好的学生出现学习困难的状况。	针对课程先备知识组织一次早期测验（参见 3.6.4 节）。当测验结果暴露出学生的知识缺漏时，应重温这些知识。
3. 教学计划中放置了过多的布鲁姆第一级目标任务，即简单的记忆和重述。	学生缺乏高阶认知技能的训练，也无法对概念形成深刻的理解。	对那些你希望学生记住的内容，可以用小册子的形式发给学生，把课堂时间集中用于高阶目标的培养上。
4. 先讲理论和推导，后讲应用，也不提供足够的案例。	大多数学生不能将所学与自己的已有知识、需求和兴趣关联起来，考试也表现欠佳。	每一个重要概念和方法都要配合案例和应用分析。先讲应用再讲理论。
5. 展示冗长的计算过程而不关注困难步骤背后的推理。	课堂上的一切看起来都很有逻辑，但学生们却眼高手低。	把复杂的过程作为课堂活动的主题，或者忽略那些不能直接面向学习目标的复杂过程。
6. 没有在课堂上设计足够的思考问题和学习活动。	学生没有得到足够的练习和反馈，老师也不知道他们在哪些问题上需要帮助。	在每一节课的设计中加入好的思考问题和互动活动。

踩中表 4.1.1 中的雷区又在考试中要求死记硬背的教师，通常会不约而同地对学生的考试结果感到失望，于是他们就会怪罪学生太笨或太懒。虽然这个结论对于个别学生来说可能是事实，但其实更大程度上是因为教师的教学方式有问题。如果你避开雷区，你的教学

将更加有效，也会有更多的学生达到你设定的高阶学习目标。

4.2　教学设计的要素

单节课的教学设计可能包含以下要素：

◆ 单节课的学习目标。告诉学生当他们学习并吸收了这节课的教学内容以后能够做什么。

◆ 告知本节课的初始信息。包括阅读材料、预设的学习目标（今天的课程将教会你们……），以及你想要预先沟通的其他内容。

◆ 教学内容概要。包括讲授和课堂活动中涉及的教学材料（文本、数学公式和方程式、表格、图示、图表等），你的课堂提问及其答案，你将抛出的问题及其解决方案，你将给出的活动提示及期望的回应（试着以激发兴趣的学习活动开始一节课）。设计时应包含足够的详细信息，以便当你再次教授同一门课时可以省时省力。但是，也不要过分追求细节，可以使用缩写词代替完整的句子和段落，并使用下画线或粗体来提醒自己在课堂上不要忘记。

你可能会在课堂上灵光乍现临时想出一些问题和活动，但这些问题和活动的水准往往都不高。当你再次教授此课程时，你将不得不设计新的问题和活动。如果你花些时间提前设计并将它们写进教学计划中，你通常会看到学生在你期望的水准上展露出令你满意的表现。

◆ 小结。总结课堂上的主要观点（你可以将总结中的建构过程作为学生学习活动的重点），布置在下一节课之前要完成的作业列表中。

4.3　促进长时记忆的存储、提取和迁移

当你在课堂上教授新内容时，如果希望这些内容此后还能被提取和加以应用，就必须让其进入学生的长时记忆中。正如我们在第 1 章中所见，有利于长时记忆存储的条件按降序排列分别为：（1）对学习者生存或幸福可能产生的威胁；（2）与学习者之间的强烈情感联系；（3）与学习者的兴趣和过往经历有关联的意义；以及（4）对他们目前的知识水

平而言是有意义的内容。即使你想方设法这么做，将课程内容与"威胁"相关联的效果通常不会太好，学生存储的内容大多不是你想要的内容。但是，如果你可以将内容与学生的正向情感建立关联，你就应该大胆尝试，并在教学设计的全过程中始终都考虑建立有意义的关联并使其合情合理。

例如，假设你正在准备物理课中的"角运动"这节课。所有学生都有角运动的经历，这些经历可以赋予你即将教授的内容以意义。你可以提到乘坐车辆或过山车时的急转弯、绳索末端悬挂的重物、循环旋转的洗衣机、轨道卫星等，或者也可以让学生举出自己生活中的例子。考虑列举一个或多个现象并辅以令人印象深刻的视觉影像来开始你的这一节课，然后在理解这些现象的情境下教授内容。相比不与先备知识建立关联而直接跳入扭矩、角动量、惯性矩等教学内容，现在你所教授的内容就会对学生产生意义，学生也更有机会学懂学会。

将信息存储在长时记忆中是迈向有意义学习的必不可少的第一步，但肯定不是最后一步。你曾经知道无数的事实和程序，也曾经拥有大量的记忆，但怎么都没法再回想起来。原则上，只要没有脑损伤，存储在长时记忆中的所有信息都会一直存在。可是，只有在需要时可提取的信息才是有用的。如果你无法提取这些信息，那存储也是徒劳的。

可提取性也不是学习的全部。你可能也会像大多数老师一样，抱怨学生不能举一反三。在后续课程中如果遇到一模一样的问题，学生会一脸茫然。学生可以在特定情境下提取特定问题的解决过程，但却无法将其转移到其他情境中。

4.3.1　哪些条件能促成长时记忆的提取和迁移？

知识加油站：已存储知识的提取和迁移

存储在长时记忆中的信息通常被称为"图式"（schema）。它可能是关于一次事故、一张面孔、一首诗歌或者是一组脑力或体力工作流程的记忆。图式存储在分布于大脑内不同区域的神经元集群中。当它最初被存储时，每个集群内部的神经元之间以及集群之间的连接相对较弱，因此当人们试图从集群中提取信息并将它们重新组装为初始图示时，大脑可能会遇到困难。然而，如果通过强化训练（如反复回忆、置于眼前、重读诗歌或亲身实践等）让图式得以巩固，集群内部和集群之间的连接则得以加强，图式的提取就会变得更快、更省力、更自然而然（Mastascusa et al.，2011：23-25，84-89）。

为了真正学以致用，有关问题解决程序的图式应该可以在各种情况下提取并迁移到新情境之下。与可提取性类似，通过强化，例如提供广泛范围内如何应用程序的案例、要求学生自己寻求应用程序并在不同情境中加以应用，以及针对特定类型的问题找出更适宜的解决办法等，知识的可迁移性就会得以加强（Bransford et al., 2000: 62，65；Sousa，2011）。

由此我们得出以下几种方法，可以帮助学生更大限度地学会、提取和迁移你所教授的内容。

拓宽教学范围。

当学生形成一个图式时，任何东西包括教师使用的具体例子、教室的特征，甚至是教师的衣着都可能成为图式的一部分。在不同的情境下教授相同的内容，增加了学生不依赖外界线索（例如一定要在最初学习这些内容的教室里）就可以迁移应用的机会。因此，你可以使用课堂授课和在线视频相结合的方式讲授新内容，可以展示如何将方法应用于各种各样的情境下，可以帮助学生设计自己的应用方案，还可以偶尔穿着不同风格的服装到教室里去（这不是开玩笑）。

课堂上为学生提供尽可能多的反思和练习机会。

传统教学观念认为，向一群被动的学生传输信息可以让信息进入他们的大脑，之后学生就能够提取并使用这些信息来完成作业和理解基于这些信息的新信息。希望你现在相信，人类的大脑根本不是这样工作的。不断向学生灌输的信息不太可能进入他们的长时记忆，也不太可能随后被提取和迁移。为了增加学生吸收重要内容的可能性，你可以将内容拆分为相对较小的容易消化的板块，让学生有机会回顾、反思并练习应用。本章余下的部分、第 5 章的大部分以及第 6 章都提供了让学生练习并反思的若干方法。

当你教授新内容时，试着将其与学生的兴趣、目标、先备知识和过往经历关联起来，让教学更有意义。考虑一下将归纳式教学（先应用后理论）作为展示这种关联的策略。

在 STEM 课程中，学生们最经常抱怨的就是看不到课程内容与他们所关心的"现实世界"（他们的经历、兴趣和目标）有什么关系。造成这一困境的部分原因就是 STEM 学科的传统教学方法是演绎式的（deductive），即一开始就由教师讲授基本原理和方法，然后逐步进入应用。由于直到应用过程学生存储和提取这些原则和方法时才知道最初授课的意义，因此传统教学模式使学生的学习受到影响，他们的抱怨也是情有可原的。

在归纳式教学（inductive teaching）中，当一个新话题被引入时，学生们首先面对的是挑战——需要回答的疑问、需要解决的问题、需要分析和解释的结果，然后在应对挑战的背景下获取所需的知识和技能。常见的归纳式教学法包括探究式学习、案例教学、基于问题的学习和基于项目的学习（Prince & Felder，2006，2007）。在下一小节中，我们将简要介绍其中的两种方法。另外两种方法将分别在第 9 章和第 10 章中进行介绍，我们还将在12.2 节中对几种归纳式教学法进行探索和对比。

4.3.2　探究式学习法和案例教学法

要使用探究式学习法（inquiry-based learning），你在教授了基本内容之后，通常要为每个主题提出一个问题，并给学生一小段时间让他们单独思考或小组合作，寻求解决方案（我们知道什么？我们需要知道什么？我们从哪里开始？），然后再教他们。当你提出的挑战不足以覆盖课程新内容时，请提出新的挑战。

在教给学生解决问题所需的策略和工具之前就让学生承受困难挑战，很多教师对这样的做法有一些担忧。事实证明，这样做会产生一种"必要障碍"（desirable difficulties），从而加深学生的学习并促进学习信息的后续提取（Brown et al.，2014：86）。我们在第 3 章中给出了一个归纳式教学法的例子，当时我们建议用一个开放式的现实问题作为课程的导入并贯穿整堂课。探究式教学的做法与之类似，但问题的设定可小一些，只为单个知识点服务就足够了。道格拉斯和邱（Douglas & Chiu，2013），李（Lee，2004，2012）和《面向过程的引导探究式学习》（*Process Oriented Guided Inquiry Learning*）（POGIL，n.d.）给出了在不同 STEM 科目中应用探究式教学法的案例。

案例教学法（case-based instruction）也是一种很强大的教学方法，在生物和医学科学中广泛使用，而在其他 STEM 学科中使用较少。在这种教学方式下，教师将给学生一个真实或虚构场景下需要学生决定如何解决并阐释结果的问题或状况作为案例。教师会将完整的案例分发给学生，要求学生进行总结、解释和讨论；或者，教师会先向学生提问，要求学生推测接下来要发生的情况并论证自己的看法，然后再对案例剩下的部分进行分析。当应用分析晚于课程内容讲授出现时，案例教学法是演绎式的；当案例研究先于课程内容且作为教学背景出现时，案例教学法又是归纳式的。在美国国家科学案例教学中心的档案（NCCSTS，n.d.）中可以找到许多 STEM 科目的案例以及如何有效使用的建议。

4.4 有效课堂教学的两大法宝

在所有的教学方法当中，满堂灌的讲课是最常见、最简单也是最无效的一种。研究表明，大多数学生都无法在一堂课当中全程保持注意力集中：大约间隔6分钟，他们就会开始走神。一开始只是走神很短的时间，慢慢就会越来越长。学生们发现，当他们思想游离后会越来越难以追上错过的内容，最后只能像关掉一出肥皂剧一样停止听课（Bunce et al.，2010）。当信息呈现在一个无人关注的课堂上，学生们学会（将其存储在长时记忆中）的概率简直微乎其微。

能够持续抓住学生注意力的课堂主要有两个特点：活动和变化。广泛研究表明，让学生积极参与课堂（主动学习）而不是单向传输，可以增强学习兴趣、提高出勤率和启发更深层次思考，最重要的是促进学生学习（Felder & Brent，2009；Freeman et al.，2014；Prince，2004）。正如我们所见，认知科学已经证实了下列令人印象深刻的结论：让学生主动回忆、反思并应用可以增加信息进入长时记忆及在需要时提取信息、在适用时迁移到其他情境的可能性。

但是，就算主动学习如此有效，你不能也不该将每节课都变成一场没完没了的活动马拉松。如果你这样做，重复性可能会降低其有效性。另外你也不能通过其他有益的事情来抓住学生的兴趣，激发他们的动机，发现和填补他们的知识空白，并澄清他们的误解。

这就是多样性的作用。你的课堂越多样，就越有可能抓住学生的注意力。有很多办法可以实现课堂的多样性。你不必一一使用，但如果你对教学方法进行很好的混搭，学生永远猜不到你接下来会做什么，课堂教学可能就会更加有效。以下是实现多样性的两条途径。

变换课堂活动的形式和频率。

你可以让学生明确回答你的问题，提出问题解决方案、衍生方案或计划采取的下一步措施，对选择题进行作答（可以使用应答器，我们将在第6章中讨论），也可以组织学生针对开放式问题进行头脑风暴。有时候可以让学生单独思考，有时以2~4人为一组，还可以先独立思考后结对选出最佳答案或建构一个更好的答案。一次课堂活动的时间少则10秒钟，多则3分钟。学生们可以坐在自己的座位上，也可以走到黑板前（小班的情况下）。两次连续活动之间的时间间隔可以从1~20分钟不等。

变换活动以外的教学内容。

在滔滔不绝的讲课中插入简短的间隔，尽量让每一次连续的讲授不超出大多数学生的注意力极限（约6分钟）。你可以展示和讨论与课程相关的现象以及物理或模拟实验的视频和图片，从自身经历出发讲述与课程相关的故事，回答学生自发提出的或在活动中产生的问题，偶尔也可以提前筹划，比如请几位工作内容比较有意思的业界专家来，让他们简要描述自己的工作，并回答学生感兴趣的问题等。

4.5　设计高质量的问题和活动

如果提问和活动对一堂课程的有效性如此重要（事实也是如此），教师就应该思考两个合乎逻辑的问题：我能问学生什么问题？我能让他们做什么？

STEM课堂上的大多数提问都遵循下述两种套路：

◆ 两周内每天测量一次患者的血糖水平，三个月后在临床试验的药物剂量发生变化的情况下进行重复测量。两组数据的平均值和标准偏差是多少？在5%显著性水平下，治疗后平均血糖浓度的下降是否显著？

◆ 你们有什么问题吗？

尽管这些问题都很重要，但并不能真正引发深入思考。"我们能有95%的把握认为血糖水平明显下降吗？"这个问题可以在不理解其含义和背景的情况下，通过概率判断猜出一个正确答案。"你们有什么问题吗？"这类问题的效率就更低了，随之而来的沉默表明大多数学生都没有疑问，尽管事实的真相并非如此。

提问对学习有着非常大的影响力。课堂上的一个好问题可以唤醒好奇、激发思考、引发讨论或者演变为一次课堂活动，引导学生对教学内容实现全新的或更加深入的理解。当你在设计一堂课时，不妨考虑插入一些提问和课堂活动，促进学生深入思考、锻炼综合能力并且监测自己的理解程度。

下面（从无数种可能中）列出了若干种提问类型（Felder，1994）。任何一种问题类型都可以在授课过程中提出，也可以作为课堂活动的铺垫，或者用在课后作业和考试中。

◆ 用自己的话定义一个术语或概念。例如，使用能让聪明的高三学生（或是刚开始修课的学生，或是自己家里不是科学家的祖父母）听懂的语言，简要定义共价键（黏度、衍生物、板块构造、杨氏模量、白细胞）。注意：如果没有十足把握，请不要让学生对熵、转动惯量、温度或质量之类的名词给出可供理解的定义。

◆ 解答或推导一个问题或采取下一步行动。当你在课堂上进行复杂推导或解答复杂问题时，如果你是一位很优秀的讲师，所有的推导和解答过程，包括那些实际上确实相当困难或棘手、连你都花了很长时间才学会的内容，似乎对于学生而言都是条理清晰、合乎逻辑的。可是当学生们回家尝试做类似的推导或解答时，他们才会发现自己根本没有理解透彻。如果你设计课堂活动让学生们在课堂上可以针对困难部分做短暂的思考，几分钟后再给他们反馈，他们离开课堂后可能会更能意识到课后作业的必要性。

◆ 根据课程概念解释熟悉的现象，例如：

• 为什么浓缩咖啡顶部总有泡沫而滴流咖啡没有？

• 为什么你的腿部肌肉在经过长时间的剧烈运动后会颤抖？

• 为什么你在65华氏度的静止空气中感觉舒适，在65华氏度的风里觉得凉爽，在65华氏度的水里觉得冻人，走出水面时觉得更冷呢？

◆ 预测系统行为。例如：

• 当改变控制器上的调控参数，请你描述预期出现的动态系统响应。

• 如果增加土壤中磷与钾的比例，你预期作物产量会发生什么变化？

• 将下面显示的值和公式输入 Excel 电子表格的指定单元格中，公式中会出现什么数值？

- 估算煮沸茶壶中的所有水（或是使电容器达到其满荷的99％、使工形梁在施加的中心负荷下塌陷）所需的时间。

如果可能，请使用物理或模拟演示来配合这些练习。

◆ 思考计算对象的含义。例如：

- 为什么适中的操作温度对该系统是最佳的？（换句话说，超低温和超高温操作的缺点是什么？）

- 计算机输出表明我们需要的储罐容积为 3.657924×10^6 立方米，这个解决方案有什么问题？

- 如何验证我们刚刚得出的问题解决方案是否正确(或者我们刚刚创建的设备、设计或代码应该如何按预期运行)？

◆ 头脑风暴一张列表。例如：

- 尽可能设想我们刚刚设计的流程（产品、程序、实验）可能失败的地方。写出最多可能性的学生可以在下一次测验中获得两分奖励。你们有2分钟时间，行动吧！

- 你可以想出多少种方法来测量环境空气的相对湿度（或是河流的流速、土壤样本的pH值、油井的深度)？任何用到了毛绒熊的方法都可以获得双倍分数。

- 假设我们完全按照我们的设计构建放大器（或是Java代码、血液透析器、烟道气洗涤器），但是输出结果（屏幕显示、尿酸去除率、二氧化硫排放率）却与预测不一致，列举可能的原因。

- 你怎么做才能提高下一次期中考试的成绩？

◆ 提出问题。例如：

- 针对我们今天所教授的内容提出三个高质量的问题。

- 下次测验的一道题目可以如此开头：将下次测验中可能出现的一道重要的多步骤题目分解为若干子步骤，生成一组可能会出现的题目。你的题目可以是定性的，也可以是定量的，并且应该涵盖每个相关主题。

这项练习对于考前复习课来说非常适用。让学生以小组为单位，自行提出与系统或程序相关的可能的题目，或是你指定段落所描述的任何问题，再让他们概述答案。

4.6　别将课堂变成幻灯片的秀场或者喧嚣的集市

富拉妮教授每周有三次课，每次都是一场 50 分钟的幻灯片大秀，她大部分时间都在要求学生背诵屏幕上出现的项目符号和派生词，偶尔发表几句评论。她在课程网站上发布了完整的 PPT 文件，供学生打印，也同意让学生带到课堂上来。上课时，她会时不时询问一下是否都讲清楚了，或者是否有学生想要提问，但通常只会收到两三张老面孔的回应。在她的课上，几乎没有学生记笔记。第一周以后，这个应到 70 人的班级到课率急剧下降，并且持续下降。到了中期，平均出勤降为 15 人，只有在每次考试前的那堂课上才会多冒出 20~30 个试图打探考试内容的学生。富拉妮教授把出勤率低的原因归结为学生的懒惰和冷漠。

其实，富拉妮教授错了。学生们不是懒惰或冷漠，而是理性。眼睁睁看着富拉妮教授一直念她的 PPT，学生们会认为如果自己看的话也许根本用不了那么久，上课就是在浪费时间。学生们明白就算逃课，只要去网上下载完整的讲义，也没什么差别，那么他们为什么要去上课呢？问题的关键不在于幻灯片。幻灯片通常都可以为课程增添附加值，但它们只适用于呈现那些无法以其他方式更好呈现的信息（Felder & Brent，2004a；Garber，2001）。

如果幻灯片上陈列的几乎都是口头语、符号列表和公式，这种幻灯片秀场的缺陷是致命的。不使用幻灯片的课堂也同样要小心。如果一堂课完全被 50 分钟或 75 分钟滔滔不绝的口头和书面语言以及偶尔附加图表的方程式所占据，学习也不大可能发生。对于大多数学生而言，一张精心设计和制作的图片确实胜过千言万语。

认知科学告诉了我们视觉信息更能促进学生学习的科学道理。

知识加油站：两条路总比一条好

在我们的感官所感知的信息中，只有一小部分被传递到工作记忆，待条件满足时再进入长时记忆。大脑中有两个独立的部分负责将感官信息进行编码并输入工作记忆：一个是处理视觉图像的视觉空间模板（visuospatial sketchpad），另一个则是重复（强化）词语的语音回路（phonological loop）。通过视觉和语言两条路径呈现信息提高了编码和存储信息的可能性（Baars & Gage，2007：284）。

除了艺术、建筑，有时还有生命科学方面的课程，绝大多数课程都是口头实施的。因此，我们面临的挑战是增加视觉内容。众多方法中有的很奏效，有的也没用。一种常见的无效

方法便是将口头讲义添加到具有多彩背景、华丽切换和多种组合的幻灯片中。你可以通过这种方式短时间吸引班上学生的注意力，但很快就会让人厌倦，如果持续时间太长甚至让人厌烦。以下是几种更好的方法。

使用图表、示意图、照片、视频、动画和演示展示你想要呈现的知识点。

亲手制作视觉辅助材料需要大量的时间和技巧，但通常更加贴合自己所需。另外一种资源就是教材附带的 DVD 或 CD。3.2 节中也推荐过一些其他资源，你可以输入关键字找到可供下载的视觉图像和视频资源。

在幻灯片中，用视觉图示和简明标题呈现要点，把细节留给讲述和讲义。

研究表明，放在幻灯片上的词语和公式越多，学生吸收和记住这些内容的可能性就越小。与此相关的是，认知科学家已经证明，阅读书面文字的过程可能干扰工作记忆中视觉图像的处理（Clark & Mayer，2003；Mayer，2003）。这些观察结果都说明，大多数幻灯片应该用视觉图示和简明标题呈现要点（Alley，2013），用于澄清和扩展的口头和计算细节可以通过口头讲授加讲义的方式予以补齐。

用组织图描述特定主题、阅读材料、课程或专业的结构，或用概念地图展示重要概念之间的内在联系。

尽管组织图和概念地图主要由文字组成，但在由线条连接的文本框中放置文字比单纯的文字罗列或大纲都更加有效地传达了信息的结构。第 1 章和全书中的引言部分都用组织图显示各章节的主要内容。基维拉（Kiewra，2012）和尼尔森（Nilson，2007）也展示了适用于不同主题的组织图和概念地图。让学生在课堂活动或作业中构建自己的概念地图有助于加深他们对知识的理解（Ellis et al.，2004；Kiewra，2012；Nilson，2007；Novak & Cañas，2008）。

4.7 使用留白的讲义

本节的题目源自我们在教学工作坊中经常回答的两个问题：

◆ 如果我准备在教学过程中加入学习活动，如何才能完成大纲规定的所有内容？

◆ 当我的教学进度落后一周或更长时间时，我如何才能赶上进度？

解决这两个问题的办法便是使用有留白的讲义。把你的讲稿放进讲义或课程包里（如果你有一套完整讲稿），但要有所保留。简单明了的内容例如定义、事实、简单运算、图表和图形等可以在讲义中予以显示，留出空格（或空隙）让学生插入问题答案、空出部分解决方案和推导过程以及视觉图示（如分子结构、物理结构、生物结构、隔离体和电路图、过程和算法流程图等）。在课堂上，给学生短暂的时间自行阅读讲义中的内容，然后通过听课或主动学习来填补空白。

图 4.7.1 是一段摘自物理、生物物理、机械、土木或化工专业流体动力学课程的讲义。它通过文字会话，并在讲义上添加空格或粘贴空白矩形的方式来留白。如果你正教到这里，你可以在刚上课时要求学生翻到讲义或课程包里的第 35 页，阅读页面的上半部分，其中包含一段关于流体在管道中流动的简单描述。当你认为大部分学生已经看完的时候，就让他们停止阅读并询问他们是否有疑问（通常都是没有）。相对传统讲授，你这时已经节约了一大把时间，因为学生的阅读速度比你说和写的速度都快多了。接下来就是陈述问题（"导出质量流率的表达式……"）和解决问题的间歇时间了。这个时候你有三种不同的做法：

稳态层流：水平圆形管道中的不可压缩牛顿流体
阅读课本章节 2.9B，第 78—80 页

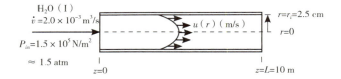

水以体积流速 $\dot{v} = 2.0 \times 10^{-3}\,\text{m}^3/\text{s}$ 和压力 $P = 1.5 \times 10^5\,\text{N/m}^2$（150 kPa~1.5 atm）进入 5.0 cm ID × 10.0 m 长的管道。我们的目标是尽可能多地找出稳态下系统变量之间的关系。

$u(r, z)$——局部速度曲线；
$\dot{v}(z)$——体积流率；
$P(r, z)$——局部流体压力。

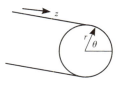

· 根据速度曲线 $u(r)$ 得出入口处的质量流率的表达式 $\dot{m}$（kg/s）。
（提示：首先得出体积流率的表达式）

$\dot{m}$ 会随 z 变化吗？请解释。

$\dot{v}$ 会随 z 变化吗？请解释。

图 4.7.1　一份留白讲义的摘录

做法 1　讲义和留白交叉进行。

告诉学生他们刚刚阅读的内容很简单，但推导过程很困难，以前的学生经常在推导环节遇到麻烦。然后用传统讲授的方式进行推导，学生可以自己把推导过程填写到空格里去。总体想法是将大部分课堂时间都集中在学生真正需要帮助的内容上，而不是花在学生完全可以自行快速看懂的定义和简单计算上。

做法 2　运用主动学习策略（参见 4.4 节）让学生填补空白。

一个更有效的办法是让学生分成 2~3 人的小组，在尽可能短的时间内完成推导，结束后随机选取几位听取他们的汇报。把正确的步骤写在黑板上，以便班上的每个人都能看到。有些学生能够自己推导并理解这些内容，并不是因为观看教师在讲台上的演出而是得益于亲自动手（如果只是被动听课，很少有学生能理解这些复杂的内容），其他学生会尝试但可能无法在规定的时间内完成推导。尽管如此，当你把推导过程写在黑板上时，大多数学生会小心留意，必要时主动提问，并在下课时真正理解这些内容。

做法 3　将填空作为课外练习布置给学生。

告诉学生你不准备在课堂上讲解填空，但他们应该确保在下一次测验之前填好其中的内容。他们可以互相合作，如遇困难可以在课堂上或去办公室询问教师。如果你的教学进度延后了，请在比较简单或不太重要的内容上增加使用这种办法的频率。

在十分活跃的教学生涯的后 20 年里，理查德一直都在使用留白的讲义。尽管他也广泛地使用主动学习策略，但当他觉得每一个字、每一张图、每一步推导和每一个问题都很必要时，教学大纲总会变得越来越长。使用留白的讲义之后，他的学生在课堂上虽然要经历短暂的挣扎，但紧接着就能得到及时的反馈，随后在课后作业中解答类似问题时就可以节约很多时间。

研究证实，留白的讲义会对作业、考试的学习和成绩产生巨大的影响。一些研究结果表明，拥有不完整讲义的学生比起拥有完整讲义的学生，获得了更好的考试成绩、课程成绩和概念性问题成绩（Cornelius & Owen-DeSchryver，2008；Hartley & Davies，1978；Kiewra，1989）。

教师们有时也会对留白的讲义提出异议。

异议 1：学生通过在课堂上做笔记可以学到很多东西。如果我给了他们大部分讲义，他们就不会费心去记录自己的笔记，这样就学得少了。

回应：研究表明并非如此。当学生忙于抄写定义、表格、数字和公式时，他们就没办法同时注意听讲，因此会错过其他重要的内容，并且也会使他们的学业表现受到影响。

异议2：把完整的讲稿放进讲义里，还要留出空白，会花费我太多的时间。

回应：第一次备课的时候确实要花大量的时间来准备。一旦你准备好了，在计算、绘图和你希望学生回答的问题上粘贴纸质或电子的空白矩形框并不需要花费太多的时间。

异议3：我的学生认为我有义务教给他们需要知道的一切。如果我在讲义中留下空白，他们会抱怨；如果我让他们填补空白，他们可能会反抗。

回应：反抗的情况不太可能发生，但是一些学生抱怨则是有可能的，就像你在开展主动学习时也可能收到投诉一样。幸运的是，你可以采取措施化解学生的抵抗。你应当让大多数学生看到你的良苦用心。了解了这一点，学生通常会停止投诉。

4.8　设计本科实验课程

2002年，大约50名教育者参加了斯隆基金会赞助的一次研讨会。会上制订了工程实验课程的一系列目标（Feisel & Rosa, 2005）。这项工作为学生应该在科学和工程实验中发展的能力以及可能与能力相关的学习目标奠定了基础（表4.8.1）。不能期望每门实验课都能整合表中的所有目标，但采纳其中合理的一部分应该会带来出色的教育体验。

表4.8.1　实验教学培养的学生能力和学习目标

1. **实验过程**。依据既定目标设计实验、运行实验、分析数据（包括统计误差分析），并根据相关科学原理解释结果。
2. **设备**。选择并使用适当的传感器、仪器和软件工具来测量物理量和过程变量。
3. **纠偏**。识别导致实验结果与预测偏差的原因，并修正预测所基于的实验、理论或模型。
4. **建模**。识别预测物理、化学和生物系统行为的模型的优点、局限性和适用范围。
5. **自学能力和创造性思维**。在实验系统的设计和运行中表现出独立思考能力和创造力（参见第10章）。
6. **责任感**。识别与实验系统相关的健康、安全和环境问题，并负责任地处理问题。
7. **沟通交流**。无论是简短摘要还是综合技术报告，无论是口头还是书面，都能进行有效沟通（参见第10章）。
8. **团队合作**。在团队中有效工作，包括划分职责、监控进度、处理问题以及在指定的期限内将个人贡献整合到最终报告中（参见第11章）。
9. **道德意识**。诚实报告包括不符合预期结果在内的所有实验结果，并在实验设计、数据分析和数据解释中恰当地致谢所有的资料来源。

传统的菜谱式实验课通常是在 14 周或等量时间内完成 14 项精心预设的实验，这与我们想要培养学生以一种有意义的至少像科学家、工程师或研究生的方式去实现表 4.8.1 中任何一项目标的期望相去甚远。一项真正有意义的实验，不需要向学生下达指令告诉他们应该做哪些事情，应该收集哪些数据，甚至如何分析和解释这些数据。相反，学生要解决的是一个具有挑战性的问题，如何解决这个问题取决于学生自己。这些问题通常都是不完全定义和开放式的，例如，某种物质或物体状态如何随环境或条件改变而发生变化？为什么这个产品不符合设计规范？是什么杀死了培养物中的细胞？为什么反应堆会爆炸？黑客是如何破坏系统安全墙的？这些都是我们的学生在未来工作中将要面临的问题类型，难道不应该将类似的问题作为我们实验课的重点吗？

答案显然是肯定的。为了帮助学生发展表 4.8.1 中的能力，为大多数学生毕业后都会面临的问题做好准备，请考虑在一学期的课程里加入 3~4 次实验课，每隔 3~4 周进行一次。每一次实验时，给学生清晰的目标和足够的说明，以防学生破坏设备或危及自身安全，并要求他们尽可能依靠自己来完成实验设计、实施、数据分析和解释工作全过程。要求学生提交一份实验报告作为交付成果。报告中应该包含摘要、有着全面且恰当参考文献的背景综述、研究假设、详细的工作计划、原始数据和数据分析、结果讨论和结论、总结和下一步工作建议等内容。其他交付成果可能包括背景和工作计划的初稿、最终报告的执行摘要和口头报告等。

如此这般的实验课程描述可以在布朗尼尔等人（Brownell et al.，2012）（生物）、埃特基纳和布鲁克斯（Etkina & Brooks，2006）、埃特基纳和墨菲（Etkina & Murthy，2006）（物理）以及费尔德和佩雷蒂（Felder & Peretti，1998）（工程）发表的文章中找到借鉴和参考。与传统的菜谱式实验相比，这些实验课程中没有太多的程序步骤和设备类型说明，学生反而可以更好地应对他们毕业后将会面临的问题。这是一种很好的权衡。

4.9　要点回顾

◆ 教师为每个学时投入的准备时间应低于 2 小时（备新课的时间会稍长，但仍应努力控制在 2 小时以内）。花费过多时间备课的教师很可能在他们的教学计划中塞进了太多"可有可无"（与学习目标没有直接关联）的内容，降低了课程有效性，也占用了太多自己的业余时间。

◆ 如果学生能够将新学内容与自己的兴趣、目标和先备知识联系起来，他们的学习就会得到提升。教师可以在详细阐述理论和推导公式之前，向学生展示新内容在不同情境中的应用以帮助他们看到其中的联系。

◆ 主动学习——定期给学生布置一些独立或小组完成的与教学内容相关的学习活动，这样可以极大地增加学生在长时记忆中存储新信息的机会，也有利于学生随后提取并在不同情境下应用这些信息。学习活动应当纳入教学计划中。

◆ 给学生提供的讲义上只写出最重要或最难理解的内容，留出一些空白，如果再广泛配合主动学习策略，就可以改善学生学习或扩展学习内容。学生可以自学简单的部分，通过听课、主动学习或课外练习来填补空白的部分。

◆ 菜谱式实验课无法促进学生高阶能力的发展。更好的做法是在课程中设置一些开放式实验，给学生实验目标和尽量少的指导，要求学生自行设计并开展实验，完成数据分析与解释，提交完整的实验报告。

4.10 课堂实践

◆ 找出一个通常被认为是不相关、无聊的或难学的主题。下次你准备要教授这个主题时，给学生一些案例来告诉他们这个主题在专业领域的必要性，接着再给他们一些案例来提高他们的学业挑战度，看看学生的后续兴趣水平是否会有变化。

◆ 找出一部分你正在教授的并且主要通过写满了文字和公式的幻灯片来呈现的教学内容，制作新的幻灯片取而代之。在新的幻灯片上，用可视化素材（图片、图表、动画、平面图等）和简短的标题展示要点，将细节留给讲义和讲授。

◆ 在课程开始前，通读你的教学计划，看看自己是否已经准备好一些能够启发学生深度思考所教现象或方法的好问题。如果没有，请准备一些问题（参见4.5节），并将部分问题作为小组讨论的基础。

◆ 为课程中一部分特别难懂或特别耗时或两者皆是的教学内容准备一份留白的讲义。讲义的形式可参见示例4.7.1，把最难的部分空出来（挑战性问题的答案、推导过程的难点及其解决方案、待绘制的图表等）。参照讲义，让学生自行阅读简单的部分（如术语定义和简单计算），再通过听课或小组活动来填补空白的部分。

第二篇

实施课程

本书的第一篇，从第 2 章到第 4 章概述了如何设计一门课程，从设定明确具体的学习目标开始，到选择适宜的教学内容和教学策略来实现目标。从本篇起，即第 5 章到第 8 章将讨论如何实现你的设计并评估学习目标的达成度，如图 II.1 所示。

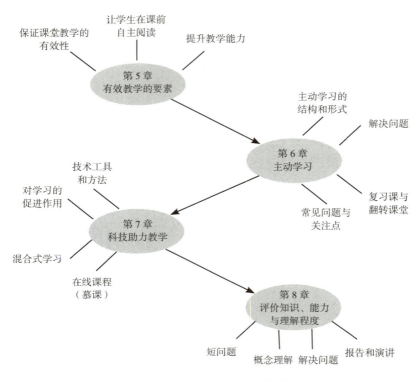

图 II.1　第二篇章节导图

经历过第 4 章的教学设计，第 5 章将主要围绕课程教学得以有效实现的方法和手段展开，并持续观测学生对所教内容的理解程度，做出必要的修正和调整，进而持续改进教学。第 6 章将关注主动学习（课堂上学生的积极参与），包括构建主动学习的路径、可能出现的问题、如何减少问题的发生以及出现问题后该如何处理。第 7 章将讨论科学技术辅助下的教学，包括有效和无效的技术工具和方法、混合式学习、翻转课堂和大规模在线开放课程（慕课）。第 8 章将为如何设计有效的课程评估提供指导，包括对教学内容、分析解决问题的能力、概念理解程度的评估以及实验报告、项目报告和案例研究分析报告等书面作业和口头作业的评估。

5. 有效教学的要素

5.0　引言

　　到这里，你已经想好了要通过课程帮助学生获得哪些知识和技能（第 2 章），设定好了期望并设法在第一周顺利启动（第 3 章），也开始设计或修订余下学时的教学计划（第 4 章）。接下来，你只需要每周在教室或者网络上出现 1~5 次，实施你的计划就好了。现在的问题是，你如何才能有效实施呢，更准确地说，如何帮助你的学生掌握学习目标中设定的、教学计划中写下的知识和技能目标呢？这就是这一章的内容。以下是本章将要解决的主要问题：

◆ 在课堂上我能做些什么最大限度地帮助学生理解我所呈现的内容？我又能做些什么最大限度地促进他们长时记忆的保留以及随后的有效提取和迁移呢？

◆ 什么是课堂上提问的正确（和错误）方式？

◆ 我怎样才能激励学生完成课前作业呢？我能做些什么促进他们对这些作业的理解？

◆ 我应该如何使用形成性评价持续改进自己的教学和学生的学习？

　　我们对这些问题的回答大多都对现场教学和在线教学同样有效，其中有一小部分可能不适用于在线教学。在第 7 章中，我们将对如何有效使用科技教学提供更多的建议，包含在线课程。

5.1　让课堂教学更有效

如果你曾经参加过关于有效教学的研讨会、工作坊或培训课程，你肯定已经得到了很多有用的建议：放慢语速，表达清晰，眼神交流要覆盖教室里的所有而不仅仅是坐在前排的学生；变换语调、音量和站位以保持学生的注意力；尽量减少口头禅（"嗯""哦""好吧"等）；不要嘲笑学生的错误答案；偶尔带点甜甜圈去课堂。

好吧，或许工作坊的主讲人还忘了一点，但是相信我们，这一点是个不错的主意。

我们不是看轻上述建议，毋庸置疑，如果你采纳这些建议，你的课程肯定会变得更好。不过，还有一些不太经常被提及但又同样重要，尤其对 STEM 教育教学大有裨益的办法。同之前一样，认知科学为大多数建议奠定了理论基础。

知识加油站：组块、工作记忆和认知过载

组块（chunk）是一组信息单元的集合，特定条件下大脑可以将这组信息单元作为一个整体（块）来保留。例如，8 个没有任何关联的字母 m、z、q、i、f、w、u、n 就是 8 个信息组块。为了在读后的短时间内记住它，你需要花几秒钟记住这些字母及其顺序。为了在 1~2 分钟后还能记住它，你必须强化训练，要么大声地念出来，要么在脑子里默念，从而使它在工作记忆中保持活跃。然而，painting（绘画的英文单词）就可以算作一个组块——你只需要记住这个单词，就能按照要求背出 8 个字母的顺序。

工作记忆在任何既定时间内可以容纳的信息量［大约 4 个独立组块（Cowan，2010）］和对该信息执行的操作数量都是有限的。处理当前工作记忆中的信息所需的工作量称为"认知负荷"（cognitive load）。当人们在既定时间内的认知负荷超过了工作记忆的处理能力时，大脑就处于"认知过载"状态（cognitive overload），要想再处理新输入的信息，就只能丢失工作记忆中的一部分已有信息。当信息传输速率过快或者当大部分工作记忆被一项困难或复杂的任务、同时进行的多项任务或干扰事项占据的时候，认知过载就可能发生。如果信息由于某种原因没有在工作记忆中得到充分的处理，它就不能存储在长时记忆中，也就无法被学会（Ambrose et al.，2010：103-107；Mastascusa et al.，2011：205-207）。

在课堂上，按照传统模式"轰炸"的信息，学生几乎无法吸收。你可能一直滔滔不绝，黑板或屏幕上也在不断地展示图像，数不清的图像、声音、感受和想法同时争夺学生的注意力。然而，所有这些输入的信息中，只有一小部分能进入他们有限的工作记忆，而那些能持续足够长的时间并进入长时记忆的信息则更少。你的工作便是想尽一切办法，确保你所教内容的关键部分在这场残酷的争夺战中存活下来。以下是实现这一目标的几种方法：

明确你的学习目标和教学重难点。

当你明确陈述学习目标和重难点，并在教学中不断加以重复时，就能增加它们进入学生的长时记忆并在学生需要时得以提取的可能性。如果教学重难点在第一次出现时尚未进入学生的工作记忆及随后的长时记忆，别担心，还有补救的机会。一旦这些信息被存储下来，不断地重复和强调可以增强包含它们的神经回路。考虑采用以下步骤来促进这个过程：

1. 提前到教室，写下或展示你的学习目标。一旦完成了列表上的一个目标，就在上面画"√"。

2. 在上课期间清楚陈述你的教学重难点，并写在黑板上加以强调。可以使用话语标记语，如"这是一个关键点""下次作业中你们会用到""很有可能考试会考"等（不要过度使用最后一句，因为重复太多会失去效果）。

3. 快下课时进行总结。如果让学生自己来总结则更好。例如，你可以问他们："今天你学到了什么？"

采用主动学习策略。

为了不让学生被源源不断的信息淹没在认知过载中，偶尔需要切断一下信息流。暂停讲课，让学生独立或小组学习一小会儿，做一些与你刚才讨论或展示的主题有关的事情。此刻我们又回到了主动学习这个话题。如果第 4 章没有说服你去尝试，我们会在第 6 章再试一次。在第 6 章中，我们会具体建议你在活动中要求学生做什么，描述使用主动学习可能出现的问题（包括学生的抵制），提出克服问题的策略，并总结现有研究中关于主动学习有效性的结论。如果你看完之后仍然坚持己见，我们只能对你的强大信念深表佩服，自愧不如，转移到其他话题。

降低干扰。

就像太多信息会造成学生的认知过载一样，一些重要信息在处理和存储之前可能由于课堂上的干扰而从学生的工作记忆中被挤走。例如，当你在讲解问题的解决方案时，可以要求学生们放下手机，关上电脑屏幕［研究表明，如今的学生并不像他们自己认为的那样擅长一心多用，事实上，一心多用可能根本就是无效的（Rosen，2008）］。如果你有奇闻轶事要讲，不要在公式推导的中途讲。如果你在黑板上写下一个要点，不要同时播放呈现不同信息的幻灯片。等你完成了这部分连贯的内容，你就可以讲故事或做想做的事情了。

定期检测学生的理解程度。

就算你是一位魅力十足的演讲者，也难免会讲到一些晦涩难懂的内容。况且，学生偶尔走神也是人之常情。如果你一整节课都滔滔不绝地讲，不去定期检测学生们的理解程度，你和学生在课堂上相当一部分时间可能都浪费了。

所以别那么做。当你讲课的时候，要注意观察学生们的眼睛。如果你看到大多数学生都在四处张望、埋头"苦干"或者闭目养神，你就应该适时暂停讲课，看看发生了什么。过去我们总喜欢问："你们有什么问题吗？"事实上，这样的问题根本没有用。如果学生完全是懵的，或者一直在做白日梦，他们根本就不知道该问什么，很多人即使有问题也不会主动提出来。有时候我们会自己提出一个问题，然后抽一位学生起来回答，这样做的效果其实也好不到哪儿去。你只会听到认真学习的那几位学生的回答，而根本无从知晓全班学生中到底有多少属于这一类。这里有一些更好的办法推荐给你。

- 当你真真切切看到困惑的学生时，你可以说："我注意到你们有些困惑，需要我解释一下吗？"然后看向迷茫的学生并暂停讲课，通常情况下许多从不自愿提问的学生会回应你的问题。
- 抛出一道或多道选择题，检测学生对刚刚教授内容的理解程度，并对学生的答案进行调查，看看是否大多数学生都已经学会了。你可以使用应答器（个人响应系统）或在线工具，例如"Poll Everywhere"，学生可以通过智能手机提交答案。
- 将学生分组，让他们针对当天讲授的内容提问。教师可以邀请几个小组分享他们的问题，还可以让自愿分享的学生提出补充问题。
- 在快下课时进行"快速写作"（参见3.6.6节），让学生写下该节课的要点和最容易混淆的知识点。如果很多学生都漏掉了某个重要知识点或表达了同样的困惑，你可以在下节课中重讲一次。
- 当你提出有难度的问题时，无论是一直等待学生自愿回答还是立即叫答个别学生，你都应该更谨慎一些。

在4.5节中，我们曾鼓励你将一些高水平的问题纳入教学计划并给出了一些实例。这里我们将谈到教师在提问高水平问题时一些值得提倡和应当规避的做法。

学生们时常害怕在自己的同学面前出糗（Fassinger，1995），他们担心回答提问会暴露自己错误或愚蠢的想法。事实上如果问题真的需要深入思考，学生的担忧也是情有可原的。当你发问时，可能班上的大多数学生都保持沉默并躲开你的目光。如果他们知道你在发问之后就会等着有人自愿作答，他们就没有动力去思考你的问题，因为他们知道坐在前排的两三名学生中总有一名会回答你的提问，即使没有，你也会自问自答。然而，如果你在学生还没来得及思考之前就开始叫答，很可能会引起学生内心的恐慌。当你一旦选中了叫答的目标，其他学生就会长舒一口气，然后停止思考。

能够让学生如你所愿思考问题的方法还是主动学习策略，这种策略至少对你提出的部分问题是有效的。教师先提出问题，让学生独立或成组思考，在短时间内得出答案，然后邀请学生个人或小组分享他们的答案。就算你叫答的是个人，因为你给了他们思考的时间，加之小组讨论后答案代表小组而非个人观点，这样对于学生来说，回答提问的威胁等级就大大降低了。

你也不必对每一个问题都使用主动学习策略，有时候请学生自愿作答也是完全可以接受的。有一种让大多数学生思考的方法就是在提问以后延长等待时间。罗（Rowe，1986）发现，大多数教师只等了 1 秒钟就开始叫答学生或自问自答。如果等待 5 秒钟以上，你可能会得到更多、更好的回应。延长等待时间一开始并不容易，因为站在全班学生面前，5秒钟的沉默会显得很漫长，但是用不了多久，你和学生就会适应这样的方式。

包容并尊重学生的问题和错误答案。

如果学生说了一些听起来有些愚蠢或错误的话，作为教师给予包容且尊重的回应有助于营造一个更安全和谐的讨论氛围。如果学生的回答里有一些是有道理的，你可以给予认可（"好的，你可能认为……，这是对的，但是你也需要考虑……"）同时不经意地转移话题。如果答案毫无价值，你可以说"不，不是这样的"之类的话，并叫答其他学生。在你给出正确答案之前，有时候可以多叫答几位学生，这样你将获得来自更多学生的回应，更有可能发现学生的理解偏差或推理错误，而不是一听到想要的答案就停止了讨论。

5.2 让课前任务更有效

假设你布置了一项阅读任务，计划在下次课上予以讲解。结果下次课上，你提出有关阅读的问题，大多数学生却表现出好像从未读过或一个词都读不懂的样子。你不禁对这帮懒惰又文盲的学生彻底无语，只能讲述一遍本该由他们自行阅读的内容，才能继续自己原定的教学计划。

如果你也面临上述境况，可能需要思考三个问题。首先，让学生做课前阅读到底有多重要？第二，如果真的很重要，怎么才能让学生去读？第三，学生们应该都是有文化功底的，可是为什么很多都读不懂你布置的材料呢？

我们把第一个和第二个问题放一放，先思考第三个问题，关于学生为什么不能或不会或不愿阅读，有几种可能的答案。有些学生可能确实太懒了，不愿意花时间去阅读，也有可能是因为阅读材料写得太糟糕。但最可能的答案却是，学生们知道就算忽略阅读也不用承担任何后果。其他课程的任课教师都可以要求学生们完成课前阅读任务，为什么你不能呢？

课前任务的价值很大程度上取决于任务本身。效果和价值排名第一的任务形式是给学生互动式在线指导和多媒体信息演示，并穿插问题和练习；其次便是观看视觉内容丰富、演示和例题结构清晰的教学视频。如果你的学生完成了这样的任务，你就可以在课堂上深化课前学习的内容，甚至可以翻转课堂，把全部课堂时间都花在以课前学习内容为基础的关于如何解决问题的练习上（详细介绍请参考第 7 章）。

另一方面，简单布置几页教材让学生自学新内容的做法通常是徒劳的。大多 STEM 课程的知识点多、内容枯燥，对于初学者来说自学往往存在困难。除了较为模糊的基本概念之外，学生们必须非常用心地阅读，确保他们已经理解了定义、解释、推导步骤以及图表含义之后才能继续往后学习。然而，大多数学生都不知道用这样的方式来自学。这种方式并不容易，况且也没有人教他们这样做。人类的理性会让学生一旦遇到难以理解的内容就选择自动忽略。霍布森（Hobson，2004）引用研究表明，所有科目的课程中，超过 70% 的学生都会忽略课前阅读任务，而 STEM 课程的这一百分比可能更高。

但是，这并不意味着我们应当放弃布置课前阅读任务这一做法。作为未来的专业人士，STEM 专业的学生在校期间必须学会从书面材料中获取信息，要知道毕业后他们将失去课程教学或在线指导的辅助。以下是一些可以督促学生完成课前阅读任务并帮助他们学会如何阅读的方法建议：

将阅读任务精简至最重要的内容。

你布置的阅读任务应当明确地关联你的教学目标。如果你布置的 50 页阅读材料中只有 5 页与教学目标有直接关联，那么其余 45 页便成了"读了也没有坏处的内容"，学生没有按照要求完成阅读任务也就不足为奇了。这种情况下，我们建议你只布置这 5 页任务，而对其余阅读内容不做要求。

在阅读任务中加入在线测验。

在随堂测验中加入 1~2 道反映阅读任务中重要知识点的题目，借助课程管理软件让测验的监督管理和操作流程变得更加便捷，有两条路径可以成功实现这一目的：

◆ 自我测试（self-tests）。学生键入答案后可以立即获得答案正确或错误的反馈，教师可以督促学生修改答案后再次提交，直到学生们提交的答案完全正确为止。

◆ 及时教学（just-in-time teaching）（JiTT, n.d.）。要求学生在阅读任务截止时间的前一晚（或提前 2 小时）提交答案。教师可以依据学生的回答调整教学计划以解答常犯错误。如果你所在学校没有课程管理软件，你也可以通过电子邮件或在线调查工具收集学生的答案。

我们认为，关于阅读任务的测验成绩不应当在课程总成绩中占据太大比重，但也应该保有一席之地。这样的话，学生真正阅读并努力理解其中主要知识点的概率就会显著增加。

让学生思考并提交有关阅读内容的问题。

另外一种方法是让学生针对阅读内容自己提出问题，并使用这些问题来设计课堂活动。针对实质性、概念性内容，这一方法可以演变为"引导式同伴提问法"（guided reciprocal peer questioning）（King, 1993）。学生们根据阅读内容提出如下问题"……的主要思想是什么？""……和……的主要区别是什么？""如果发生……会怎样？""在……中所做的假设是什么？""……在现实生活中的应用是什么？"当下一节课开始时，学生们先在小组内回答彼此的问题，再全班讨论一些特别有趣或有争议的问题。你可以把问题和答案收集起来，作为课前作业的一部分进行评分，也可以不予评分仅仅用来激发认真的阅读和讨论。这一技巧可以促进学生批判性思维和阅读技巧的发展。

让学生为指定阅读内容绘制概念地图。

概念地图（也称思维导图）是一种显示知识体系中关键知识点之间相互关系的框图或流程图。让学生绘制一幅完整的概念地图，或是将教师预先准备的框图补充完整，可以促进学生对知识结构的深度理解（Ellis et al.，2004）。在 4.6 节中，我们曾提供了一些关于如何使用概念地图的详细建议，也引用了各种学科的案例供你参考。

> **可以考虑在课堂上对阅读内容进行测验，但不要经常如此。**

另外一种督促学生完成课前阅读的常见策略是在上课开始时针对阅读内容进行简短的课堂测验。这么做有一定效果，但也有不足。因为课堂测验的分发、管理和收回都会占用课堂时间，甚至还要花费额外的时间来准备和批改，大班教学中这一缺点尤为明显。简短的测验通常考查的是低阶认知层次上的事实性知识，而这些知识或许根本不值得花费额外的时间和精力去学习。你还应该知道，除了你的课程以外，学生还有很多其他课程要学。如果你绞尽脑汁迫使他们每天跟上你的任务进度，可能会导致他们忽视生活中其他那些同样重要的责任。简言之，针对阅读任务的课堂测验可能弊大于利。

5.3　不要成为教学计划的奴隶

在理想状态下，你写的每一份教学计划都将在一节课的时间里刚好完成，此后按部就班，一切顺利。然而，在现实状态下，经常都会有预料之外的事情发生，延缓了你的计划。以下是导致进度落后的一些常见情况以及如何处理的建议。除了最后一种情况以外，其余几种情况都可能放缓你的教学进度，但我们认为你依然应该那样做。最后一项将帮助你追回进度。

事件：学生们对某一道课后习题存在很多困惑或困难，抑或他们在课堂上的提问或对你提问的回答都表明他们对某个重要知识点的掌握还有所欠缺。

回应：当你确定了大部分学生的主要困难所在，请解决。如果你只是一味向前赶路，很多学生可能会掉队。

事件：课堂上发生了意想不到的事情。可能是学生提出了一个特别好的问题，带来一场生动有趣的讨论或辩论，也可能是你临时想到了一个可以把复杂概念变得清晰的好案例或好故事。

回应：课堂上发生的任何事，只要对教学有帮助，都应当顺势而为。偶尔的自发事件使得课程教学摆脱了如同瑞士钟表一般的死板节奏，对于学生而言反而更具启发性，对于师生来说都更有乐趣。

但是，如果学生提出一个很难的问题，你无法当场给出答案或需要更长时间来思考，你完全可以告诉学生"这是个好问题！但我现在还没有想好答案，我会思考后再答复你"，然后在下一节课公布或在课程网站上发布你的解答。

事件：一节课只剩下最后 5 分钟了，可是你还有很多内容没有讲完。

回应：无论你做什么，都不要在快下课时开启超速状态并匆匆扫过计划中的内容。那些终场前的闪电战几乎不会对学习有帮助，而且还会让学生厌烦，尤其是如果你经常因此拖堂的话。你最好在下节课上再把内容补齐。

事件：课堂上的所有跑题事件导致你的教学计划落后了一周。

回应：在 4.7 节里，我们曾介绍过在课堂上使用留白的讲义——让学生自行阅读简单的内容，再通过听课或课堂活动填上讲义上的空白。就算你不准备经常使用这种方法，但当进度落后时，你可以准备一份留白的讲义，替代通常要花一周或更长时间来讲授的内容。通过课堂练习，以及将部分较容易的填空留作课外练习，不再按照传统方式讲课，应该能够帮助你追回拖延的进度。

5.4 持续改进教学

就算你的学生评教已经是或者接近最高分，你其实还可以做得更好，以下是几条持续改进教学的途径和建议：

课后反思

下课后，你可以立即回到办公室花几分钟时间回顾教学计划，反思哪些部分、题目和活动是按照预先设想的方式进行的，哪些没有，以及下次应该做出哪些改进。简单记下来，并在下一次再讲这门课时统一修改你的教学计划。当你按照这个流程把同一门课程教了 2~3 遍以后，教学计划应该更加接近你想要的样子。只要坚持做好教学反思，除非课程的学习目标或者学生学情发生重大变化，正常情况下每次上课前你只需要对教学计划做些微调即可。

期末学生评教

在大多数大学和院校，学生在每门课程结束时都要填写评教表格。这种做法并没有得到全体教职员工的普遍认同，他们中的一些人认为学生的评教毫无价值，评教不过是教师受欢迎程度的竞赛，得分最高不过是遇到了给分痛快的学生，等等。尽管这些观念普遍存在，但是成千上万的研究已经否定了其中的大部分（Benton & Cashin, n.d.; Felder & Brent, 2008; Hattie, 2009: 115-118）。事实上，学生在评估一门课程的某些方面时具有特殊发言权，比如教师是否平易近人、是否能够吸引学生兴趣、是否讲述清晰以及是否在课外辅导学生学习等。没有学生的参与，任何对教师教学水平的总结性或形成性评价都是不完整的。

　　然而，仅靠学生评教也是不够的，因为学生可能有些固有的偏见，例如，总体而言，必修课程的评教低于选修课程、STEM 课程的评教低于非 STEM 课程、女教师的 STEM 课程评教低于男教师的 STEM 课程［参见费尔德和布伦特（Felder & Brent, 2008）引用的参考文献］。此外，学生对评价课程教学的某些方面也缺乏发言权，例如课程是否满足认证标准，是否为后续必修课程提供了充分铺垫等。简言之，尽管学生评教提供了可以帮助你改善教学的基础信息，但还应该通过其他评价手段来补充和完善。

同行评教

　　与学生不同，同事可以评估你的课程内容是否是你应该涵盖的内容，如果同事是一位优秀的教师，他还可以从学生看不见的角度对你的教学提出改进建议。在许多学校和院系，同行评教通常被视为学生评教的有力补充。据我们所知，有一个学院在做出所有职员续聘、终身教职和职称晋升的决定前，均使用相同版本的评教文档对教师的教学情况进行总结性评价，并在教师工作的头两年使用相同文档对其教学情况进行形成性评价（Felder & Brent, 2004d）。

　　如果你所在的院系没有实行同行评教，就算有，你也可以再找一两位教学效果最好的同事，征得同意后去他们的课堂旁听一次（极尽赞美之词），并邀请他们到你的课堂观课。每次观课结束后，利用咖啡或午饭时间与他们简单交流，请他们谈谈你的课上哪些部分进展顺利，哪些还能进一步改进。你也可以与一位教学效果并不突出但有着改进意愿的教师互相观课、互相反馈（Sorcinelli & Yun, 2007）。

　　学生评教与同行评教可以是形成性的，也可以是总结性的；而快速写作（我们曾在第3章做过介绍）和下面几种方法则完全是形成性的。

中期评价

　　开课 4 周或更久以后，你可以在某节课的尾声向学生分发一份简短的开放式问卷，请学生匿名填写并在离开教室时交回。问卷应包含下列部分或全部问题。每个问题的下面都应当留出空格供学生填写，第三个问题需要学生勾选。

1. 本课程的哪些特点及其教学有助于你的学习?

2. 本课程的哪些特点及其教学妨碍你的学习?

3. [针对某个你特别希望获得反馈的课程特点] _____

   有助于你的学习吗? _____妨

   碍了你的学习吗? _____既无帮助也无妨碍吗?

4. 在余下的时间里, 你准备如何提高自己的学业表现?

5. 关于课程或教学, 你还有其他意见吗?

请注意, 前三个问题都是与学习有关的。以这种方式发问而不是仅仅粗略地询问学生喜欢或不喜欢什么, 尽管无法完全消除学生对每日小恩小惠的索取以及对清早起床上课和你着装品位的抱怨, 但至少可以让你在最大限度上获得有用的反馈信息。

采用这个做法, 你不必仔细阅读每条评论并逐条回复, 只需通览所有评论, 记下常见的反馈, 并在下次课上予以回复。如果学生的建议恰好是你认为合情合理且愿意做出的改变(例如在课堂上提供更多例子), 就告诉学生们你会接受他们的建议; 如果他们的要求是你不愿意或不能做的事情(例如减少作业的数量), 则向学生阐明你的观点并解释你的理由。只要学生知道你关心他们的学习, 愿意倾听他们的声音, 并认真考虑过他们的要求, 大多数学生都会毫无怨言地接受你的决定。

如果你不接受我们在这本书中提出的任何一条建议, 请务必要接受这一条。等到学期结束的时候才发现问题通常为时已晚。尽早发现, 尽早弥补, 可谓幸哉!

课堂评估技巧

课堂评估技巧(classroom assessment techniques, CATs)是一种简易的形成性评估方法, 可以快速显示学生对你所讲内容的掌握程度。CATs 最为人熟知的方式就是快速写作(参见3.6.6 节), 其他方式请参考安吉洛和卡洛斯(Angelo & Cross, 1993)的相关文献。

专家咨询

当前, 大多数高校都设有教学和学习中心, 其使命之一便是帮助教师改善教学。除了提供有关教学不同方面的培训课程外, 一些中心的咨询专家还可以走进并观察你的课堂, 必要时录制视频, 与你一起分析学生意见, 并提供改进建议。如果你所在的大学有这样的服务, 你可以用起来。

从视频中观看自己的表现可能是有点惨不忍睹, ("天呐! 我真的那样做了吗?")

但在最初的震惊之后，你会开始看到自己做得很好和可以改进的地方。在教室的角落里架设一台摄像机并让其自动运行，这样可能会让你感觉放松一些，录制完成后你也可以邀请咨询专家一起观看视频。

课程结束后的反思

课程结束后，作业、项目和考试都完成了，学生评教和同行评教也都收集完毕了，你可以花 1 小时左右的时间来浏览一遍所有的教学内容并反思关于自己教学过程的意见。一边反思一边记笔记，记下如果再教这门课你打算做出哪些调整，然后在时机成熟时付诸行动。

自我提升

市面上关于 STEM 有效教学方法的书籍、期刊和刊物（JIHE，n.d.）已经不胜枚举。就算你没有时间或不愿意一本一本地阅读，只要翻开一本随便读一个章节或一篇文章肯定也会对自己有所帮助。你还可以考虑参加一些校内举办的教育教学工作坊和专业协会的教育教学会议来实现自我提升。

想一想

你该怎么做才能获得以下问题的答案：

- 班上的学生对什么感到困惑？
- 学生们认为你的教学有哪些有效和无效的地方？
- 在你的学科中开发使用了哪些新的教学方法和资源？

你还有什么愿意尝试一下的吗？

5.5 要点回顾

◆ 滔滔不绝的讲授几乎没法让大部分课程内容进入学生的长时记忆。在课堂内外反复提供机会，让学生回忆、反思并使用这些内容，可以提高将这些内容存入长时记忆并随后在需要时进行提取的机会。

◆ 教师在课堂上应该通过提问来持续监控学生的理解状况。冷不丁地叫答学生（没有给所有学生思考时间而叫答个别学生），或者每提出一个问题就请学生自愿回答，通常都不如给学生一些时间进行个人反思或小组讨论后再要求个人作答这样的做法来得有效。

◆ 课前任务应该尽可能有互动。使用在线多媒体教程、屏幕录影、简短演讲片段和关键阅读材料，并使用在线测验促进学生学习和加强反馈。不要要求学生阅读很长的材料或观看完整的课程录像。

◆ 综合使用中期评价、学生评教、同行观课、快速写作和其他课堂评估技巧，向专家咨询请教，下课后和结课后积极反思，定期阅读与教育相关的书籍和期刊，可以帮助教师持续改进教学质量。

5.6　课堂实践

◆ 查看你即将开始的教学计划，确保其中包含了一些上课时可以启发思考的好问题。4.5 节中的提问示例可以给你一些启发。

◆ 1~2 次课以后，通过"快速写作"收集学生观点。开课几周以后，进行一次中期评估，并在随后的课堂教学中回应每一条形成性评估意见。在你进行中期评估之前，请推测你认为多数学生会做何反应。写下你的推测，然后与学生的实际反应进行比较。

◆ 请教一位有杰出教学声誉的同事，争取观摩一次他的课堂。如果获得许可（肯定会得到同意），坐在后排，记下你看到的任何有价值的事情。

◆ 向院系里的同事或学校教学中心的咨询顾问请教，邀请他们实地观察你的课堂教学，并记录下你做得很好和需要改进的地方。课后请他喝杯咖啡，并虚心听取意见。

插曲一则　认识你的学生：艾莎和瑞秋

这个故事发生在一间宿舍里，主角是两名计算机科学专业的学生。瑞秋蜷缩在她的电脑前，目光注视着键盘旁一本翻开的手册，这时艾莎一脸轻松地走了进来。

艾　莎：嘿，瑞秋，把电脑关了，别管它了，现在是派对时间！

瑞　秋：……（沉默）

艾　莎：快点嘛，我们还没离开宿舍，别人都要到了。

瑞　秋：冷静点，艾莎，我正在努力让代码跑起来。要不你先走吧，我晚点到。

艾　莎：好啊，就像上周一样，你说 15 分钟内赶到那里，结果你后来根本就没露面。

瑞　秋：我当时告诉过你，我要完成人工智能课后作业，而且也确实忘了时间……何况，你知道我压根儿不喜欢那些派对。

艾　莎：我敢打赌我能帮你搞定这个程序！这里输入几行命令，那里点击几下鼠标，然后我们就可以走了，奔向绚烂的灯光和……

瑞　秋：艾莎，把你的手从我的电脑上移开！我要再看一遍手册正确做一次。你忘了上周你口口声声说要帮我设定硬盘录像机的程序来记录格莱美颁奖礼，而且"不需要任何该死的提示"，结果呢，我们最终记录了一段公共电视网上肝脏移植 2 小时特别节目！

艾　莎：那只是因为我……

瑞　秋：那上次那个硬件实验你又是怎么把整栋楼弄短路的呢？你大言不惭地说"我们就这样做，实验手册都是为懦夫写的"，话还没落音就爆炸了。

艾　莎：没错没错，但别忘了谁凭借在暑期工作中萌生的灵感申请了专利！你的问题是你花了太多时间去考虑计划做什么，担心可能行不通，但你却没有动手去做。不过也没关系，如果你愿意思考一晚上，我就先走。噢，别忘了，我已经叫了杰克、马蒂、艾米和其他人明天到这里来和我们一起复习人工智能考试。

瑞　秋：艾莎，为什么你总是要这么对我呢？你明明知道我喜欢一个人学习。另外，你的注意力持续时间只有 20 秒，如果那些爱开玩笑的人都在这里，你绝对会忘记学习或其他事情，但是……

艾　莎：绝对不会！这次我绝对是认真的。我就喜欢很多人在一起，这样学习才不会太无聊。

瑞　秋：太无聊？你……

艾　莎：行了，瑞秋，我还是帮你节约点口舌吧……

　　艾莎和瑞秋从小学开始就是最好的朋友，后来毫无悬念地进了同一所大学就读并成为室友。令人惊讶的是，她们一开始成为朋友正是因为性格的两极分化。艾莎无论是聚会还是学习都喜欢热闹，而瑞秋除了喜欢和几个很熟悉的人安安静静地聚在一起之外并不喜欢热闹；每当面临一项崭新的任务，艾莎会说"让我们试一试，看看会发生什么"，而瑞秋则会说"等等，让我再想想"，说话间艾莎已经开始行动了；瑞秋喜欢独自工作，而艾莎则每次都喜欢与他人合作。

　　艾莎是一位行动型学习者（active learner），而瑞秋是一位反思型学习者（reflective learner），这就是学习风格偏好（learning style preferences）的两种类型（Felder & Brent, 2005）。这两种类型不是完全互斥的：偏好可能有强有弱，人们表现出的特征不过是两种类型的不同程度而已。行动型学习者倾向于先体验再理解，反思型学习者则喜欢先理解再体验；反思型学习者通常思虑周全、持续专注和追求理解，行动型学习者往往思维敏捷、动手力强和愿意合作。只要扬长避短，任何一种类型的 STEM 学生都有成为优秀专业人士的可能。然而，让人难过的是，STEM 科目的教学通常是滔滔不绝的讲授、独自完成的作业和稀缺的实验机会，而不是货真价实的学习活动，殊不知有些教学方法可以让行动型或反思型学习者具有更加显著的学习效果和更加愉悦的学习体验，也完全可以同时适用于两种类型的学习者。我们可以在传统课堂上（对行动型学习者）介绍实验的演示，在实验课中（对反思型学习者）增加对实验结果的解释；可以使用交互式计算机教程和模拟，让行动型学习者快乐享受学习活动，而让反思型学习者在相对无风险的环境中进行试错分析；还可以以 3~4 人为一小组（行动型学习者）布置课后作业，而不是只布置给个人（反思型学习者）。使用主动学习策略（第 4 章和第 6 章）为行动型学习者提供互动机会的同时也为反思型学习者提供反思的机会（活动中不是每个学生都能立即开口说话）。

请注意：学习风格理论已经在各种学科的教学设计中得以广泛应用（Felder & Brent，2005）。关键不在于一定要按照每位学生喜好的方式来教学，而是要确保教学的平衡，不要严重偏向于某一种偏好或走向另一个极端。我们将在第 12 章中更加详细地讨论学习风格，以及当前心理学学术界关于学习风格理论和观点的一些争论。

6. 主动学习

6.0　引言

在前面的章节中，我们经常强调且从现在起还将反复提及一个观点，即真正的学习来自亲身参与和结果反思，而不是被动地接收信息。为了最大限度地提高学生的学习成效，无论在课堂内外，我们都应该针对学习目标中罗列的任务为学生提供主动练习和及时反馈的机会和途径。第 3 章到第 5 章分别提供了一些让学生积极参与课堂活动的建议。本章将更加系统地介绍主动学习（active learning），一种除了要求学生在课堂上观看、聆听和记笔记之外，还会要求他们做其他事情的教学方法。数百项研究结果和若干研究的元分析[1]表明，主动学习在促进学生学习成效方面优于传统讲授式教学（Freeman et al., 2014; Prince, 2004; Wieman, 2014）。

主动学习虽难度不大，但要求以学生为中心，这就意味着与传统的以教师为中心的教学方法相比，学生要为自己的学习承担更多的责任（Weimer, 2013）。正如我们早已在书中多次提及的那样，并非每一位学生都对增加学习负担这件事喜出望外，乐于承担。本章前面的插曲故事告诉我们，有些学生（比如艾莎）认为参与主动学习小组是一件让人非常开心和舒服的事情，但也有学生（比如瑞秋）并不这么认为。运用主动学习策略的教师应该预料到，在实施的过程中难免会出现一些反对的声音，教师应该做好处理此类问题的心

---

[1]　元分析（meta-analysis）是指整合某一领域的相关研究文献，对其进行定量化综述和分析的研究方法。——译者注

理准备。

本章主要解决以下问题：

◆ 在主动学习的学习活动中我能要求学生做什么？我应该努力避免什么？

◆ 如果我运用主动学习策略，可能会出现的负面影响有：（a）我必须花很多时间去构思活动，（b）牺牲教学内容的完整性，（c）失去对课堂的控制；与此同时，我还担心学生会（d）抱怨，（e）拒绝参与活动，（f）在期末评教中给我打低分。我怎么做才能避免或减弱这些负面影响？

◆ 在复习课（辅导与答疑）和翻转课堂中，我该如何运用主动学习策略？

6.1 何为主动学习

近几十年以来，科学研究让我们能够越来越清楚地了解和认识学习究竟是如何发生的。我们不得不相信，在大多数传统讲授式课堂上，真正的学习其实并未发生（Ambrose et al.，2010；Bransford et al.，2000；Freeman et al.，2014；Mastascusa et al.，2011；Prince，2004；Svinicki & McKeachie，2014；Weimer，2013）。很显然，枯燥无味、迷惑不清的讲课是无效的。然而，每一所大学里总有那么几位特别擅长传统讲授式教学方法的教师——他们知识渊博，口齿伶俐，魅力四射，有时还风趣诙谐。他们的学生年复一年地给出最高分的评教分数，选课的学生也总是排着长队。难道这些教师的传统讲授式教学也是无效的吗？

这就要看你如何定义教学的有效性了。一场引人入胜的传统讲座在某些方面肯定是有效的，包括激发兴趣、抛出问题、引发讨论甚至可以帮助已经知晓大部分内容的学生填补知识空白。然而，一旦面对复杂且相对陌生的内容，单纯接受传统讲授式教学的学生便很难形成教师要求的能力。就好像让学生在听取一堂关于跳水的精彩讲座之后从 10 米跳台上空翻三周半跳水，尽管动作的流程已经在讲座上描述得出神入化，但是学生无法实际操作，很难达到良好的效果。

能力发展的唯一途径，无论是跳水，还是写作、批判性思考、推断生化途径、解决动力学问题等能力，无一不是通过学习者的练习（practice）才能形成和实现。学习者先尝试一遍，摸索工作原理，在可能的情况下获取反馈，反思如何能够做得更好，然后再尝试一遍。这个过程当然（或应该）也发生在课后作业中。通常情况下，一门课程中前前后后你大约有 40 小时与学生在一起。为什么不花一小部分课堂时间，让学生练习那些在作业和考试中要求掌握的任务并给他们一些指导呢？换句话说，为什么不采取主动学习策略呢？

教育界中关于主动学习的定义五花八门。就课程学习过程中的主动学习，我们将采用如下定义：学生按照要求所做的与课程相关的除了简单观看、聆听和记笔记之外的其他事情。表 6.1.1 罗列出部分主动学习任务，其余的任务将贯穿在随后的章节中。

表 6.1.1　教学过程中的主动学习任务

◆ 回忆已经学过的内容（比如上节课学到了什么）

◆ 回答一个提问

◆ 开始［解决问题、推导公式］或采取下一步措施

◆ 绘制［受力图、电路图、散点图、流程图、产品生命周期图］

◆ 思考［我们刚刚介绍的材料、刚刚推导出的公式］的实际应用

◆ 诊断［有缺陷的产品、一组症状、计算机错误信息］

◆ 预测［实验结果、系统对输入变化的响应］

◆ 不经计算手绘［复杂数学函数、微分方程的解］的表现形式

◆ 评价［写作样本、口头报告、数据解释、计算机代码、临床程序、流程设计、产品设计］

◆ 找出计算量可能出错或是其与测定量不相符的原因

◆ 头脑风暴做某件事情的一系列方法

◆ 针对课堂所学内容想出一个问题

◆ 总结一堂课或一部分授课内容

在本章的余下部分中，我们将陆续介绍几种建构课堂活动的方法，简要回顾关于主动学习有效性的研究文献，并讨论如何处理主动学习策略应用过程中可能出现的问题。

6.2　学习活动的结构和形式

一旦你决定了想要学生做点什么（例如表 6.1.1 罗列出来的任务），你可以从下列三种基本形式中进行选择：

个人练习。

分配一个任务，给学生简短的时间（通常在 5 秒至 3 分钟以内），让他们独立完成任务。学生们可能没有充足的时间去完成这项任务，但是没关系，时间截止时所有人都必须停止工作。练习结束后，可以邀请一名或多名学生分享他们的结果。如果这是一道开放性的题

目（可接受的答案不止一个），你也可以再邀请另外几位自愿的学生对先前的答案进行补充。你可以针对学生们给出的答案组织讨论，然后继续你的教学计划。

小组练习。

与个人练习相似，但是小组练习时所有学生必须进入小组中（通常是 2~4 人一组）合作完成一项任务。如果这项任务要求小组进行写作练习，你可以为每个组任意指定一名记录员（例如最左边的那位、出生地离学校所在地最近的那位或当天还没承担过记录任务的组员）。活动结束后，你可以随机挑选一名学生，也可以从小组中抽选一名或多名学生分享他们的回答。

思考—成对讨论—分享（Lyman，1981）。

在这种学习形式中，所有学生先独立完成学习任务，然后组对讨论，对各自的回答进行比较和完善，再随机抽取学生分享他们小组的解决方案。这种形式可能比直接开展小组活动要花费更长的时间，但其中的个人反思环节可以引发学生个人进行更广泛、更深入的思考和学习。

很多教师在第一次听说主动学习时，都很担心在学生分组时会耗费太多课堂时间。其实，如何分组对活动的价值影响并不大，不必大费周章。你可以告诉学生与坐在自己附近的同学组成小组，这样学生只需要俯身、转身或最多移动几个座位就可以加入一个小组了。大多数时间里，学生都是和同一批组员合作，这对于我们这里谈到的简便的"转向你的邻桌"类活动来说并不成为一个问题。为了启发学生思维的多元化和问题解决办法的多样性，你也可以偶尔在上课前让学生选择一位不同于以往的邻桌，再如法炮制。（然而，如果面对的是需要小组合作的大型项目时，小组成员的组成就极其重要了，教师在分组时就应该更加谨慎。我们到第 11 章时再讨论这种情况下该怎么办。）

为了满足特定学习成果和能力发展的需要，研究人员已经开发出很多种类型的结构化学习活动（Barkley，2009；Felder & Brent，2009；Johnson et al.，2006）。本书介绍其中特别有效的几种方法（表 6.2.1）。

表 6.2.1　面向特定成果和能力的主动学习结构

◆ **给课程开一个好头。**第 3 章给出的几种练习活动。

◆ **解决技术问题和数学分析能力。**留白的讲义（第 4 章）；分块分析——将问题的解答和求导过程分解为相对较小的组块并让学生逐步完成所有组块（第 6 章和第 9 章）；有声思考结对解决问题——学生两两结对分析问题，轮流分工协作，其中一位学生解释步骤，另一位学生质疑解释并在必要时提供提示（第 6 章和第 9 章）。

◆ **计算机和编程能力。**结对编程——学生两两结对在计算机上操作，轮流扮演飞行员（键盘操作和战术思考）与领航员（检查核对和战略思考）的角色。

◆ **沟通能力。**写作、演讲和评论类练习（第10章）。

◆ **概念理解能力。**概念测试（第8章）。

◆ **阅读理解能力。**引导式互惠型同伴提问——学生们从指定阅读材料中提出问题用以促进高阶思维能力的培养并在课堂上相互测试（第5章）。

◆ **创造性思维能力。**头脑风暴、提问练习（第10章）。

◆ **批判性思维能力。**制订决策、评论练习（第10章）。

◆ **高效的团队合作能力。**危机诊断——评估和应对假设团队成员行为和团队功能失调问题（第11章）。

6.3　主动学习的成效和机理

普林斯（Prince，2004）在查阅大量关于主动学习的文献后得出结论：课堂里实施的学习活动可以持续增强信息的短期和长期保留率。一项最新的针对STEM课程的元分析表明，使用主动学习策略可以让学生的期末考试成绩平均上升6%，在概念理解测验中的分数上升幅度更大，课程不及格率更是下降了33%（Freeman et al.，2014）。

为什么课堂内的学习活动可以对学生学习、信息保留和概念理解产生如此显著的影响？我们会给出好几个缘由，其中一个很关键的因素与认知检索（从长时记忆中提取信息）有关。

知识加油站：促进学习的提取练习

学生学习课程内容的方式各有不同。他们可能会反复去读教材和指定的阅读材料，也许还会将他们认为重要的部分标记出来，温习以往的课后作业。他们也可能会准备知识大纲、概念地图或课程学习指南，或者不再翻阅资料而仅凭记忆来回顾学过的内容。

最近一项令人印象深刻的研究已经清楚地表明，"从记忆中回忆"这种被称为提取练习（retrieval practice）和测试增强学习（test-enhanced learning）的方法，和以往常见的学习方法相比，具有更可靠、更持久、更有利于知识迁移的优点。回忆练习的难度越大，反馈越及时，提取记忆的间隔时间相对越长，这种学习方法的效果就越好（Brown et al.，2014；Karpicke & Blunt，2011；Pyc et al.，2014；Roediger & Butler，2011）。

提取练习的效果对教学和学习都具有重要意义，我们将在本书其余部分多次提及。目前而言，我们只需要意识到与传统讲授法相比，提取练习对主动学习有效性的积极作用已经得到研究证明。在单纯的讲授过程中，你可能会讲解一种解决问题的方法，再举一个例子帮助学生理解，只要你口齿清晰，讲解清楚，学生们应该都能听明白。可是，只有当学生们面对头疼的课后作业时才会发现，原来自己并没有学会课堂上的关键知识点。在主动学习策略下，你可以将解答方法分解为较小的步骤，不时要求学生从记忆中提取刚刚学过的内容，最好还能与先前学过的内容关联起来一并提取。这样，学生随后使用这些方法自行解答其他问题的可能性就会显著提高。

主动学习策略发挥成效的原因有很多，其中比较突出的两点原因如下：

主动学习可以降低工作记忆的认知负荷，增加保留和存储新信息的可能。

人类的大脑在检查工作记忆中新输入的种种信息时，需要耗费一定的时间，以此评估信息与个人兴趣爱好、发展目标和先备知识之间的相关性，并决定是否将其放入长时记忆中。由于工作记忆对信息的存储容量非常有限，如果你在课堂上滔滔不绝地讲很多内容，学生会被这场超过他们工作记忆处理能力的信息洪水所淹没。这样做的后果便是学生们几乎没法消化你课堂所讲内容。然而，如果你时不时让学生干点活儿，要求他们在学习活动中运用刚刚接收到的信息，工作记忆中的这部分信息便有机会得到强化，从而更有可能进入学生的长时记忆。

学习需要集中注意力，但对于长期处于被动状态的学生来说，集中注意力是一件困难重重甚至根本不可能的事。

研究人员调查了在一堂课的不同时间节点上，保持注意力集中的学生占比（Bligh，1998；Bunce et al.，2010；Middendorf & Kalish，1996；Penner，1984；Stuart & Rutherford，1978），如图 6.3.1 所示。这张散点图告诉我们，这堂课必定是一场典型的没有任何学习活动的纯讲授式课堂。y 轴上的数值因课程不同、讲者不同而差异很大，但是大量研究表明，这个值最大约为 70%，最小仅为 20%。

我们无法确切地说出究竟是什么导致了图 6.3.1 中显示的响应模式，但我们可以大致猜到。在课程刚开始时，许多学生忙于杂七杂八的事情，例如准备笔记本、拿出教科书、抄写黑板或幻灯片上的任务以及与旁边的同学寒暄聊天。等他们安顿下来，他们给予教师的平均注意力会逐步上升并在大约开课后的第 10 分钟达到峰值。然后，当学生长时间处于被动状态，出于人类本能，注意力曲线会随之下降（如果你不信，可以试试静坐并把注意力集中到某件东西上，保持 1 分钟，再看看自己能坚持多久不分心）。因为信息没有在第一时间进入学生的大脑，所以根本无法得以保存。纯讲授式课堂的最后 10 分钟对于学生和教师来说更是相当浪费时间。然而，如果教师周期性地向学生布置与课程相关的学习活动，注意力调查数据就更接近于图 6.3.2（Middendorf & Kalish，1996）。

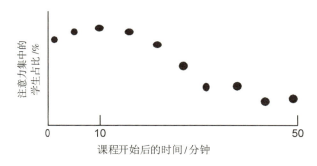

图 6.3.1　传统讲授式课堂（无活动）中学生注意力随时间变化分布图

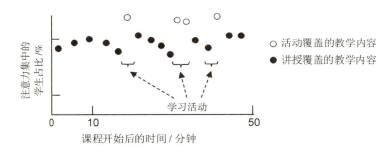

图 6.3.2　讲授与活动交错进行的课堂中学生注意力随时间变化分布图

　　当然，就算你将学习活动纳入课堂中，仍然会有一部分学生处于精神游离状态。但是与传统讲授式教学相比，处于游离状态的学生要少很多。相关研究清晰地表明，注意力集中程度提高后，学习的发生也相应有所增长。

　　我们推荐你使用主动学习策略还有一个原因，即它激发的课堂活力远远超过传统课堂。这些策略有时可以唤醒昏昏欲睡的学生，有时可以吸引大多数或所有而不仅仅是少数坐在前排的学生。此外，如果以小组为单位的主动学习策略实施得当（我们稍后就会说明这是什么意思），学习能力较弱的学生可以得到学习能力较强的学生的指导，而学习能力较强的学生通过辅导他人也可以加深自己对知识的理解。成功完成任务的学生不再是仅仅通过观看教师讲解来学习解决问题的方法，而没有成功完成任务的学生也能关注到那些本该学会事实上却没有掌握的知识点。当稍后答案出现时，后者对这些知识点的关注程度也会远远高于传统课堂。

在我们详细介绍如何进行主动学习之前，我们想明确一点。我们并不是要你彻底放弃传统课堂，也不是要你把每一节课都变成无休止的活动嘉年华。关键概念是平衡——讲授与活动的平衡。正如玛丽莲·韦默（Weimer，2013：72）所说："教师在授课过程中应当为学生分配充足的学习任务。教师不应总是忙着组织内容、生成示例、提出问题、回答问题、总结讨论、解决问题或构建图表。这里的关键词是'总是'。有时（在有些课堂上是经常）教师需要为学生做以上所有事情，但原则上我们做得越少越好。"

6.4　为解决问题而开展的主动学习

很多不熟悉主动学习的 STEM 教师刚刚听说这一名词的第一反应都是拒绝的。施曼德里克教授就是其中一位。一次，一位同事好不容易说服他去参加了一个关于主动学习的工作坊。几分钟后，他就拂袖而去。后来当被问到这件事时，他不屑地说道："哦，那些东西对于文科来说很好，但我教的是科学，像质量守恒定律这样的科学。我的职责就是告诉学生们定律是什么，而不是讨论、辩论或分享我对此的感受。"

那次咆哮后不久，我们又一次听到施曼德里克教授愤怒的声音："现在这些学生和我们以前上学时完全不一样了。上周星期三我在课堂上刚讲过简单的边界值问题，给他们布置了一道一模一样的题目当课后作业，可是到了周五交作业的时候我才发现，全班只有两名学生好像知道点皮毛。如果不是采取曲线分级评分制，整个班可能都要挂科，因为事实就是如此。"

关于施曼德里克教授，我们至少可以得出一条结论，那就是他是前后一致的——他自始至终都是错的。自 20 世纪初期以来，质量守恒定律一直是人们讨论和解释的主题，只要走进几次科学会议的分会场他一定会听到如同在哲学课上一样激烈的讨论。施曼德里克教授对学生的看法也错了。事实上，几乎所有这些他口中的糟糕的学生都可以把后续课程学得很好，顺利毕业，迎来成功的职业生涯。如果他们需要在工作中解决边界价值问题（虽然这种情况很少发生），他们也会学着去做。

主动学习策略适用于 STEM 课程和主题，同样也适用于其他任何内容。主动学习最广为人知的形式之一便是同伴教学法（peer instruction），这项基于即时应答器的教学策略最初由哈佛大学的物理学家埃里克·马祖尔（Mazur，1997）开发并推广，现在广泛应用于物理和其他所有 STEM 科目的教学中。我们将在第 7 章《科技助力教学》中更详细地介绍同伴教学法和即时应答器，并在第 8 章中讨论它们在判断和纠正学生错误概念时的应用。本节余下部分将介绍几种对解决技术问题的教学特别有效的主动学习策略。

分块问题分析

教师在课堂上不再简单地提供一个完整的解决方案，也不再在一个连续单元中进行推导，而是将问题分解为若干较小的组块［这里使用专业术语"组块（chunk）指代将复杂结构或过程分解为相对简单的部分，请不要将它与神经认知学中用来指代工作记忆或长时记忆中经过编码的信息单元，即记忆块（chunk）相混淆］。分解后的组块有些可能是简单代数和数值运算，有些可能理解起来稍微困难一些。稍微困难的这部分内容也许正是学生在课堂上听课自认为已经听懂了但是自己试图去做时又觉得力不从心的内容。教师可以快速讲解书中简单直接的内容（或让学生自己阅读讲义），然后让学生通过主动学习活动完成困难部分的学习。如果这个部分对于大多数学生来说在 3 分钟以内难以完成，你可以再将它分解为更小的组块。关于如何实施这种策略及其起效的原因，请参见 4.7 节"使用留白的讲义"中的详细介绍及其在工程专业教学中的应用视频（Active Learning，1998）。

分析已经解答完毕的例题

大多数 STEM 教师都遵循这样一种解决问题的教学模式，先讲解一个应用的案例，然后让学生在作业中解决类似的问题。如果布置的作业与讲解的案例如出一辙，学生便可以通过复制他们在课堂上看到的内容来解决问题。但如果作业题目稍有不同，学生可能会陷入无助的挣扎。这种教学方法的缺陷就在于教师虽然可以在短时间内向学生展示一种复杂方法和应用实例，却没有给学生机会去思考方法中的每个步骤。因此，学生的工作记忆很可能出现认知过载的现象，由于部分感知的缺失和一些处理过程的不理解而无法完成将新信息整合到长时记忆中。作为替代方案，教师在首次讲解某种方法时，可以将已经完成的推导过程和解答方法发给学生，让学生先在同学之间再向教师一步一步给出解释，琢磨已经计算完成的例题可以在很大程度上缓解学生的认知负荷。学生可以更加专注于"为什么"而不是强行吸收每一步"怎么做"。特别是在学习一种解决问题的新方法的初始阶段，研究人员已经证明这种方法可以减少学习时间、提高学习成效并增强学习迁移能力（Ambrose et al.，2010：106；Renkl，2014；Sweller，2006；Sweller et al.，2011）。

下面介绍的主动学习结构就非常适合采用这种方法。

有声思考结对解决问题

有声思考结对解决问题（thinking-aloud pair problem solving，TAPPS）是一种有助于促进学生深入理解的教学方法（Lochhead & Whimbey，1987）。学生两两成对工作，交替扮演解释者（面对一份已经完成的解答或分析答案的情况下）或问题解决者（需要自行解决或分析问题的情况下）和提问者两种角色。解释者先向提问者逐行解释解答步骤或是论文或案例分析中的一小部分内容，然后由提问者针对解释不清的部分提出问题，并在解释者难以回答时给予帮助。教师可以在1~3分钟后停止活动，随机抽取几位学生对各自刚才的分析进行总结，点评学生观点，回答学生疑问，并让学生回到组内交换角色，继续进行问题或文本的余下部分。这个过程可以持续到所有分析任务都完成为止。

在这个练习中，教师可以在解题过程中间歇发问，包括为什么使用这个公式？你如何验证这个结果？如果将你使用的某一手段（或方法、途径等）进行更换，会出现什么后果？如果采取某种行动会怎样？让充当解释者和提问者的学生轮番回答这些问题。到课程结束时，大多数学生可能会对题目的解答、推导或分析都有了更加深入的理解，而这样的效果是其他任何教学方法很难实现的。

结对编程

结对编程是TAPPS的一种衍生方法，适用于涉及编写代码、使用软件或模拟仿真的任务练习（Williams & Kessler，2002）。这种教学形式下，学生们在电脑上两两结对工作。其中，一名学生扮演"飞行员"角色，进行键盘操作；另外一名学生承担"领航员"职责，观察"飞行员"的任务完成情况，提供解决问题的建议，并留意"飞行员"操作上的错误。两名学生定时转换角色。在计算机实验室中，教师应当在学生遇到困难时提供帮助，必要时也可以现场讲解一小段或提问。使用这种方式完成任务的学生所花费的时间比他们单独工作的时间可能要长一些，但他们犯错的概率会明显降低。

6.5　关于主动学习的常见误区

主动学习是一种简单易行且卓有成效的教学方法，在各种科目中的积极作用已经得到大量研究的支持和证明。然而，刚刚开始使用这种方法的教师通常会走进一些误区，导致教学效果受到制约。一旦结果不如所愿或者遭遇学生反抗，很多教师就会半途而废。表6.5.1

罗列了使用主动学习的常见误区以及如何避免走入误区的对策，我们将在随后的段落中详细解析这些对策。

表 6.5.1　主动学习的六种常见误区

误区	如何避免
1. 在没有任何解释说明的情况下直接开始主动学习。	首先站在为学生着想的立场上解释一下你打算做什么以及为什么要这样做。
2. 期待所有学生在第一次活动时就热情主动地加入学习小组。	在前几次活动中，主动带领一下那些不太情愿的学生。
3. 学习活动太浅显。	让主动学习任务具有足够的挑战性，证明为活动所花费的时间是值得的。
4. 学习活动时间太长，比如在一次活动中布置了一个很大的题目。	让活动变得简短且聚焦（一般持续 5 秒到 3 分钟以内）。把很大的题目分解为较小的组块。
5. 每次活动后都由固定的几位学生分享结果。	某些活动结束后，可以随机抽取个人或小组汇报他们的讨论结果。
6. 活动陷入一种固定套路。	变换活动的形式和时长，以及活动之间的时间间隔。

开始使用主动学习策略之前应做好充分的铺垫。

很多学生也许在上你的课之前，接受的都是传统讲授式教学方式。如果你在他们毫无准备的情况下开始主动学习的教学方法，他们可能会觉得你要么是在和他们玩某种游戏，要么是把他们当作了实验对象，而这两种情形他们都会很不欢迎，你的教学计划因此可能会遭受激烈的抵制。

如果你在开课的第一天，花一点点时间向学生解释一下自己打算做些什么、为什么要这么做，以及这么做对学生有什么好处，学生的抵制情绪往往可以降到最低，甚至完全消除。关于这点，第 11 章前面的插曲小故事《面对抱怨的几套说辞》中的一些解释性说明可能会有些帮助。费尔德和布伦特（Felder & Brent，1996）、费尔德（Felder，2011a）、赛德尔和坦纳（Seidel & Tanner，2013）都曾经专题研究学生对以学习者为中心的教学方法的抵制问题，探讨学生为什么会抵制、有哪些抵制形式，以及教师应该如何应对等相关问题。

积极推进前几次小组活动。

当你刚开始要求学生加入班级里的学习小组并做些事情的时候，如果学生恰好是主动型学习者（参见前面的插曲故事）或者已经习惯了小组活动，他们一般能积极响应并立即进入状态。但如果学生是反思型学习者，或者从未参加过甚至反感小组活动，他们可能会对你的要求视而不见，继续埋头独自学习。很多教师一旦遇到这样的状况就会手足无措，灰心丧气，甚至轻易放弃。

如果你发现自己正处在这样的境地，千万不要轻易做出放弃的决定。当你第一次布置学习活动时，用冷静而自信的语气发出指令，就当作所有学生都会按照你的要求去做一样。如果发现有些学生埋下头开始独自学习，你可以很自然地走到他们身边，要求他们与身边的同学共同学习。除了极个别的情况，一般的学生都会接纳你的建议。当你第二次开展学习活动时，大多数学生都会立即参加。第三次的时候，你可能只会看到最多一名或两名学生仍然固执地一个人学习。这种情况你就不用担心了——这是他们自己的损失（我们会在后面的章节中对此做出解释）。

让小组活动充满挑战性。

学生都希望自己在课堂上能被教师当作成年人来看待，很可能因为教师让他们做一些他们自认为无关紧要的事情而心怀不满。使用主动学习的一个常见误区就是将学生分组后，让他们讨论一个答案显而易见的问题。学生会认为你是在浪费他们的时间而耿耿于怀。因此，你应该让活动中的提问和问题都具有足够的挑战性，以证明自己让学生花些时间分组学习找出答案是明智的选择。

活动的设计应简短有力。

当你给学生 10 分钟来解决一个问题时，通常会出现两种情况。有些学生只花了 2 分钟就完成了，剩余的 8 分钟就一直玩手机或者跟邻桌聊足球比赛，浪费了宝贵的课堂时间。而其余那些奋斗了整整 10 分钟也无济于事的学生就会深受打击，在最初几分钟的努力之后也会渐渐开始消磨时间。如果你可以让学习活动变得简短且聚焦，通过精心策划和设计，把时间控制在 5 秒至 3 分钟之内，你就可以规避上述两种情况的发生。

没错，大多数技术性问题的解答时间都不止 3 分钟。但是，我们不必给学生太长的时间来解决一个完整的问题，而是可以将问题分解为若干组块。学生可能短时间内对某些内容感到困惑纠结，但很快就可以得到反馈和澄清，之后你就可以继续下一步了。

活动结束后可以叫答学生。

主动学习最常见的误区可能就是每次活动后都让相对固定的几位学生分享他们的结果。你若是也这样做，很多学生就会懒得思考了，因为他们知道反正到最后都会有人说出答案。如此这般，主动学习的红利只有课堂上的一小部分学生能够享用。当学生单独或合作完成了一些任务之后被教师叫答时，大多数学生恐怕都不愿意站起来的时候哑口无言，满场都是尴尬。如果他们知道在任何一次学习活动之后，你都有可能随机叫答，大多数或者说所有学生就会更加认真地对待你布置的任务。你也不必在每次活动之后都叫答学生，叫答的频率只要让学生意识到随时有被叫答的可能，绷紧这根弦就好，这样我们的目的也就达到了。

不要落入固定套路。

主动学习有助于营造一种生动活泼、富有启发的课堂氛围。如果你把它的节奏变得像时钟一样的单调有规律（讲授 10 分钟，组对活动 1 分钟；再讲授 10 分钟，再组对活动 1 分钟，如此类推），课堂很快就会变得跟单纯讲授式教学一样枯燥乏味。问题的关键是融合。经常变换活动的类型（回答问题、解决问题、结对思考、头脑风暴等），学习活动时间长度（5 秒到 3 分钟不等），变换活动之间的间隔时间（1~15 分钟不等）以及组员人数（1~4 名学生不等）。如果学生们永远猜不透你下一步要做什么，他们在整堂课中也会更加专注。

想一想

如果你还没有采用过主动学习策略而且你和大多数教师一样，对主动学习心存疑虑，不敢贸然尝试，你的疑虑是什么呢？下一节中，我们将回顾并尽力解答我们经常听到的一些关于主动学习的顾虑。在开始阅读下一节之前，请你先把自己心里的顾虑写下来，然后看看有几条也出现在了我们的列表中，看看我们的解释能否让你打消这些顾虑。

6.6 关于主动学习的常见顾虑

很多从未尝试过主动学习策略，以及曾经做过一点尝试的教师们都对这种策略表达过共同的顾虑。表 6.6.1 列出的是我们最常听到的五种说法，接下来是我们对这些顾虑的分析与回应。

表 6.6.1　关于主动学习的五种常见顾虑

1. 我没法完成教学大纲规定的全部内容。
2. 我不得不花费大量的时间来设计活动。
3. 课堂变得闹哄哄，我必须浪费很多时间来重新收回学生的注意力。
4. 个别学生拒绝进入学习小组。
5. 学生会抱怨我不务正业，我的评教分数会直线下滑。

> 如果把时间花在课堂活动上，我永远没法完成大纲规定的教学内容。

其实你可以完成的。首先，请牢记，我们自始至终讨论的都是在课堂讲授的间歇穿插简短的学习活动，而不是让主动学习完全取代课堂讲授。典型情况下，你只需要花费几分钟时间来开展学习活动，其余的部分则照常进行。如果你想多做几次活动，可以把部分授课内容放进"留白的讲义"（参见 4.7 节），不再讲授所有内容，而是让学生自行快速阅读简单明了的内容，然后通过参与活动来填补讲义中的空白。这样的话，你就既可以按照自己的设想开展足够多的学习活动，又能够完成教学大纲的规定内容，甚至可以在大纲基础上进行拓展。

> 如果采用主动学习策略，我将不得不花费大把的时间来设计活动。

其实你也可以少花甚至不花时间的。相信在你现在的课堂上，你也会不时向学生提问来检测他们的学习情况。从今往后，你可以改一改提问的方式。不要总是向着全班发问，偶尔可以抛出一个问题，让学生转向一位或两位邻桌的同学相互讨论后再作答，然后你再如往常一样给予回应和反馈。这样根本不需要花费任何准备时间。

然而，如果你将一些课堂活动放进教学计划中，并且在每次实施后花上几分钟去反思它的成效，必要时对它进行修改，你的教学还可以做得更好。当你重复讲授这门课 1~2 次，课堂活动就基本成型了，你也无须再花额外的时间来准备了。

> 课堂变得闹哄哄，我必须浪费很多时间来重新收回学生的注意力。

其实，你需要的只是一个信号（例如响亮的掌声、打铃或者手机计时器），告诉学生立即停下他们的讨论并把注意力转回课堂。如法炮制几次之后，即使你的课堂上有上百名学生，应该也能在 5 秒钟以内将学生的注意力通通收回。

> 个别学生拒绝进入学习小组。

正如我们在本章前面所谈到的，当你第一次要求从未参加过主动学习的学生们进入学习小组时，很多学生都会一脸茫然不理不睬。我们的建议是教师可以主动、自信、不经意地靠近那些抗拒的学生，引导他们与邻桌开展合作。当你这样做了一两次之后，当你再要求他们进入小组学习时，可能只有极个别的学生仍然坚持单独学习，基本上所有的学生都会按照你的要求加入小组中。

个别不愿意参与合作的学生释放出来的消极信号，确实给一些教师带来了困扰，使得这些教师认为主动学习对他们的课程不起作用，因此又回到传统授课的轨道。这里我们有一种更好的视角来看待这个问题。我们想象一下，如果你采用主动学习策略，在度过了最初几次适应期之后，班级里也许有 90% 的学生是积极参与而只有 10% 的学生是抗拒的（事实上在我们自己的课程里，开课第一周之后仍然抗拒的学生比例远远低于 10%，在这里我们只是假设最坏的状况）。又想想如果你在课堂上一直不停地讲课会发生什么情况呢？当你滔滔不绝地讲了 20 分钟之后，如果课堂上还有 10% 的学生在专心致志地听你讲课，我们就深表佩服了。

问题的关键在于任何一项教学方法都无法保证始终适用于任何课程和每位学生。作为教师，我们最大的努力便是选择适当的教学方法使其适用于尽可能多的学生，90% 的参与度明显比 10% 好了很多。精心设计的学习活动可以为学生学会作业和考试中所需的方法和技能提供练习机会与及时反馈。如果还是有极少数学生固执地不理睬你的良苦用心，不珍惜这些机会，你也不必为此烦恼，显然这是他们自己的损失。

> 学生会抱怨我不务正业，我的评教分数会直线下滑。

与传统教学方法相比，主动学习需要学生承担更多的学习责任，这经常会让学生感到不安。当你开始在一个尚未习惯于此的班级实行主动学习策略，你确实要做好收到某些学生投诉的心理准备。

为避免类似投诉，一种有效的办法就是在开课第一天做好充足的铺垫（详见 6.5 节）。你也可以在中期课程评估中加入一个问题，例如"你认为课堂活动（1）能帮助你学习，（2）阻碍了你的学习，或者（3）既没有帮助也没有阻碍吗？"尤其是当你成功避开了 6.5 节所列的诸多雷区，你会发现班里大多数学生的态度都是积极或中立的，而只有一小部分会比较抵触。如果中期课程评估的结果的确如此，可以在下一节课中公布这一结果。态度消极的那一类学生通常把自己想象成是大部分同类中的一分子。只要他们发现自己的同类原来寥寥无几，他们的抱怨往往也会逐渐销声匿迹，你的期末评教分数也不会受到影响（Felder，1995；Koretsky & Brooks，2012）。

6.7 主动学习策略在习题课和翻转课堂中的应用

STEM 课程通常都是由课堂教学和其他辅助环节共同构成。课堂教学由任课教师负责，而习题课（这里我们使用专业名词 recitations）、答疑课（problem sessions）和辅导课（tutorials）等辅助教学环节可能由教师或助教负责。原则上来说，习题课可以为学生动手演练课堂所学知识创造条件，也为学生与教师深入互动提供机会。

与习题课有着相似之处的是翻转课堂。翻转课堂教学模式下，学生在课外接受在线教学，然后回到课堂上参与一些基于在线学习内容而设计的学习活动，就好比基于课堂教学的习题课一样。我们将在第 7 章详细讲解如何翻转，尤其是线上部分的建设。本节余下的部分，我们先谈论习题课，其中谈到的所有观点同样适用于翻转课堂的线下部分。

主动学习策略应该在习题课中广泛采用。我们之前为日常教学推荐的大多数关于主动学习的方法和建议都完全适用于习题课，唯一有所区别的就是活动的时间分配。对于日常教学，我们建议每一次的活动时长是 3 分钟以内，而在习题课上，学习活动可以占据更多的时间，因此没有必要再设置这个上限。当学生在做习题的时候，你应该走动巡视，观察他们的完成情况。若发现有些学生的解题思路有误或进展受阻，你可以给他们一些提示，帮助他们驶回正确的轨道。若发现有不少学生或小组出现同样的问题，你可以随时停止活动，简要讲几句帮助学生扫除障碍，或者开展简短的问答环节，或者请出没有犯错或已经纠正的小组给出解释，然后再继续进行学习活动。

6.8 要点回顾

◆ 主动学习是学生单独或以小组为单位，按照教师要求在课堂上完成的与课程相关的除了听课和记笔记以外的任何事情。研究已经证明，传统讲授与学习活动交替进行，可以比单纯讲授更加有效地促进学生学习。

◆ 学生在课堂上处于被动的时间越久，他们的注意力就会越发分散，且散得越远。如果你滔滔不绝地讲课超过 15 分钟，你可能会失去一半以上的听众。

◆ 通过课堂上讲授的方式向学生展示解决技术性问题的步骤或复杂公式的推导，收效甚微。更有效的办法是将问题或推导分解为较小的组块，教师主讲或让学生自行阅读讲义当中简单易懂的部分，再通过主动学习活动带领学生完成困难部分的学习。

◆ 与自行解答一整道完整题目相比，让学生一步一步地解释已经完成的例题也许帮助更大一些，尤其是当学生第一次接触一种新方法的时候。

◆ 教师如果采取以下措施，可以让主动学习的效用发挥到最大：（1）向学生解释主动学习及其如何帮助学生提高学习成效的原理；（2）在头两次实行分组活动的时候，给学生积极的鼓励；（3）让每一次活动都有价值和意义；（4）让活动都简明高效（通常在3分钟以内）；（5）活动结束后，不要总是等待学生自愿发言；（6）活动形式、持续时间以及活动之间的间隔时间都要经常变换。

6.9　课堂实践

◆ 在某节课刚开始的时候，让学生针对上节课的内容做一次主动温习。每位学生只有1分钟时间，要凭借记忆独自写出上节课的主要知识点（教师也许可以提醒一下上节课学过的标题）。停止活动，然后再给他们1分钟，让学生两两成组对主要知识点进行补充，活动结束后请几位学生轮流分享他们记忆中的1~2个知识点。

◆ 当在课堂上讲解到某种解决办法或推导过程时，当你讲到困难部分时暂停讲课，让学生组成2~3人的学习小组，给他们短暂的时间思考讨论，看他们能够进展到什么程度。随后抽取几位学生，听取他们的汇报（一边听一边将正确解答写在黑板上）。如果学生汇报的结果令人满意，你既可以继续组织讨论也可以进入下一个环节。

◆ 当你讲完一些复杂或困难的内容之后，不再向全班询问是否有疑问，而是让学生两两结对，在30秒内想出一个或两个高质量的问题，并随机抽取几位学生分享他们的问题。你会得到如你所愿的很多好问题。

◆ 给学生一份包含着已经部分完成的题目或推导的讲义，让他们使用"有声思考结对解决问题"（TAPPS）策略完成题目或推导。

插曲一则　科技到底是学习的朋友还是敌人？

当前教育界有一个非常流行的辩题便是关于教育技术（混合式学习、远程教育、翻转课堂、慕课等）的横空出世是否标志着传统高等教育的终结？伴随教育技术的发展，我们相信"传统教育的终结"迟早会到来。但我们认为这是好事而非坏事。我们一起来看看下面三种场景。

场景一：

纪子早上8点走进生物学概论的教室，把课后作业扔在前排桌上，坐回她的座位，打个哈欠，迷迷糊糊也不确定自己是否能清醒地撑到9:15下课之时。等到大约1/4的学生都走进了教室，任课教师马克斯韦尔博士向学生问候了早安，并询问他们是否有问题要问。学生们没有提问。为了复习上节课所学的内容，博士提出了一个关于孟德尔豌豆杂交实验的问题，可是只有前排几位学生自愿回答了这个问题。马克斯韦尔博士完成余下的复习以后，就开始播放一大堆描述和区分有丝分裂和减数分裂的幻灯片，讲了这些分裂过程是如何与孟德尔遗传规律相关联。纪子时不时地看表，当她看到手表上出现9:13时，迫不及待地合上笔记本。等到马克斯韦尔博士一停止讲课，纪子叫醒了沉睡的邻桌，向着下一门课的教室走去。

场景二：

安吉拉打开电脑，登录了一个由纪子所在大学管理的网站，观看与纪子相同课程的录播视频。在下载了课后作业之后，她就去忙自己的工作了。随后的几天中，她需要完成作业后上传网站并等待评分。

场景三：

几乎每天都是这样，乔希打开电脑，连接课程网站，回顾任务安排，然后学习1~2小时。这一周，他完成了如下任务：

◆ 快速阅读了上周下发的关于孟德尔实验的讲义资料，观看了一个由任课教师讲授的关于该主题的7分钟视频。

◆ 在网上虚拟遗传实验室中模拟和重复孟德尔实验。

◆ 参加关于实验的小测验。如果答错一题，他会得到一条提示并重做一次。如果再次答错，他会得到正确答案。

◆ 登录课程网站"在线讨论"板块，寻找关于一道难题的解题思路，并将这道题目中尚未解决的问题发布到论坛中。

◆ 观看另一个关于细胞有丝分裂和减数分裂及其与孟德尔遗传规律相关联的视频。观看过程中，他对减数分裂的其中一步感到疑惑，便回放了那一段视频，因此消除了迷惑。随后他参加并提交了一次关于视频内容的小测验，获得了及时反馈。

◆ 开始完成课后作业，预测果蝇实验的结果，模拟实验过程，随后在虚拟遗传实验室中检测他的预测结果。

◆ 查阅信息，找到一封来自任课教师的回信。教师在信中回答了他于头一天深夜提出的问题。随后，他向班级项目小组的其他成员发送信息，提醒他们虚拟会议的时间，最后退出课程网站。

场景一所描绘的就是传统的课堂，这种教学形式在写作本书，甚至将来你们阅读本书的时代里都占据着高等教育的主导地位。除了极个别的学生可以就自己不理解的问题提问以外，大多数学生都在被动地接收信息；场景二是场景一的在线版本，只不过将传播信息的渠道变成了互联网而已，安吉拉仍然没有任何提问的机会；场景三充分利用现代科技让学生积极参与课堂。课程中所采用的所有教学手段——视频、可视化、虚拟实验室、在线论坛、虚拟项目组会议以及可以即时反馈的在线测验正在 STEM 科目中得到越来越广泛的应用。

这三种场景带来一个重要问题。如果纪子、安吉拉和乔希的智力水平和教育背景不相上下，他们中哪一位可以学到更多？是聆听传统现场教学的纪子，还是被动接受在线教学的安吉拉，还是使用交互式教育技术的乔希？当然，没有人知道标准答案。但是，我们相信交互式教育技术会是赢家。场景三和第 7 章中分别展现的视觉呈现和口头陈述，加之知识提取练习的有机融合，使得信息化手段下的交互式教学比起传统教学和在线课程，更加能够促进学生开展有意义的学习。事实上乔希住在距离开课学院 750 英里开外的地方，也从未私下见过这门课的任课教师，但这些对于结果而言都不重要。

7. 科技助力教学

7.0 引言

从第 1 章到第 6 章，我们探讨的大部分教学原则都适用于各种学习环境，包括前面插曲故事中谈到的三种——面对面教学、纯在线教学以及面对面与在线教学相结合的混合式教学。本章的目的是在教育技术辅助的教学环境中准确运用这些原则，看看能够得出哪些结论和建议。以下是本章拟解决的主要问题：

◆ 教育技术如何促进学习？如何阻碍学习？哪些基于技术的工具和方法可以促进学习而哪些可能有所阻碍？

◆ 什么是翻转课堂（flipped classroom）？翻转的潜在好处是什么？实施翻转课堂时应该注意什么？

◆ 如何在在线课程中实施主动学习策略？

◆ 什么是大规模网络公开课程——慕课（massive open online courses, MOOCs）？采用面授教学形式的教师如何利用慕课？

7.1 教育技术工具

教育技术涉及的设备和方法种类繁多且仍在不断扩充（Hart，2015），大部分都对面对面教学和在线教学同样适用。表 7.1.1 简要罗列了几种常用的教育技术工具。在本章的后面部分，我们将提出几条帮助你正确选择并有效使用教育技术工具的指导原则。

表 7.1.1　几种常用的教育技术工具

资源	描述	用途	来源
课程管理系统（如 Blackboard、Canvas、Moodle）	一种可以在课程中执行各种功能的在线资源	• 学生名册、教学大纲、学习指南、讲义、作业、考试以及其他课程材料 • 管理作业、测验和考试情况；记录和提交成绩；计算平均值	• 大多数高校和学院都支持一个或多个课程管理系统
演示硬件与软件	幻灯片、视频、录屏	• 交付课程内容	• 数字资源库
个人应答系统	学生们使用应答器、智能手机、平板电脑或笔记本电脑来作答（针对选择题）	• 提供记忆提取练习，测试概念理解程度，找出学生的常见错误	• 免费或商业投票软件，课程管理系统
系统模拟虚拟实验室	学生与系统或实验室的计算机模型进行交互，改变输入和系统参数并观察系统响应	• 探索出于安全或经济方面考虑无法在实体实验室中直接研究的系统 • 对动手做的实验进行深入探索	• 免费或商业模拟软件 • 搜索"［主题］模拟"或"［主题］虚拟实验室"
互动式多媒体教程	穿插了小测验和即时反馈的以上所有工具	• 替代传统教材，评估学生知识和能力 • 提供肯定和纠错反馈，进行高阶或补救教学	• 教科书、数字资源库、媒体发行者 • 搜索"［主题］教程"
通信工具	电子邮件、聊天室、论坛、视频会议、社交媒体	• 促进师生与生生之间建立起关于课程内容的沟通和交流 • 在线答疑，项目团队在线会议	• 内置和在线软件，课程管理系统

7.2　教育技术对学习的促进作用

我们在第 3 章至第 6 章曾经概览并讨论过多种可以促进学习的教学策略。这些策略中很多都可以通过教育技术来实现。表 7.2.1 中列出了几种方法，其他方法可以参考斯维尼基和麦凯奇（Svinicki & McKeachie，2014）相关文献，还有一些新近涌现的新方法可以在教育技术辅助教学和在线教育的相关文献中觅得踪影。

表 7.2.1　应用教育技术促进学生学习

精心打造的教育技术可以从以下几个方面促进学生学习：

◆ 总览课程内容及其应用。教育技术可以展示在线组织图或概念地图，可以用来描述课程的不同主题和组织架构。在各个主题的重要应用中嵌入超链接，激发学生对课程的兴趣。

◆ 支持多元化的呈现方式。展示与课程有关的现象和事件［晶体生长、细菌繁殖、桥梁倒塌等］的视频、照片、影像和动画。

◆ 促进学生积极参与课堂。使用个人应答系统为传统课堂注入活力。使用系统模拟，让学生调整系统变量，观察和解释系统反应。使用互动式在线指导，为学生提供有关方法的信息和应用方法的练习机会，并给予学生反馈。

◆ 增强师生和生生之间的互动交流。创建交互式留言板和在线讨论。通过张贴信息、虚拟办公和电视会议与学生交流。在网络课程中，形成虚拟的学生小组和学习社区，让学生参与到主动学习活动以及合作完成作业和项目的过程中。

◆ 评估知识和技能。支持在线测验和在线评分。这种评价可以是形成性评价（为学生提供关于他们已经学会和尚需努力的知识点反馈），也可以是总结性评价（计入课程总成绩），又或者是二者兼而有之。实施同伴评价，让学生就其他同学的作品和团队其他成员的表现提供形成性反馈意见。

◆ 提升教学的适应性、个性化和自主性。不同的学生有着各不相同的背景、兴趣、强项和弱项，以及由此产生的各不相同的学习需求。新兴行业已经着手开发一种新的教学模块，用以评估学生需求并据此调整教学策略（Kolowich，2013）。

你可能很想知道要实施表 7.2.1 中的所有技术，创建所有那些可视化图像、系统模拟、交互式教程、在线交流和评估工具，承担巨大的其他教学和科研责任，还要努力经营一个家庭，到底时间从何而来？幸运的是，你不必做完表中的每一件事。即使你决定要做也不必立即完成，只需要轻点鼠标，表 7.1.1 和尚克（Shank，2014）就可以让你获得很多资源。

7.3　建立沟通与联系

通过大量的关于高等教育的研究，奥斯汀（Astin，1993）在他的著作《大学到底什么最重要》（*What Matters in College*）中提出，学生与教师的互动质量与诸多事物密切相关，包括学生的平时成绩、学位获得率、考取研究生或专业院校的深造率、自我报告的智力发展和个人成长、教学质量满意度以及选择大学教师作为职业的可能性等。以上研究均是基于现实中绝大多数实体大学的面对面授课课程而展开的，由此引发了以上结论是否也适用于在线教育的疑问。关于在线课程的最新研究给出了肯定的答案。伯特歇尔和康拉德（Boettcher & Conrad，2010：75）发现，学生对在线课程的满意程度与教师的虚拟出席直接相关，克罗克斯顿（Croxton，2014：318）认为"预测学生满意度最重要的指标之一就是师生互动的普遍性、有效性和及时性"。这条结论适用于所有学生群体——本科生、研究生和专业培训学员。尽管学生满意度与学生学习之间并不能直接画上等号，但与有着不太满意经历的学生相比，具有良好在线学习体验的学生似乎不太可能辍学并且更有可能达成教师设定的学习目标。

奥斯汀（Astin，1993：398）还指出，与师生关系同样重要的是"学生的同伴"，这个本科期间对学生个人成长和发展影响最大的群体。学生与学生之间互动的质量与学生的大学期间平均成绩、能否以优异成绩毕业、分析和解决问题的能力、领导力、公共演讲技巧、人际交往能力、准备考研和专业院校以及生活常识等呈现正相关关系，而与低迷沮丧情绪呈现负相关关系。克罗克斯顿（Croxton，2014）发现，在线互动是本科生对在线课程满意度和能否坚持完成在线课程的关键因素（对研究生和专业培训学员的重要性稍弱）。

教育技术可以促进传统课堂和混合式教学中的师生互动与生生互动，几乎可以实现在线教学的所有沟通功能。你可以采取以下几个步骤与学生建立良好的互动：

在课程开始前写一篇"初次相识"的帖子或准备一个自我介绍的视频。

在你准备的这些电子问候中，除了通常的背景信息外，还要考虑包含你的研究兴趣、个人兴趣和家庭情况，以帮助学生建立起与你个人的情感联系。

采用在线答疑。

许多学生一想到要去教授的办公室就紧张害怕，觉得使用电子媒介交流要舒服得多。你可以每周花几个小时上网，回复学生留言和电子邮件，可能的情况下还可以视频聊天。你可以选择在任何时间回复学生的留言，也可以将回复时间限制在特定的时间段。如果你正在教授一门在线课程，那么在线答疑是你的不二之选。

使用公告工具定期提醒学生完成重要的作业、活动和资源。

频繁出现且篇幅短小的帖子能让学生时常感受到你的存在。在大多数常见的课程管理系统中都可以使用公告工具，而实现下一条建议的手段也正是公告工具。

创建一个在线论坛。

使用在线论坛，学生可以参与由教师或同学提出问题而引发的各种主题讨论。这种论坛有效促进了师生和生生之间的沟通与交流，激励学生对课程内容进行批判性反思，提高教师和学生给予反馈的效率和质量。克罗克斯顿（Croxton，2014）和吉坎迪等人（Gikandi et al.，2011）给出了一些可以帮助论坛工作进展顺利且有效的建议。

给予及时反馈。

课程教学中的沟通有一个至关重要的功能便是让学生知晓自己对教师设定的学习目标的掌握程度到底如何。传统教学模式下，学生总是抱怨交上去的作业和试卷好几周教师都改不完，在线教学也不例外。克罗克斯顿（Croxton，2014）引用的几项研究都指出，学生学习满意度与他们获取反馈的速度密切相关，其中至少一项研究还指出，学生的成绩也与反馈速度显著相关。

教育技术可以通过多种方式提供形成性和总结性反馈。当学生在面对面的课堂上对选择题进行答题，并使用应答器提交他们的答案时，一旦答题结束，他们就可以看到所有答案分布的直方图。如果让他们两两一组商量后再选择，便可以看到学生意见的变化，要么更加接近要么越发背离后来揭晓的正确答案。学生在网上论坛或在线答疑时间提出问题，可以得到实时或近乎实时的答复。在线测验可以用来测试学生通过阅读材料、录屏视频和在线教程学习的内容，确认正确回答，纠正错误答案。在纯粹的在线课程中，学生的作业和测验成绩可以（也应该）在评分完成后立即通知到本人。

让学生在面对面、混合式和在线课程中积极参与彼此的学习。

主动学习可以说是在线课程中最为少见、最为需要也是最难实现的教学策略。我们已经提出利用论坛作为促进学生在线活动的媒介，也更加希望能将第 6 章中讲述的主动学习策略整合到在线教学中。我们将在 7.6 节中探讨如何做到这一点。

7.4 将技术融入教学

无论你是否打算在面对面教学、在线课程或同时包含二者的混合式教学中采用教育技术，下面的建议都值得参考。

把你设定的学习目标作为指南。

寻求适当的技术工具，帮助学生练习学习目标中要求掌握的技能，也可以将学生的掌握程度反馈给他们和你本人。

在动手创建自己的资源之前，先去网上看看是否已经有一些适合的技术类资源。

书中 3.2 节、表 7.1.1 和尚克（Shank，2014）都给出过关于如何查找在线资源的方法和建议。此外，你还可以搜索与你教授的学科相关的教育期刊和会议论文集，查找是否有同一门课程的翻转课堂和在线版本，并查看这些课程引用了哪些资源。

在线播放的片段应当短小精悍且重点突出。

让我们温习一下关于学习过程的三个重要事实：（1）学生处于被动状态的时间越长就越容易走神，吸收的信息量就越少；（2）长时间不间断的讲授会造成学生的认知过载，导致他们无法吸收大部分内容；（3）将学习内容分解为较小的组块，搭配强化练习机会，可以帮助信息进入学生的长时记忆，并在日后需要时进行提取和迁移。这些研究成果为下述指导方针提供了坚实的理论依据：混合式教学和在线课程中的讲课片段与视频长度不应超过 10 分钟，还有一些研究表明，6 分钟以内的效果更佳（Guo et al.，2014）。如果你的讲课部分超出了这个时长，你可以将它切分为更小的部分，并在其中穿插学习活动或评估练习。如果你连这样也做不到，那就给学生一份问题清单，让他们可以用来检测自己对讲解内容的掌握程度。

在主动学习活动中运用视频资源和系统模拟（包括虚拟实验室）。

关于现象与实验的视频和模拟为学习活动的开展创造了极好的机会。在播放一段视频之前，你可以先进行一番描述，让学生们单独思考或小组商议，预测他们会看到什么。在混合式教学或同步在线教学中，收集学生意见或使用个人应答系统收集预测结果；随后播放视频，让学生对比预测结果与实际结果之间的异同。如果大多数学生的预测是错误的，这就给了你一个很好的机会来纠正学生们的普遍误解。关于如何有效地在课堂中使用视频资源，塔克（Tucker，2013）开发了一个很好的在线指南。

如果你使用动态的系统模拟，可以让学生预测系统对选定变量变化的响应情况，然后将他们的预测与模拟结果进行比较，或者让他们通过调整变量和观察模拟响应来优化系统性能。科雷茨基等人（Koretsky et al.，2011a，2011b）让学生在虚拟实验室中优化化学和生物的生产过程，清理危险废物场所，研究多层结构对地震的反应，为这种方法的运用提供了很好的示范。

7.5 混合式学习与翻转课堂

由于面对面教学和在线教学各有千秋，你可能会猜想，两种教学形式的巧妙融合应该比任何一种单一形式都能带来更大的学习效果，总体而言，你的猜想是正确的（Means et al.，2010；Singh，2003；Velegol et al.，2015）。然而，这里的关键是"巧妙"二字。面对面教学应该是讲授、演示、个人和小组活动的综合体，而在线教学应该包括讲授片段、录屏、录像等以及可以让学生积极参与课堂的资源，如系统模拟、交互式辅导以及（特别是）在线评估。如果这些要素中的大多数同时存在，混合式教学的优势很可能会得以实现，敏斯等人（Means et al.，2010）引用大量研究成果证明了这一观点。

翻转课堂作为一种混合式学习形式，近年来受到越来越多的关注。在传统教学中，学生首先在课堂上学习新内容，然后用来解决课外作业中的问题。而在翻转课堂中，学习的顺序反了过来，学生先在课堂外学习新内容，再到课堂上解决问题。

和其他教学方法一样，在如何实现翻转这一问题上，办法有好有坏。以下是两种常见的错误做法：

翻转课堂之两忌
1. 让学生在上课之前阅读教材，或事先观看整节课的幻灯片或录像视频。
2. 课前已经布置了新内容，上课过程中继续布置。

这两种做法出了什么问题？如果你曾为学生布置过课前阅读并希望他们在下一节课中使用这些内容来解决问题，那么你一定懂得什么叫失望。让学生坐在电脑前观看一整节课的教学录像也不好，因为他们不能提问或在尝试应用后获取反馈，所以他们很难理解录像内容。此外，课前布置阅读材料或在线讲座，上课时花更多时间来讲课这样的做法根本不是翻转课堂。对于已经被铺天盖地的信息所包围的学生来说，这样做无非是火上浇油。

既然这两种做法都不好，那我们该何去何从？有效的课堂翻转离不开两个组成部分——课前交互式呈现的在线资源和课堂上良好实施的主动学习（Means et al.，2010）。在线资源可能包括简短影片、讲座片段和录屏视频；虚拟实验室、控制室和工厂的实践经验；以及关于在线学习内容的测验。再次强调，为了不超过学生作为被动观察者的注意力持续极限，在线资源片段不应该超过 6 分钟（Guo et al.，2014）。

为了帮助学生建构和强化在线学习的概念和方法，线下学习环节应该包含大量的学习活动，以主动学习为纲，同时注意避免第6章所述的种种误区。

一些关于翻转课堂的研究都表明了其对学生学习态度的积极作用，也有不少研究证明其对学生学习成绩具有正面影响（例如 Deslauriers et al.，2011）。如果说目前来自研究领域的支持还不够充分的话，究其原因，也许是因为很多研究中的翻转并没有同时满足上述两个条件（高质量的互动式线上学习资源和课堂上良好实施的主动学习）。此外，大多数研究中没有评估翻转课堂对学生高阶思维和问题解决能力的影响，而这些能力往往可以在以学习者为中心的教学方法中得到培养。随着设计、实施和评估翻转课堂的水平不断提升，我们期待着将来有更多的研究成果可以见证翻转课堂对学生学习发挥出越来越明显的积极作用。

这里有一些建议是你在准备翻转之前应该要考虑的：

在你完全适应主动学习并知道如何应对学生的抗拒之前，不要轻易尝试翻转课堂。

正如主动学习所强调的一样，翻转课堂需要学生为自己的学习承担更多责任，要求学生在课前自学部分内容。许多学生对这种教学方式并不感兴趣，也不羞于让他们的教师知道这一点。如果你还没有准备好迎接挑战，你的第一次翻转课堂体验可能对于你和学生来说都是折磨。如果可能的话，在翻转一门课程之前，先用主动学习策略教几个学期，如果学生的抵触情绪愈演愈烈，你可以采取我们在第6章中建议的步骤来化解。当你确信自己可以有效实施主动学习策略以后，如果你仍然想要翻转（并不是每位教师都必须这样做），再去做吧。

当你决定翻转时，如果可以请寻求帮助，然后循序渐进。

如果你的某位同事已经成功翻转了他的课堂，或者你所在学校的教学发展中心可以提供咨询和辅助，你应该向他们寻求帮助。与其尝试翻转整门课程，不如找出一部分你教起来很有热情，也有很好在线资源做支撑的教学内容，试着只翻转那一部分。摸着石头过河，从经验中学习，再在后续课程中逐步扩大翻转范围。

准备充足的良好的在线资源，并对你计划翻转的每一堂课进行综合评估。

如果幻灯片和整堂课的教学录像就是你唯一的在线资源，我们建议你在配置好我们提到的那些互动式教学资源之前，不要急着翻转。表 7.1.1 和尚克（Shank，2014）引用的参考文献推荐了适合大多数 STEM 核心课程的视频、模拟和交互式教程。科雷茨基（Koretsky，

2015）、西尔弗索恩（Silverthorn，2006）和韦利格尔等人（Velegol et al.，2015）也提供了不少在线学习素材和作业的优秀范例。

在线教学还有一个强有力的武器便是测验功能，可以于在线学习期间和随后进行，并针对学生回答立即给予肯定或纠正性反馈（Gikandi et al.，2011；Szpunar et al.，2013）。测验不应该仅仅是对事实信息的简单测试，还应该评估学生是否已经对在线素材达到了深刻理解的程度。我们将在第 8 章中讨论更多关于概念理解的评估问题。

如果要将测验融入在线教学，还有一种好办法便是让教师课前了解学生的测验结果，并在随后的面对面教学环节以微型讲座和学习活动的形式，回应并强化学生普遍犯错的知识点。以这种技术为基础，及时教学法（just-in-time-teaching，JiTT）应运而生（Simkins & Maier，2009）。与此同时，提交测验的记录也为衡量学生完成在线学习任务的可靠度提供了参考依据。

面对面教学环节的主要学习活动应当呼应先前进行的在线课程。

面对面教学的关键是主动学习活动，包括针对复杂问题而进行的"有声思考组对解决问题（参见 6.4 节）"活动（Brent & Felder，2012；Felder & Brent，2009）。前面 6.7 节还针对如何在翻转课堂中有效实施主动学习给出过其他建议。

考虑翻转后的再翻转。

在翻转课堂中，基本的教学内容可以通过在线模块得以呈现，部分或全部的应用环节则可以在后续课堂中完成。另一种方法是通过课堂上的积极探索来学习新知识，此后再让学生在课外观看视频，接受在线辅导。美国斯坦福大学的研究人员将这种方法称为"再翻转课堂"（flipped flipped classroom），并发现它在许多方面优于翻转课堂（Schneider et al.，2013）。

简森等人（Jensen et al.，2015）对翻转课堂和再翻转课堂的学生的学业表现和学习态度进行了对比研究。研究并没有发现两个班级的学生成绩或态度存在显著性差异。作者因此得出结论，认为这两种方法有效性的关键是能否广泛调动学生参与在线学习和课堂教学的主观能动性。

简而言之，如果你愿意，可以翻转你的课程，同时留意我们建议的预防措施——如果你不想翻转，也不必勉为其难。只要你能想办法让学生积极参与，无论是翻转课堂（课堂外学习信息新知识，课堂上解决问题）还是非翻转课堂（反向实施），你都能看到你所期望的学习悄然发生。

7.6 在线课程

7.6.1 在线课程中的主动学习

许多教师，包括一些在面对面教学中使用过主动学习策略的教师都不相信在线教学也能让学生主动参与。事实上，它不仅是可能的，还相当容易实现，并且在促进学生学习方面与面对面教学同样有效。参与在线课程的学生可以在论坛上不同步发言，也可以同步完成课后作业、项目讨论和组建考试学习小组，可以使用会议和屏幕共享程序一起解决问题和完成项目。

那么从第 3 章开始我们就一直谈论的那些在面对面课堂上实施的主动学习活动可以在在线课堂上实施吗？如果你不在教室里，如何能让在线学习的学生有事可做、有时间去做，如何适时喊停，又如何能收集和处理学生的意见和回应呢？

答案是肯定的（除了在某些情况下收集答案的方式有所不同以外）。你完全可以和面对面教学时一样布置活动任务。在那时，你要做的事情取决于你的教学是同步的（在线学习的学生实时观看课堂教学）还是异步的（在线学习的学生通过媒体滞后观看课堂教学），也取决于你讲课的现场有没有学生在场。在线课程的学习活动可按下列方式进行。

部分学生参与面对面现场教学，其他学生在线观看。

在活动过程中让摄像机保持运转，让在线学习的学生看到写明活动指令的幻灯片和现场学生活动的影像，待规定时间截止时结束活动。收集并回应现场一位或多位学生的答案，你既可以单独询问也可以使用个人应答系统和软件（针对选择题）。如果在线教学是同步进行的，而且技术手段可以支持校外学生与你交流，你也应当收集在线学习的学生答案。在回应所有答案时，一定要将正确答案清楚表述出来，并讨论学生们的常见错误。

与面对面教学一样组织学习活动，只是在活动规定的时间里，屏幕上始终只播放写明活动指令的幻灯片。在技术条件允许的条件下，使用选择题向所有学生发起投票，也可以通过个别询问与个人应答系统或投票软件相结合的方式收集和回应其他题型的答案。如果技术条件无法支持，也可以由教师陈述正确答案，并在学生经常犯错的地方加以提醒。

当你发布学习任务后，告诉学生你将暂停信号传输，并在一段时间后或在他们已经竭尽全力完成任务后恢复信号传输，然后陈述正确答案，并讨论常见错误。

与面对面教学一样，采用在线教学方式的教师也应该从一开始就告诉学生自己将要使用主动学习策略并解释原委，然后鼓励在线学生尝试这些活动。在第一堂课上，当你说完第 6 章描述过的那些励志感言之后，还应当告诉在线学习的学生，每次活动开始的时候，他们都可以做出选择。他们既可以（1）尝试去做教师要求的事情，也可以（2）袖手旁观，盯着毫无动静的屏幕度过 1~2 分钟（同步教学情况下），或者（3）跳过活动环节，直接揭晓答案（异步教学情况下）。我们强烈推荐选项（1），因为它会带来很好的学习体验，也会让课程更加生动有趣。等到第一次考试批改完毕并下发给学生之时，再次提及这个选项，建议对成绩感到失望的学生不妨在以后的课程中尝试参与课堂活动，以期提升自己的学习水平。

7.6.2 大规模开放在线课程（慕课）

大规模开放在线课程是指那些可以供无限多人免费或只需花费很少的费用就能学习的课程。这些课程由一系列在线课程构成，其中可能包括完整讲座、授课片段、录屏视频、幻灯片、影像资料、论坛和测验等。完成慕课的学生可以申请获得结业证书，并为此支付一笔费用（在这种情况下，慕课从技术层面而言不再是对所有人开放了，因此有些人也把这种类型的慕课称为"大规模在线课程"）。

慕课带来的好处不言而喻。它们要么是完全免费的，要么只收取远低于传统实体学校的学费；任何可以连接互联网的人都可以学习课程，包括那些住在距离传统校园很远以外的人；授课教师通常都是善于运用多媒体工具的顶尖教师；学生可以在自己方便的时候学习，不必按部就班去上课，还可以无限次自由回放、琢磨和温习。2014 年，美国佐治亚理工学院启动了一个基于慕课的计算机科学硕士学位点。次年，美国亚利桑那州立大学宣布，该校学生可以完全通过在线课程学习完成大学第一年的学习任务。很明显，在不远的将来，学生们可以通过学习慕课完成学位要求的大部分任务，而所需费用却远远低于他们支付传统课程的费用，相信许多人都会选择慕课。

除了丰富本人的教育经历之外，慕课还能给你带来什么呢？你还可以密切关注那些与你所讲课程的主题有交集的慕课。找到那些（免费的）课程，试听几节相关主题的课程，可以考虑用其取代教科书阅读，作为你自己课程的课外指定学习材料，可能的话还可以作为你的翻转课堂在线资源的一部分（先确认一下这么做是否符合法律规定，相信这个问题上的法律立场在未来几年内会迅速转变）。妥善使用这些慕课资源，可以为你节约出亲自讲授的时间。好好利用这些时间，与学生充分互动，建立联系，以弥补在线教学可能造成的师生之间的情感疏离。

7.7　要点回顾

◆ 在线教学可以呈现交互式的多媒体信息，为学生提供练习、反馈和自由重温课程的机会。面对面教学中的教师是学生学习的榜样和督导，这些功能是技术无法取代的。与此同时，面对面的课堂环境可以最大限度地提高学生在课堂内外互动交流的学习效益。因此，最好的教育方式是综合了在线与传统各自优点的混合式教学。

◆ 教育技术可以引导学生充分参与课堂，提升学生学习成效，包括个人应答系统、交互式多媒体教程、系统模拟、提供即时反馈的在线测验、沟通工具和论坛等。而那些让学生长时间处于被动局面的技术手段——延长幻灯片播放时长和观看一整堂课的教学录像则统统不在此列。讲课和其他教学片段本身并没有过错，但教师应将播放的时间限定在6分钟以内方能充分显现其效用。如果超过10分钟，这些片段的效用就消失殆尽了。

◆ 创建基于信息技术的教学工具和演示文稿可能非常耗时，在动手创建之前可以先寻找现成的资源。

◆ 先线上学习新内容，再线下进行后续教学的翻转课堂其有效性主要取决于在线教学是否具有交互性，以及后续现场教学是否安排了适当的学习活动。让学生在课外阅读文献或观看整堂课的教学录像通常都是无效的，其实质无外乎是在学习了在线课程之后又紧跟着来一节传统讲授的课程。

◆ 无论你采用的是面对面、在线还是混合式教学方式，都可以尝试将慕课的素材纳入自己的课程。

7.8 课堂实践

◆ 作为课后作业的一部分，要求每位学生上网寻找一个适用于特定教学主题的视频、录屏或教程。找到优质资源的学生可以享受下一次考试的加分奖励。将学生挖掘的优质资源纳入自己的课程内容，并在以后的教学中恰当使用。

◆ 尝试使用在线会议工具（例如谷歌环聊或课堂管理系统中的类似工具），进行在线办公答疑。查看学生的访问频率，看看与传统面对面方式相比，虚拟模式是否能够吸引更多或不同的学生参与。

◆ 使用课程管理软件为你的课程创建一个网上论坛。

◆ 尝试着翻转你所教课程的小部分内容。为将要翻转的主题寻找并指定优质的在线教学素材，并在接下来的现场教学中实施主动学习策略，要求学生运用先前在线学习的知识和方法。授课期间不断重复，直到你和你的学生都充分适应。如果学生的学习动机和学业表现看起来发生了如你所愿的变化，再考虑将翻转的范围扩大。

插曲一则 认识你的学生：米歇尔、瑞安和亚历克斯

这则故事发生在一所大学的学生休息室。三位大三学生——米歇尔、瑞安和亚历克斯正在自习，准备生物流体力学课程的第二次测验。在第一次测验中，亚历克斯考了高分，米歇尔紧随其后，瑞安却比全班平均分低了15分。他们已经在休息室里待了一个多小时了。

米 歇 尔：请问非牛顿流公式里的这个家伙是什么？我觉得自己好像没搞懂。

亚历克斯：我觉得没必要管它。我研究了斯内夫利教授过去五年的试卷，他从来没有在课程早期的测验中考过这个点。

米 歇 尔：也许是吧，但是这家伙毕竟是客观存在的。假如你要分析血流，牛顿学说就不起作用了。

亚历克斯：那又如何？要是我们不紧紧围绕斯内夫利教授可能要考的知识点去复习，我们恐怕要担心一下自己的血压了。

米 歇 尔：是的，可是要是我们没有……

瑞 　 安：嘿，亚历克斯，你说纳维 - 斯托克斯 N-S 方程会不会考呀？

亚历克斯：通常会考，但不考推导，你只要会简化方程式就行了。

米 歇 尔：我刚刚一直在看书，书上有各种各样的 N-S 问题，我们可以尝试解决其中几道。

瑞 　 安：不要吧，这样工作量太大了，我只要拿个 C 就满足了，我的学位，我的 80 英寸电视机都还指望着它呢！我们把过去的测验题都找出来，记住解题步骤就行了。

亚历克斯：行吧，但是可能也不行，你们看这道题。他连续三年出了这道题。第一步和第二步都是死记硬背套公式，可是他在第三步抛出了一个现实中的曲线球问题，我就不会做了。

米 歇 尔：让我看看！他问的其实是速度变化问题，你只需用公式就可以求得进口长度。

亚历克斯：你在说什么呀？我为啥从来没听说过呢？

米 歇 尔：他没在课堂上讲过，但书上有。你需要先计算雷诺数，再将其替

换为无量纲表达式，然后你就可以……

亚历克斯：那么记住这个公式就好了！我有必要刨根问底吗？

米　歇　尔：对于应付测验来说，你可能没这个必要，但是我还是努力想弄明白，为什么要计算进口长度呢？在我看来，如果你再次分析毛细血管的血液流动或者肾脏中流动的人工透析液，或者……

亚历克斯：算了吧！那些东西不会考的。就算是斯内夫利教授也不会这么过分的。现在来看看这道题吧！

这三位学生分别代表着三种不同的学习方式（Felder & Brent，2005；Ramsden，2003）：

1. 米歇尔在对待自己感兴趣的内容时采用了深度学习，这意味着她不仅要了解事实本身，还努力理解事实背后的意义、相互关系以及它们与自身经历之间的关联性。研究发现，相比机械记忆和常规应用，深度学习可以带来更多更好的学习成效。

2. 瑞安的学习方式是表层学习，习惯于机械记忆。他没有将学习内容纳入一个系统的知识体系，习惯于依葫芦画瓢却不思考背后的缘由。

3. 亚历克斯的主要目标是得 A，不管付出什么代价。他的学习方式更具战略性，他努力挖掘教师心中的考点并采取不同应对措施。只要能过关，他就表层学习；迫不得已时，他也可以深度学习。

教师们经常抱怨自己的学生中瑞安这样的学生太多而米歇尔这样的学生太少。你可以采纳下面这些熟悉的策略来激发学生深度学习（Ramsden，2003）。

建立课程内容与学生兴趣和目标的相关性。

无论是米歇尔还是瑞安都不会努力学习那些对于自己来说毫无价值的内容。对学习内容的兴趣足以让米歇尔展开深度学习，如果这种兴趣足够强烈，或许瑞安也会产生深度学习的动机。

明确设定高阶学习目标并进行评估。

如果教师在评估中只要求机械记忆和常规计算，恐怕亚历克斯和瑞安都只会表层学习；

相反，如果评估中肯定会出现一些挑战高阶认知能力的问题，亚历克斯和瑞安可能也会有深度学习的动机。

从前面几章我们了解到，如果学生认为新信息与他们息息相关，就更有可能将其存储在自己的长时记忆中。事实上，通过人类感知的关联性激发深度学习是第一条建议存在的另一个原因。此外，我们还建议你精心设计作业和考题，以期有效评估学生对高阶目标的掌握程度。我们将在下一章讨论如何做到这一点。

8. 评价知识、能力与理解程度

8.0 引言

　　本章前面的插曲故事讲述了三位采用不同学习方式的学生。米歇尔通常会深入钻研她认为有趣且重要的科目，其动机是希望真正理解那些内容而不仅仅是为了高分；瑞安更像是在表层学习，只想通过尽可能少的努力换取及格的成绩，而且主要是依靠机械记忆；亚历克斯采用了一种战略性的学习方法来获取高分，迫不得已时他才会扎进去学习，其余时候都在表层学习。广泛研究表明，教师采用何种教学方法关系着学生是否采用深度学习的学习方法（Biggs & Tang，2011；Case & Marshall，2009；Felder & Brent，2005；Marton et al.，1997；Ramsden，2003；Trigwell et al.，1999），教学方法包括编写和分享需要深度学习的学习目标，创建和评价能够反映目标掌握程度的课后作业和测试等。

　　在第 3 章中，我们曾经定义并区分了两个经常交替使用的专业名词：

　　评估（assessment）是指明确收集何种数据以衡量知识、技能、态度等学习的掌握程度；选择或创建收集数据的工具并管理这些工具。

　　评价（evaluation）是指分析评估数据并从结果中得出结论。评价结果可用于提高学生的学习质量和教师的教学质量（形成性评价），也可用于评判成绩或做出学生是否能够获取学分的决定（总结性评价），或两者兼而有之。

　　本章讲述和讨论的对象是能够同时行使形成性和总结性功能的评估与评价策略，并通过其中的形成性评价功能激发学生深度学习。我们会先回顾几种评价学生知识掌握程度的方法，然后再讨论如何评价学生对概念的理解、解决问题的能力和其他职业（"软"）能力。以下是本章讨论的主要问题：

◆ 如何用选择题和简答题来评估学生高阶思维和解决问题的能力？

◆ 如何评价和促进学生对概念的理解？

◆ 如何设计和管理基于问题解决的任务和考试并为之评分，以最大限度地发挥其形成性评价功能？

◆ 在一次问题解决型考试开始前，如何得知考试题量是否过多？

◆ 如果班级考试成绩异常低，我该怎么办？

◆ 如何帮助学生准备和参加问题解决型考试？

◆ 如何客观、高效地评价学生的书面成果（如实验和项目报告）和口头报告？如何帮助学生发展符合评价所需的技能？

8.1　选择题与简答题

学生回忆和解释事实材料的能力往往可以通过包含选择题或简答题的闭卷考试来加以评估，但这两种形式也可用于评估更高阶的内容。

8.1.1　选择题

易于评分，使得选择题成为缺少助教支持的大班教学中教师惯常采用的评估方法。教师们经常认为自己的选择题测试的正是学生的高阶思维能力，但对考试题目的分析表明，大多数问题其实还是停留在较低的认知层次（Momsen et al.，2010）。下面是基于布鲁姆教育目标分类法（参见 2.2 节）各个层次所对应的选择题示例。

第一层次——识记

提问一个有明确答案的事实性问题。例如，将 DNA 分子的两条链结合在一起的键是：（a）弱的共价键；（b）弱氢键；（c）强氢键；（d）强共价键；（e）强离子键。

第二层次——理解

给出一个专业名词、一次观察或实验结果、一个概念或理论的替代表述或解释，要求应试者选出最适合的选项。例如，当你走进一幢高两层的房子的底层大厅时觉得温度适宜，可当你走上楼时却觉得热得不太舒服，造成这种情况最可能的原因是：（a）热传导；（b）热对流；（c）a和b同时作用；（d）太阳黑子。

第三层次——应用

陈述一个问题，要求应试者找出正确或最佳解决方案，或是解决方案的最佳第一步。例如，车辆行驶速度与时间呈线性关系，启动后2秒时速度为12英尺/秒，再经过1秒时速度升至18英尺/秒。请问启动5~10秒后，这辆车的行驶距离为：（a）45英尺；（b）75英尺；（c）150英尺；（d）225英尺；（e）300英尺。

第四层次——分析

描述一个系统并要求应试者做出对系统行为的最合理预测，或描述系统行为并要求应试者做出最适当的诊断、解释、推断或结论。例如，此条C++代码［显示代码］将返回以下哪条输出或错误消息？（a）……。

第五层次——评价

描述一种需要做出决策的情况，要求应试者做出最佳决策或找到特定决策的最佳理由。例如，一名患者进入医院急诊室时出现以下症状［陈述症状］，（1）上述症状最有可能是什么疾病引起的？（a）……；（2）你要采取的第一项治疗或检测是什么？（a）……。

第六层次——创造

你无法用选择题来真正评估学生的创造力。

你还可以专门设计一些选择题来评估学生对概念的理解（参见8.2节）。请注意：你在考试中加入高阶认知问题之前，请先在课堂活动和课后作业中给予学生相应的练习。

为了让选择题题目和考试尽可能发挥作用，并且能够评估布鲁姆第一层次以上的学习目标，我们接下来会为大家介绍一些好办法。其中一些想法是综合了参考文献中的建议后提出来的（University of Oregon，2014；Zimarro，2004）。在介绍这些方法时，我们将使用传统术语，用试题（items）代表考试中的问题；每道试题由1个题干（stem）和几个编号或字母选项（options）组成；选项包括1个正确答案（有时称为标准答案，key）和2~4个干扰项（不正确的答案，distractors）。

构建和验证培养学生高阶思维能力的选择题并非易事（验证意味着确保题目真正评估了命题人想要评估的知识或技能），你应当建立一个题库，方便以后再上这门课时重复利用，如此这般，命题时所付出的辛苦才是值得的。如果你想要这样做，请考虑进行试题分析（item analysis）（DeMars，2010）来评估和优化题目。常见的试题分析程序是将考试中排名前 25% 与后 25% 的学生试卷进行对比，由此确定应该消除或修改的选项和干扰项。通常情况下，出状况的试题可能是因为太简单（几乎没有人会错），也有可能是因为太复杂（几乎所有人都错了，包括很多高分获得者）或者是辨识度太低（相比低分获得者，高分获得者在这些题目上反而错得更多，说明题目本身可能存在一定误导性）。出状况的干扰项主要是指那些几乎没人选或者高分获得者较低分获得者而言更容易错选的选项。在常见的课程管理系统和许多统计分析包中，都可以找到试题分析程序，电子表格（如 Excel）的插件也可以提供这种功能。

8.1.2　简答题

与选择题类似，需要简短书面回答的问题也通常用于评估识记、理解和应用层次的知识内容。当然，如果使用得当，它们也可以促进与评价更高层次的知识和理解。上一节中出现的所有选择题例子都可以转换为简答题，下面再举一些例子：

◆ 苯在 48 摄氏度时的蒸气压是 251mmHg，请用 1~2 句外行人可以理解的话解释这个数值的物理意义。

◆ 下面的数学证明导致了一个错误结论［显示证明过程］，请找出证明中的谬误。

◆ 跨江峡谷大桥的设计文件已经提交给你审核［展示设计］，请简要概述你将进行的三种计算，并针对每种计算说明你的可接受标准。

◆ 假如你写下了如下处方［展示处方］，在咨询过程中你会给病人哪些建议和警告？

◆ 一则广告称，80% 的受访者声称服用一种名为赞洛布克斯的药物后头痛明显减轻，而只有 70% 的人表示服用阿司匹林后头痛减轻。请列举 10 条不立即购买赞洛布克斯的统计学理由。

◆ 查看附件中的真菌图片和如下描述［显示图片和描述］，请将图片中的真菌按照子囊菌类和腹菌菌类进行分类，并陈述你的理由。

◆ 以下是一份去年的课程报告里的摘要［展示摘要］，请使用我们在课堂上讨论过的标准给它评分，并简短陈述你的理由。

以下策略可以帮助你将测试高阶认知能力的简答题变得更加客观和公正。

简答题出题锦囊

◈ 每道题目想要测试的学习目标应控制在 1~2 个。

◈ 请同事或助教阅读题目帮忙检查。

◈ 明确每道题目的分值并建议答案长度。

◈ 对答案超过一句话的问题，作答时间大约为 2 分钟。

◈ 改卷过程中隐去学生身份。

◈ 在对题目进行评分之前，通览所有答卷来校准你的评分规则。

◈ 在将讨论题纳入考试之前，请清楚展示并说明你的评分标准，让学生明白什么是好答案，什么是差答案，以及你如何评价这些答案。

资料来源：Jacobs（2002），Svinicki & McKeachie（2014：102–104）。

8.2　评价与促进概念理解

传统的 STEM 教学方式通常无助于加深学生对概念的理解（Ambrose et al.，2010；Taylor & Kowalski，2014）。在一个广为人知的案例中（Lightman & Sadler，1993），学习《天文学》的学生中大约 30% 通过了关于引力这一概念的前测，却只有 15% 的学生在课程结束时通过了同样题目的后测。在一门采用传统讲授法的化学工程课程中，研究人员分别于课程开始和结束时对 344 名学生进行了关于几种传热概念的评测，结果更加印证了我们的观点（Prince et al.，2012）。对于所评测的四个概念，后测结果略高于前测（温度与能量从 53% 升至 55%、温度与冷热感知从 61% 升至 69%、比率与数量从 37% 升至 43%、热辐射从 44% 升至 49%），但这一结果仍然远远低于授课教师的预期。

学生可以通过一门课程的考试，也许还能获得高分，却没有真正理解重要的课程概念，有以下三种可能的原因：

1. 课程教学没有有效地讲清楚这些概念；
2. 考试题目不需要理解这些概念；
3. 学生对概念的错误理解太根深蒂固，教师很难扭转。

接下来，我们将简要介绍一种简单的方法来解决前两种原因导致的概念理解问题，随后我们再来处理更为复杂和顽固的第三种原因。

8.2.1　如何教授概念

所有 STEM 课程都必须以重要的基本概念为基础。当讲授课程和主题时，教师会提及和讨论这些概念，并可能会使用这些概念来推导公式和解决问题。那时，关于事实的记忆及其在公式和方法中的应用就会在课堂、课后作业和考试中占据中心地位，而概念本身几乎消失不见。机械记忆和常规应用于学生而言都是轻车熟路，学生们对此毫无压力，直到一个新主题的出现，这个过程才会重复。如果这些学生碰巧参加了一项评测其概念理解程度的调查研究，相信他们在课程结束时的分数与他们在课程开始时的得分应该相差不大。教师百思不得其解，其实他们早应该料到，因为他们从来没有真正教过这些概念。

要真正深入理解复杂的概念可能需要多年的时间和巨大的努力，但也有一种简单的办法可以让你的学生在这条路上走得更远，那就是在课堂活动、课后作业和测验考试中加入需要理解概念的题目。例如以下类型的问题：

◆ 用自己的话诠释＿＿＿＿＿的定义，让外行人［例如从未学过这门课程的人、你的祖父母、10 岁孩子］都能理解。

◆ 在下列情况下预测［系统、设备、病人］的行为：＿＿＿＿＿＿＿＿＿。

◆ 头脑风暴［系统、设备、病人］的表现不符预期的可能原因：＿＿＿＿＿＿＿。

◆ 用本课程所教的概念解释下列［常见现象、实验结果］：＿＿＿＿＿＿。

挑战你的学生，让他们在课堂活动和课后作业中回答这样的问题，并对他们的回答给予反馈，以此加深他们对概念的理解。如果你明确告诉学生考试中将出现类似的问题则效果更佳（到时可别忘了）！

8.2.2 错误理解与概念测试

学生们对我们所在的大千世界，常常有一些错误的看法，例如冬天比夏天更冷是因为冬天时地球离太阳更远。无论教师如何努力纠正，一些误解仍然顽固地占据着学生的思想。学生们在课堂上听到四季轮换的原因是地球极轴的倾斜。如果考试中直接考到这个题目，他们也许能记住并复述出来；但是，如果日后再被问到有关四季的问题，他们很有可能又会回到原先的错误理解上去。

同样地，学生们从物理学课堂上得知，当物体上的力为零时，物体就无法加速。如果考试中出现这道题目，他们应该可以复述牛顿第二定律这一推论。然而，如果要求他们画出水平绳索末端物体在绳索缠绕几圈后突然释放时的运动轨迹，恐怕许多人会画出一条平曲线。如果需要纠正的概念涉及学生无法直接体验的抽象现象，例如核力、原子力、电磁场和引力场，纠正的难度还会更大（Chi，2005）。

纠正顽固误解的关键在于：（1）界定错误概念，（2）让学生投身其中，（3）让学生明确看到错误的地方，并且（4）给出正确的概念并证明其有效性（Taylor & Kowalski，2014）。概念测试（Concep Test）便是一种通过选择题执行以上四个步骤的教学方法（Mazur，1997）。最理想的测试题目应该包括至少一个能够反映学生普遍误解的干扰项。下面这个例子可以在进化生物学或其他生物学、生物工程课程中加以应用（Rutledge & Warden，2000）。

下述说法中哪一个能最为准确地描述人类的进化过程？

（a）人类从猴样祖先开始的发展

（b）简单生物到复杂生物的变化

（c）根据需要开发特征

（d）种群随时间的变化

（e）种群的改变是自然选择的结果

如果在概念测试中，大多数学生都得出了正确的答案，教师就无须在课堂上花费太多时间了。相反，教师则需要再多讲几句。

同伴教学法（peer instruction）是一种经过充分测试和验证的可以帮助学生识别和纠正错误概念的教学方法（Mazur，1997）。教师在课堂上进行概念测试，学生可以使用应答器或智能手机从选项中进行选择（参见 5.1 节）。学生们的回答会自动录入并制成表格，很快显示为直方图。如果学生们的选择分歧较大，则可以将他们分成 2~3 人一组，让他们比较各个选项并尝试达成共识，然后再次对同样的问题单独选择。随后教师给出正确答案并组织学生展开关于正确答案为什么正确而干扰项为什么错误的讨论。广泛研究表明，系统使用这种方法比传统讲授更能有效促进学生对概念的理解（Lasry et al.，2008）。

想要设计精准的概念测试题目并非易事。所幸有些 STEM 教师已经开发并发布了单一学科的测试文档，例如针对化学工程课程体系中所有核心课程的 AIChE 概念库（American Institute of Chemical Engineers，n.d.）；还有一些机构编制了此类文档的清单，例如英属哥伦比亚大学的卡尔·威曼科学教育计划（Carl Wieman Science Education Initiative，n.d.）。要查找特定学科的概念测试题目，可以在搜索引擎中输入"［主题］概念测试"。

另一种促进概念理解的有效方法便是让学生进行物理或模拟实验，实验结果可以帮助学生纠正常见的错误理解。先让学生们预测结果，再进行实验。如果他们预测错误，就要找到原因并得出有关概念的结论。随后教师讲授这个概念，以确保大多数学生正确理解。

8.2.3　概念量表

概念量表（concept inventory）是关于某一主题重要概念的测试题目的集合。如果你在课程开始时（前测）和结束时（后测）使用概念量表，则可以通过分数的前后对比来评估教学在促进学生概念理解方面的有效程度。如果广泛使用概念量表，编辑和发布它所获得的数据，你还可以看到你的学生与其他受同等教育水平的学生相比的相对学习状况。

设计和验证概念量表是一项异常漫长且极富挑战的工作（Streveler et al.，2011）。若非有几年的时间投身其中，我们都建议你多多借鉴和参考现有的量表资源。近年来，大多数 STEM 领域已经开发并验证了自己的概念量表，并以前所未有的速度快速发展。要查找特定学科的概念清单，可以在搜索引擎中输入"［主题］概念量表"。需要注意的是，如果你打算在将要发表或出版的作品中使用这种方法，请务必借鉴已经通过验证的量表。

关于概念量表的使用尚有一点值得注意。想要在课堂上进行概念测试的教师也许会找出一份公开发表的概念量表并直接从中照搬测试题目。但是请你不要这样做！量表的有效性一定程度上来自学生事先没有接受过关于如何回答量表问题的专业训练。如果你从一份经过验证的量表中照搬一道题目并在课堂上使用，其测试效果可能会打些折扣。如果题目广泛流传，还可能对其他教师使用概念量表造成干扰。

8.3　评价学生解决问题的能力

这一节我们将提供一些建议，使得解决问题类型的作业和考试可以对总结性评价和形成性评价产生更加积极的作用。第 9 章将讲述帮助学生发展问题解决能力的若干方法。

8.3.1　设计问题解决型作业

大多数情况下，问题解决能力的发展都需要以精心设计的问题为载体。有关创建和批改这一类型作业任务的建议如下。

提供足够多的问题让学生有充分实践和获取反馈的机会，但也不要过量。

对于关注问题解决的大多数课程而言，每周至少应该布置一次课后作业。两次作业之间的间隔时间过长可能会带来重要教学内容遗漏、单次作业量太大或反馈过于延迟等问题。在作业中设计一些问题，帮助学生温习并巩固之前的考试内容（我们曾在第 4 章和第 9 章的"知识加油站"中探讨过提取练习对学习的重要性），一些看着相似实则要求不同解决办法的问题也可以帮助学生实现学习在不同情境下的迁移。

关于作业强度的一个普遍法则便是"课内一个学时平均对应课外两个学时"。如果你布置的课外任务量经常远远超过这个限度，一些学生可能会被迫忽略其他课程，或者只能抄袭其他同学或在线手册里的答案，才能勉为其难跟上你的节奏。

即使只赋予很小的权重，也要将课后作业成绩纳入课程总成绩。

STEM 学生都很忙，他们可能同时要学 5~6 门课程，还要参加课外活动和社会兼职。如果得知课后作业不计入最终的总成绩，很多学生就不会去做。如果你相信学生的学习是通过实践和反馈才发生，作业和项目是提供实践和反馈的主要载体，你的目标是帮助所有学生尽可能多地学习，那你就应当布置作业，批改作业，并将作业成绩计入最终的课程总成绩。

如果班级人数太多，助教人手不足甚至没有助教怎么办？就算是这样，你也尽量不要放弃那些需要批改的作业，但可以想办法减少批改的工作量。你可以随机抽取部分学生的作业或者作业中的几道题进行批改。也可以采用同伴评分法，事先为学生提供清晰而详细的评分指南并使用课堂练习的机会训练学生使用指南，再随机抽查评分情况。

最好不要直接选取教材中的题目当作作业。

通常情况下，大多数常用的教材都有配套使用的在线解题手册。你的部分学生获取了这些手册，就可以直接从中复制粘贴解答过程。如果你布置的作业直接取自广泛使用的教材，学生之间的公平性就会降低。只要你在问题表述中哪怕更改一个数值，学生将不得不花费努力重新设计解题方案，这就比直接复制粘贴好多了。有些教材还带有在线扩展题，为每个学生指定不同的输入变量值，使学生更难以逐字逐句复制或者直接从下载的解题手册中复制解题步骤。

8.3.2　设计问题解决型测验

有效的测验应该是全面而严格的（涵盖广泛的包括高阶认知水平的学习目标）、公平的（仅评估已经充分教授的以及在作业中充分实践过的知识和技能）和形成性的（为学生提供如何提高后续表现的指导）。关于如何设计符合上述标准的问题解决型测验，接下来的段落可以提供一些参考。

为期中和期末考试提供学习指南。

在本章引言中，我们留意到让学生明白你的期望会增加他们深度学习的可能性，他们会更加愿意去真正理解你所教的内容，而不仅仅是死记硬背。为了让学生明确你的期望，有一个非常好的办法便是如 2.1.3 节所推荐和说明的那样，为参加考试的学生提供学习指南。如果你在学习指南中明确了你的目标，那些有能力的学生在课程结束前就更有可能达成目标，你也就再也不用面对那些诸如"某个知识点在这次考试中会考吗？"此类令人头疼的问题了（你可以回答：如果它出现在学习指南中，就可能会考；如果没有，就不考）。

为了使学习指南发挥更大的积极作用，教师可以让学生在期中考试前一周自行创建指南，如果他们愿意的话也可以让他们合作完成，然后再分享你的版本。当他们在你的版本中找到一些自己不曾想到的知识点，可以激励他们学习一些可能被忽略的重要内容。

确保教过的前提下在测验中加入一些高阶认知内容。

如果你希望学生能够进行高水平的数学分析、解决不完全定义的问题或批判性创造性地思考问题，你应该将这些能力的获取纳入学习指南，在课堂上和作业中提供练习和反馈，然后（才能）将它们放进测验中。高阶认知内容的占比请参考以下准则：

本科生测验设计标准
测验中有 10%~20% 的题目匹配高阶认知目标，不要太多也不要太少。

为什么要为高阶认知内容的占比设置低限（指南中的 10%）？还记得前面插曲中的亚历克斯这位通过最少的努力换取高分的战略型学习者吗？很多 STEM 学生都是这样的。如果他们知道只要复习了基础内容就可以获得高分，许多有能力完成高阶任务的学生就没有动力去做必要的准备工作了。为什么要设置高限（20%）？如果超过 20% 的测验内容都是高阶认知，测验就会在一定程度上失去区分学生掌握水平的功能。更确切地说，就是没法通过测验区分学生 A 与学生 B 的学习情况。届时班级成绩将呈现双峰分布，高分段峰值小而窄，而低分段分布大而广。书中推荐的 10%~20% 有助于避免这两种状况的发生。

测验是积累的过程，不要让学生免考期末考试。

在第 5 章谈及提取练习的"知识加油站"中，我们明确了如果历次提取与反馈练习活动之间的间隔较长，则学习效果更好，记忆的持续时间更长，知识的可迁移性也更强。这就意味着期中和期末考试应该让学生回忆并使用开课以来学到的各种内容。然而，这么做并不代表着每次考试都要覆盖所有的知识点，相反，每次测验只要覆盖学习目标的某个子集就足够了。要让学生明白，因为考试中涉及这些内容，他们就应该在余下的时间里记住这些内容。

准备期末的综合性考试很可能是学生们复习整门课程，也是他们试图了解不同课程概念和方法之间相互联系的唯一机会。让那些在期中考试中取得好成绩的学生免考期末考试对他们没有任何好处。你可以找到更好的方法奖励他们，而不是剥夺他们借助期末考试获得最强大学习体验的机会。

闭卷考试、开卷考试还是折中？

闭卷和开卷是评估考核的两种极端情况。在第一个极端，学生不得查阅任何书面或电子文献；在另一个极端，学生可以查阅任何教材、书籍、批改后的作业和测验、智能手机和电脑，以及互联网的全部内容。在两个极端之间其实还有很多种做法。例如，只允许学生在考试时查阅教科书，或是教师提供的书面或电子版讲义，或是由学生自行准备的一页可以写着任何内容的纸。

考试的类型取决于课程的性质、教师设定的学习目标和教师秉承的教学理念。如果对于你来说重要的是让学生记住一些知识，你可以采用闭卷考试。如果你不关心他们能否记住这些知识，可以让他们在考试时查阅教科书或讲义（你应当在考试前下发讲义）。如果你希望同时测试两种类型的知识，可以先让学生闭卷完成一部分内容，等他们交卷以后，再补充完成开卷的部分。

要意识到开卷考试有一种风险，尤其是当学生还不太习惯这种方式的时候。当你宣布你的第一次考试为开卷时，很多学生会直接得出这样的结论——如果考到某些知识点，翻书就好了。他们可能因此而仅仅进行表层学习，然后在考试期间花大量时间疯狂翻书，寻找与考题类似的例题。因为你不会在开卷考试中原封不动地照搬书上的例题（对吧？），学生们的考试结果通常不会太好，甚至会不及格。从有助于学生学习的角度出发，在第一次正式考试的前一周以及平时测验时，提醒他们不要寄希望于在考场上直接从书中翻到答案，并在发回试卷的时候再次提醒他们（在这一章的后面，我们将为如何帮助学生准备和参加问题解决型考试提供更多建议）。

测验的难度不能依据班级里学霸的标准来设定。

在学生评教中最常见的一类抱怨莫过于考试题量太大。如果学生为了备考专心学习，理解了概念，也知道如何解决问题，但仅仅是因为时间不足导致他们无法完成和检查试卷而最终没有通过考试，他们当然有理由抱怨。

没有丝毫证据表明，STEM学生完成考试的速度越快，未来的职业成功度就越高，无论他们的职业是厂房修建、生产管理、学术研究、软件开发、临床实践还是其他。事实上，有条理且细心、解决问题不急不躁的工程师、科学家和数学家很可能比那些粗心大意的同行更容易获得成功。如果考试内容太多，动作快但粗心的学生也许能够做完考卷，就算因为小错误丢掉一些分数但仍然可以通过，然而，动作慢但细心的学生却可能无法完成大部分内容而考不及格。因此，这样的考试可能会因为一些与职业成功潜力无关的因素而错误地淘汰了部分学生。

除非问题和题目过于简单，否则学生在测验和考试中都需要时间停下来思考，而命题者却往往忽视了这种需要。我们赞同下述广泛接受的准则：

题量指南

对于问题解决型测验，教师在试做时花费的时间应该少于考试规定时间的 1/3。如果试题中包含了特别复杂或计算量特别大的题目，教师试做的时间应当低于测验规定时间的 1/4 或 1/5。

正式考试前教师应亲自试做一遍。

命题时看起来十分美好的试题往往没有想象中那么完美。只有在你把自己当作学生试做一遍之后，才能发现试题中可能存在的问题，例如题量是否太大，某些题目是否太过冗余或指令不清，是否很容易导致误解，或者包含了太多计算而计算并非你想要评估的技能。

以下是我们推荐的命题方法。

命题公约

1. 提前几天起草并修改命题，直到你认为完美无缺。

2. 一段时间以后，把自己当作学生试做一遍，为自己计时。看看自己花费的时间是否超过了考试规定时间的 1/3（或 1/4 或 1/5）。如果你有课程助教，请让他或她做同样的事情。

3. 如果试做时长超过了上述标准，请缩减题量（后面将给出具体办法），并修正步骤 2 中发现的一些表述不清的问题，并再次试做。重复此过程，直到你对结果满意为止。

4. 正式测验。

我们很清楚，大多数教师都不愿意为试做考题花费太多精力，但我们别无选择必须这么做。如果不咬紧牙关坚持试做，有可能开考 20 分钟以后就有学生发现第二题的表述有疏漏，有可能很多学生因为读不懂第四题而完全答非所问，也有可能当考试结束时一大半的学生根本没做完，到那时这些状况会更加让你头疼。在考试进行之前发现并解决这些问题，会让你和你的学生都少受些煎熬。

> 如果发现题量太大，请缩减。

有两种办法可以缩减题量，你可以删减试题数量或部分题目，也可以给出部分公式而不用全部由学生推导。还有一种针对问题解决型测验特别有效的办法就是要求学生给出解决方案的提纲，而不用写出完整的计算过程。一道大型的定量分析计算题可能需要几个小时才能彻底完成。你显然不能把任何一道这种类型的题目放到一场 50 分钟的考试中，但如果你仍然想要评价学生解决这些问题的能力，你可以尝试下述方法。

量化问题的通用模板

假设［说明要分析的过程或系统以及已知量的值］，写出需要计算的完整方程组［说明要计算的量］。不做代数、微积分或数值计算，只写方程，不要求简化或求解。

如果学生能够在一道题目中针对 n 个未知变量正确地写出 n 个方程式，那么你完全有理由相信他们可以在给定足够时间的情况下正确求解完整问题，不管是手动求解还是借助软件。除非你讲授的是一门基础数学课程，其他情况下解题技能很有可能并不是你设定的主要目标。如果解题技能属于你设定的目标，你也可以在试题中放入简短的数学问题，而复杂问题则使用上面的通用模板。

但是，请注意，如果学生在考试以前从未参与过类似的练习而在考试中第一次遭遇，很多学生就会犯糊涂，考试成绩可能比要求他们完成全部计算还糟糕。如果你想要采用这种方法，请务必先在课堂上和作业中进行类似的练习，再把这种题目放入试题中。

8.3.3　帮助学生复习和备考问题解决型测验

"教授，我知道这次考试我没通过，但是我真的已经很努力了。这些内容我都懂，课后作业也都是我自己完成的，可是我就是不擅长考试。"

大多数有经验的 STEM 教师都无数次听到，就算是新教师也会很快听到如上心声。造成这种状况的小部分原因是因为学生患有考试焦虑症而需求助于训练有素的专业咨询师，大多数情况下都是因为学生们不知道如何备考，而采用的是非常无效的策略（Brown et al., 2014; Oakley, 2014）。他们反复阅读，在课堂笔记和课本中划重点，浏览过去的作业问题和考试解答，给自己制造出一种"已知的幻觉"，而这些其实对考试毫无帮助。教师也很少教 STEM 学生相关的应试技巧。学生们或早或晚被困在一个问题上浪费了宝贵的时间，忽略了他们或许能够解答的其他题目，最后在测验中败下阵来。

其实，很多卓有成效的备考与应试技巧，需要教师告知和引导学生去使用。你可以考虑在教学大纲或课程网站上放置一些有效策略的链接。与问题解决型测验较为匹配的两种资源分别是"应试秘诀"（Felder & Stice，2014）（第一次测验前下发给学生）以及"致那些对上一次测验成绩感到失望的学生的备忘录"（Felder，1999）（随第一次测验批改下发时一起发给学生），如果在网上搜索的话还可以搜到更多资源。另外，"试卷包装纸"（exam wrapper）也是一种不错的方法。当你把第一次测验的试卷发还给学生时，附上一张包装纸，即一张问卷调查表，让学生反思自己是如何准备测验、准备的效果如何、下一次如何改进等。详细说明参见"试卷包装纸"（Exam Wrappers，n.d.）和安布罗斯等人（Ambrose et al.，2010：253–254）的著作。

除此之外，你也可以考虑在考试前发布几张你在过去2~3年里采用过的试卷，让学生们知道他们将面临的考试是什么样子的。如果你打算这么做，一定要让学生明白钻研这些旧考题是徒劳的（事实上很多学生会这么做），因为考题不会雷同。还要告诉学生，如果他们把复习的重点尽可能多地放在教材和其他参考资料以及学习指南上面，而不是执着于解题步骤（不玩数字游戏，太费时间），他们可能会在测验中取得更好的成绩。

如果你已经按照我们的建议提供了上述帮助，学生仍然对测验和考试感到异常困扰和焦虑，请建议他们到学校学术支持或咨询中心寻求如何提高学习技能和克服考试焦虑等方面的专业支持。

8.3.4　为问题解决型测验评分

就算你采纳了我们所有的建议，努力让每次测验都公平合理，也为学生做足了准备，但是却没有在评分时做到周密谨慎的话，仍然可能引发学生的强烈不满。学生应该可以看到批改后的试卷，思考为什么自己的每道题得到的是这样的分数。如果他们无法理解，你就需要给他们一个清晰的解释。不要让这样的事情发生，两个学生将各自的试卷放在一起相互比较，发现同样的错误却扣除了不同的分数（这个原则有一种例外就是，学生没有写出解题步骤却神奇般得出了正确答案）。以下建议可以帮助你应对这些状况：

> 在你最终确定并实施测验之前，创建一份详细的解题关键步骤，并为每一步骤指定明确的分值。

在分配分数时强调概念理解和解题过程的正确性，不要在限时考试中为代数和算术错误赋予特别多的分值（可以对作业中的粗心大意有更加严格的要求，因为学生那时有足够的时间检查）。为增强评分一致性，确保测验的各个部分是由同一人批改。

尽快批改作业和试卷并发还学生。

评估与反馈之间的间隔时间越长，评估带来的形成性效益就越低。如果可能，请尽量在下一次上课时将批改后的试卷发还给学生，间隔时间最长不要超过两次课。

如果考试分数比你预期的低很多，你也愿意承担部分责任，可以考虑对分数进行调整。

假设你进行了一次测验，期望平均成绩在 70~75 分之间，结果却只有 52 分，一些好学生的得分也非常低。如果你不对成绩进行曲线分级（在第 3 章中我们曾努力说服你不要这么做），可你又不想让一大堆学生都拿到低于预期的分数，你该怎么做呢？

你有好几件事可以做。首先，你应当问问自己，分数为什么这么低？有两种可能性，其一是试题出了某种问题（例如题量太大、题意模糊或过于刁钻）；其二是对那些学生普遍反映困难的题目，你不曾在课堂上给予足够的练习和反馈。如果你确信已经给予学生足够的讲授和练习，也确信考试是公平公正的，你可以让成绩维持原状。可是如果你认为自己也该为如此低的分数承担部分责任的话，你可以做出一些修正：

1. 整体抬高分数。按照最优 100 分或平均水平 70 分（或其他）为基准，整体抬高全班成绩。如果你将平均成绩作为校正基准，班里的某位学生可能会拿到 110 分，这也没事。这样做并不是在分级：抬高分数帮助的是所有学生，而分级制却只会不公平地帮助一部分学生的同时伤害另一部分学生。

2. 重考一次。从两次考试中选择较高的分数作为学生成绩，或者在第一次分数的基础上提高一个百分比（如果有提高的话）。

3. 进行一次随堂小测验。将学生所得分数加入之前成绩中。如果考试成绩很低是因为很多学生都在同一道题目上犯了错，你可以宣布再进行一次随堂小测验。到时候，大多数学生会在你的帮助下或自学学会如何解答那道题目，这样你就把一件令人头疼的事变成了一次好的学习机会。

第二种和第三种做法的缺点是需要占用额外的课堂时间，也需要教师和学生花费额外的时间准备。但是，这样做可以让大多数学生学会一部分之前考试中没有掌握的内容，我们认为都是很好的办法。

合理看待学生对成绩的申诉。

一些教师告诉他们的学生，如果认为自己的分数偏低可以申请重新阅卷，但教师会重新评阅整张试卷而不仅仅是存疑的部分。我们建议你不要采用这种政策，因为学生本就有权索取他们应得的分数而不必承担失去其他分数的风险。教师应该尽最大努力确保考试评分的公平公正，如果因为评阅人的疏忽让学生获了益，那就顺其自然吧。如果你发现许多学生因为评阅人的错误观点而被误判，请尽一切努力将误判的分数补偿给学生。

为成绩申诉设定时限，并要求学生提交书面申诉材料。

有一种情况你可能已经遇到过，即使还没有，未来也肯定会遇到。通常是在每学期的最后一周，学生会在你的办公室门口排起长队，拿着批改后的试卷和开学以来的所有作业，想要努力说服你多给一些分数。你立马就不开心了。到了期末你有包括准备期末考试在内的一大堆事情要做，而处理学生的这些请求通常要耗费你好几个小时的时间。

为了避免陷入这种窘境，请在上课第一天发布课程规则时告知学生只能在试卷批改发还后一周内对成绩提出质疑。如果仅仅是因为成绩汇总有误，学生只需要向你（或者助教）出示试卷即可。可是如果学生认为自己在某一道或好几道题目上得分偏低，他们必须准备好书面申诉材料。严肃对待这些要求，只做你认为合理且必需的分数修改。如果遵循这个原则，你在课程最后一周内收到的投诉可能会大幅下降。

想一想

本节提供了一些可以让问题解决型测验更加公平有效的建议。你认为哪些办法可以帮助你改进将来的测验？你能选出 1~2 种愿意尝试的办法吗？

8.4　评价书面和口头报告

到目前为止，本章探讨的都是如何通过选择题、简答题、问题解决型量化任务和试题来评估学生掌握知识和技能的程度。正如你可能已经意识到的一样，这些评估方法都很重要，但要做到客观、公平也并非难事。学生可能会对你公布的部分选择题和简答题的答案有所争论，但只要你公布了正确答案，评分就只剩下机械劳动，所有填写相同答案的学生都会得到同样的分数。对问题解决型量化试题进行评分要稍微棘手一些，部分分值的判别可能会让你陷入激烈的争论，但是只要你准备好一套完整的解题关键步骤并制订了详细的分数分配方案，那评分的客观性也就有了保证。

可是，当你在评估实验报告、书面和口头项目报告、案例研究和道德困境分析、研究计划书、论文以及其他需要书面或口头交流等任务时，情况就大不相同了［从现在起，我们把以上类型的任务统称为"报告"（report）］。除非抄袭，每位学生提交的报告都是各不相同的。因此，价值判断总是主导着评价过程，学生对评价不公的投诉可能会"雪崩"式出现。此外，对于教师而言，阅读书面报告和撰写详细评语可能要花费很多时间，而大部分时间很可能都是浪费，因为拿到报告的学生往往只关心分数而忽略了教师写给他们的评语（Crooks，1988；Gibbs & Simpson，2004-2005；Jackson，1996）。只有当他们有机会修改并重新提交报告时，他们才会留意到教师的反馈，但是这样做又会让教师批改的负担变得更加沉重。

我们面临的挑战是找到一套同时满足以下四个标准的评价方案：

有效性。

成绩只反映学生达到目标的程度，应该只受学生本次工作质量而不受过往成绩、个人素质或其他因素的影响。

可靠性。

两位或多位独立评分者评估同一份报告，以及同一位评分者在不同时点（例如评分过程的初期和末期）给出的分数应当大致相同。

公平性。

学生有充足的机会学习所评估的知识和技能，也事先清楚评估的标准。

高效性。

教师可以对所有作品进行评分，给学生很好的建设性反馈，而不需要花费过多的时间。

满足这四项标准的关键在于，能制订明确的评价标准（哪些计入成绩？占多少比重？）并在进行评价之前确保学生和评分者都充分理解这些标准。不幸的是，尽管第一步（制订标准）看起来如此显而易见且合情合理，但教师们往往会回避这一点。他们认为，关于一件事物或一次表现足够卓越的属性往往是无形的，只能意会不能言传（有些人可能会补充说，只有当我看到卓越表现时，我才知道卓越是什么）。尽管这种观点可能有一些道理，但在评价学生作品时却存在严重缺陷。作为教师，我们必须率先清晰定义什么是有效，什么是有创造力或批判性，明确学生应该如何学习才能有效地沟通、创造性或批判性思考以及符合道德规范地做出决策，才有可能为学生提供正面和反面的报告样本，帮助他们在提交报告前判断自己的作品是否符合我们的期望，并找出下次可以如何改进。

8.4.1 评分表：评分准则和评分量表

有两种类型的评分表——评分准则（checklists）和评分量表（rubrics）可以帮助教师向学生表明期待并让评分过程变得有效、可靠、公平和高效（Felder & Brent，2010）。评分准则是一张列出了评价标准和各项标准分数最大值的表格。表 8.4.1 便是一份书面报告评分准则的示例。评分量表也列出了评价标准，但要求教师根据离散程度对每个标准进行评分，通常有三级量表（1—不合格、2—合格、3—优秀）、四级量表（1—糟糕、 2—较差、3—较好、4—很好）或五级量表（1—糟糕、 2—边缘、3—可接受、4—良好、5—卓越）。三级量表和四级量表需要给出表征每个等级属性的具体描述，而五级量表则既可以给出每个等级，也可以间隔给出等级（1、3、5）的具体描述。在后一种情况下，对某一条评价标准，介于 5 和 3 之间的表现就可以给 4 分。

表 8.4.1 书面报告的评分准则

团队		项目阶段		
日期		评分者		
评价标准	最高分	得分		评语
技术含量（60%）				
把握主题和技术正确性	20			
是否包含了所有的可交付成果	15			
文档是否具备适当的详细程度和完整性	15			
数据分析和解释的完整性	10			
结构组织（15%）				
目标和方法界定清晰	5			
报告组织严密，对目标有支持作用	5			

评价标准	最高分	得分	评 语
主题之间转换自然	3		
为读者量身定制引言和结论部分	2		
文字表达（15%）			
可读性强	5		
语法和风格良好	5		
写作风格统一	5		
排版/可视化（10%）			
图形质量	5		
文件设计和布局统一	5		
总分	100		

北卡罗来纳州立大学化学与生物分子工程系莉萨·布拉德博士创建并允许转载此表格。

如果要对报告的总体质量给出一个定量等级（分数），总分应该是由每项标准的得分及其权重加权确定的。图表 8.4.2 即是一张可以用于实验报告评分的四级量表。

与评分准则相比，评分量表对于学生而言更加明确具体，可以帮助学生更清楚地了解需要怎么做才能提高他们在后续任务中的成绩。评价量表的不足之处在于比较耗费时间，因为每项标准下都要编写好几条具体描述。完整的评分准则和评价量表，如果再搭配上教师关于学生成果中优秀或不足之处的简短评论，即使不是非常详尽的反馈，也会发挥非常大的作用。如果学生不确定为什么在某一标准上得了低分，他们可以（也应该）向教师提出疑问，老师再口头提供详细信息。

8.4.2 为自己的课程创建一张评分表

制订明确的评分标准可能具有挑战性，但这却是确保评分客观的唯一途径。你可以找一找同类型的现有量表对其进行修改而不是从头开始制作一个新的评分标准，这样会让自己的工作量降低很多。在网络上输入"［科目］评价量表"可能会搜到很多链接。在美国高等教育学习评估协会（AALHE，n.d.）的网站上，你可以找到用于评估各类任务的评价量表，包括案例研究分析、批判性思维、各种类型的论文、实验报告、数学证明、多媒体项目、

表 8.4.2 实验报告的评价量表

小组:＿＿＿＿＿　　实验名称:＿＿＿＿＿　　评分者:＿＿＿＿＿　　日期:＿＿＿＿＿

类别	得分 = 4	得分 = 3	得分 = 2	得分 = 1	权重	得分	权重 × 得分
摘要	实验摘要和结果清楚、明确、具体、准确	实验摘要和结果清楚、明确但不够完整	不清楚、不完整或太冗长	不准确或不清楚	5		
背景	学生用自己的话清晰总结了相关背景;资源引用适当且正确	学生用自己的话合理总结出相关背景;资源引用了大部分适当正确	背景总结不够充分但为原创,引用了有问题或不正确的资源	背景部分介绍不清或涉嫌抄袭,很少或没有引用资源	10		
实验假设	假设陈述清楚、逻辑合理	假设陈述清楚、逻辑基本合理	假设陈述清楚但逻辑不合理	未陈述实验假设	5		
实验设定及步骤	实验设定和步骤清晰,描述准确	实验设定和步骤描述较清楚、较准确	实验设定和步骤描述不清	描述不准确或不合理	10		
数据呈现	用图表形式对数据进行了专业而准确的呈现	用图表形式对数据进行了准确的呈现	只用了书面形式而非表格对数据进行了准确呈现	数据呈现不清楚	10		
数据分析	正确实施了数据分析(包括错误分析)	数据分析有少许错误	数据分析有大量或实质性错误	数据分析错误或不清楚	20		
数据解释	正确运用所有相关科学概念	正确运用大多数相关科学概念	相关科学概念应用有限	没有应用相关科学概念	15		

类别					分值
结论	所学的一切都能准确表述；实验结果令人信服地拒绝了假设	所学的一切都能准确归纳；实验结果对假设的支持不够充分	从实验结果得出的结论不清楚	报告中未包含结论部分	5
总结	实验、数据分析与解释和结论部分完整且描述清晰	实验、数据分析与解释和结论论部分的描述有少许遗漏	存在重要信息的错误描述或遗漏	报告中未包含总结部分	5
报告写作	语法和句法正确；风格简明快	语法和句法正确；书写不够流畅或不够清楚	存在大量语法和句法错误	几乎让人读不下去	10
外观/组织	打印精美，组织良好（标题和副标题）	手写工整，组织良好	手写或打印工整，组织良好	书写草率不工整	5
总分					100

报告得分：$20+\dfrac{1}{5}\sum_i (w_iS_i)$ （报告最高分为100，最低分为40）

书面和口头项目报告和团队合作等。你可以原封不动地使用，也可以更改或删除某些标准，更改每个评级下的说明，还可以根据自己的需要添加新标准和说明。如果你更偏好使用评分准则，也可以将修订后的量表转换为评分准则。艾伦和坦纳（Allen & Tanner，2006）曾提出在生物科学中设计和使用评价量表的建议，这些建议完全适用于其他 STEM 学科。

8.4.3 运用评分表促进学生能力发展

一旦你为自己的课程创建了评分表，你就可以用它来帮助学生更好地理解和满足你的评价标准。创建过程如表 8.4.3 所示。学生通过浏览评分表，会更加清楚地了解你的期望，并在撰写报告时有意识地避免一些错误。这样一来，他们第一份报告的平均质量通常会比一无所知状态下提交的报告要高出许多。

表 8.4.3　运用评分表提升学生的报告写作技能

1.查找或创建一份或两份（视需要而定）简短的样本，可以是完整的报告，也可以是较长报告的摘录。第一份样本应该是反面示例，包含你认为学生通常会在第一次报告中犯下的诸多错误（例如技术错误、粗心草率、可视程度差、来源引用不充分等）。第二份样本应该是有进步但仍有不足的示例。
2.在第一次项目或实验开始之前的课上，让学生两两组对，为每对学生提供第一份样本报告和三份评分表。简要介绍表格上的评价标准。
3.让学生单独阅读样本并填写评分表。然后让他们与同伴协商，并在另一张评分表上重新打分。如果他们达成一致，就继续协商下一项；如果他们无法达成一致，让他们简要讨论并尝试达成共识。如果还是无法达成共识，就计算二人的平均值并继续协商下一项。
4.与全班学生讨论协商后的评分，然后展示你的观点。如果你的评分与大多数学生有很大差别，可以做出相应解释。（有必要时）可以使用第二份样本报告重复这项练习。

资料来源：Felder & Brent（2010）。

你可以使用类似的流程来帮助学生提高口头报告能力。先给学生一份你的评分准则或量表，简要介绍一下，再现场演示或播放一段视频，其中包含学生通常容易犯下的错误（例如照着笔记本读、没有目光交流、幻灯片上全是符号列表和小号字体等）。让学生们先依据准则或量表单独打分，再与同学结伴协商他们的评分，最后再向他们展示你对这份口头报告的评价分值。

第 10 章将提供更多关于如何帮助学生培养沟通技巧以及创造性和批判性思维能力方面的经验和建议。

8.4.4　同伴评价

在同伴评价（peer review）中，学生们可以评论彼此的报告初稿。评价可以是总结性的，但更常用于帮助学生在教师评分之前改进自己的报告质量。只要事先为学生提供足够的培训和指导，评分量表或评分准则都可以为同伴评价提供良好的基础。

要实施同伴评价，可以先将单独或组内的学生分为两两一组。让各组成员将初稿或报告交给同伴进行相互评论，然后根据同伴的评语修改自己的作业或报告，并将修改后的报告提交给教师评阅。多项研究表明，教师评分和同伴评分之间存在高度一致性（Arnold et al.，1981；Orpen，1982；Sadler & Good，2006），周和麦克阿瑟（Cho & MacArthur，2010）还发现从几位不同同伴处获得过反馈的报告质量高于仅从教师或一位同伴处获取反馈的报告质量。为了提高学生的批判性思维能力，还可以同时对他们的初稿质量和给予他人的评价质量进行评分。

让学生在提交作业或报告之前先评论同伴的作品质量，对学生和教师本人都有很大的好处。当他们在评论同学的作品质量时，会学习到评价的不同方法，并借此发现自己作品中的优势和不足。他们随后提交给你的修订版通常会比初稿更好，这样也让你的评分变得更加容易和有效。

8.5　要点回顾

◆ 将你设定的学习目标，特别是那些涉及高阶思维和问题解决能力的目标分享给学生并作为考试的学习指南，可以最大限度地提高学生达成目标的可能性。

◆ 在课程进行过程中应该布置足够的课后作业，让学生有充足的机会针对将来考试中要求的知识和能力开展实践练习并获取反馈。但作业也不能多到让学生不得不忽略其他课程才能完成的程度。学生的作业表现应该计入课程总成绩。

◆ 可以使用概念测试和经过验证的概念量表来检测学生对课程内容的理解是否正确，并评价他们用以纠正错误的方法是否有效。

◆ 教师应该在课程第一次考试之前或之后不久给予学生如何准备和参加问题解决型测验的指导。

◆ 在进行问题解决型测验之前，教师应该自己计时试做一遍。如果教师不能在少于测验时长 1/3 的时间内完成（如果考题特别复杂或计算量很大，教师所用的时间应该少于学生时间的 1/4 或 1/5），试题的题量就太多了。

◆ 在评价书面和口头报告时，教师应该制订评分准则或量表。一旦制订了评分表，教师应该训练学生在撰写和提交自己的第一份报告之前使用评分表来评估样本报告（样本中包含反面示例）。

◆ 本章中我们没有讨论作业和考试的作弊问题，但我们知道你们很想了解。有关如何最大限度预防作弊行为的发生，如何发现作弊并在发生时进行妥善处理，请参阅 3.6.4 节。

8.6 课堂实践

◆ 回顾一下你最近进行的几次考试，看看本章中是否有可以采纳的建议（特别是与考试题量相关的建议）。如果有，请计划如何将这些建议融入你将来的考试中。

◆ 当你设计下一次考试时，加入一道或多道可以体现高阶思维能力或概念理解程度的选择题或简答题。

◆ 在第一次考试后为学生准备一张"试卷包装纸"，帮助他们反思自己的准备情况，并想办法提高自己的成绩。如果考试的重点是解决量化问题，你也可以将费尔德（Felder，1999）设计的问卷和评分后的试卷一并分发给学生，鼓励他们在开始准备下一次考试前完成问卷。

◆ 如果你正在教授一门需要学生撰写或提交项目报告的课程，寻找一份评价量表［例如在高等教育学习评估协会（AALHE，n.d.）或在搜索引擎中输入"［科目名称］评价量表"］，修改量表使它更加符合你的评价标准，并使用它来评价报告质量。不用向学生提供详细的单独反馈。在学生准备并提交他们的第一份报告之前，让他们使用你的评分表来评价一份或两份样本报告，随后再向他们展示你的看法和意见。

◆ 宣布课程规则，告知学生可以在一周内对作业和考试成绩提出申诉，除了汇总加分有误以外的任何申诉都必须附加书面说明材料。这样到了学期结束的时候，申诉的声音会慢慢消失。

第三篇

促进能力发展

本书的第三个篇章（9—11 章）将从第 9 章如何培养分析解决问题的能力入手，介绍如何培养学生作为 STEM 专业人士所需技能的教学策略。与此同时，第 9 章还将探寻专家型问题解决者的基本特征，寻找帮助学生发展这些特征的主要策略，概述一个著名的问题解决模型，并讨论基于问题的学习方法。

除此之外， STEM 毕业生还需要具备很多非技术性职业能力。然而，我们在对雇主的大量调查中发现，近年来 STEM 毕业生的这些能力，尤其是沟通技能非常匮乏，何况社会和行业对这些能力的需求还在持续增长。第 10 章将概述如何促进沟通能力、批判性和创造性思维能力以及自主学习能力的发展，审视基于项目的学习方式。第 11 章将讨论合作式学习，一种培养学生的领导力、时间和项目管理以及解决冲突等高级团队合作能力的有效方法。第 12 章将关注学生各个方面的多样性，对比几种常见的归纳式教学法，并将本书中讨论过的各种以学习者为中心的教学方法和评估策略整合起来，以满足不同学生的学习需求。第三篇各章节的组织架构如Ⅲ.1 所示。

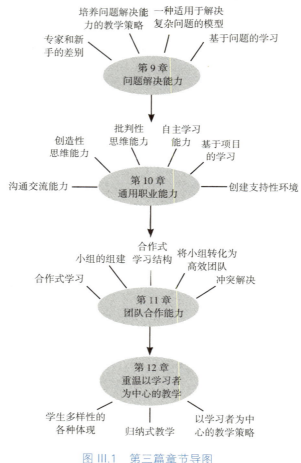

图 Ⅲ.1　第三篇章节导图

插曲一则　认识你的学生：斯坦和内森

斯坦和内森是两名化学工程专业的大三学生，也是美国中西部一所大学的室友。他们在很多方面都很相似——他们都喜欢派对、电子游戏和午夜比萨加餐。尽管内森的成绩向来要好一些，但两人在高中科学和数学课程上都表现良好。他们都认为，质量和能量的平衡过程很难学（尽管他们都认为教科书很精彩），热力学难以理解，而且大多数人文类课程都没用。两人都会偶尔遭到非工程专业的朋友指责"太过逻辑化"。

然而，尽管有着如此多的相似之处，但他们本质上还是不同的。斯坦是一个电子奇才，朋友的电脑坏了都会来找他帮忙，但是更换灯泡却是他机械能力的极限。斯坦很关注周围的环境，总是知道手机放在哪里，也能记起哪怕只见过一面的人；内森却很少留意周边，总是找不到自己的东西，甚至可能认不出认识多年的人。同样的课程内容，斯坦通常会觉得学起来有困难而内森却觉得很简单。当教师花费大量的课堂时间来讲解推导和问题解决方案时，内森就会觉得很无聊而走神。

考试的时候，斯坦会先读第一道题目，再读一遍，然后仔细研究解决方案。当竭尽所能完成第一道题时，他会在仔细检查所有计算步骤后再进入第二道题目，以此类推。斯坦勤勉又辛苦，考试的时候经常忙到最后才交卷，成绩却往往低于班里的平均分。内森只在他认为自己会做的题目上仔细阅读，然后投入地解决问题。即便他不喜欢检查计算并经常犯下粗心的错误，但他动作很快，通常很早就完成考试并且获得高分。

学术方面，斯坦能胜过内森的地方就是实验室。实验室里的斯坦是稳重可靠且一丝不苟的，他似乎天生有一种配置和运行实验的本能，而内森却总是出错。内森几乎被分析化学搞得神经衰弱，重复了五次定量分析，得到五个完全不同的结果，最终怀着最美好的心愿取了两个最相近结果的平均值。然而，斯坦可能只做两次分析，分析结果就呈现出几乎完美的一致性。当内森还在称量第二次实验所用的试剂时，斯坦已经在悠闲地喝着饮料了。

斯坦是一名感知型学习者，而内森是一名直觉型学习者（Felder & Silverman，1988；Felder et al.，2002）。感知型学习者往往动手能力强，注重细节，不喜欢抽象的理论和数学模型；直觉型学习者可以处理抽象的问题，但往往对细节和重复感到厌烦。感知型学习者喜欢定义明确、可以用标准方法解决的问题；直觉型学习者则喜欢需要创新的问题。一名抱怨课程与现实世界无关的学生，几乎可以肯定是一名感知型学习者。这两种类型的学生都有可能成为优秀的STEM专业人士：许多思维敏锐且条理清晰的感知型学习者都是优秀的实验者，而富有洞察力和善于创新的直觉型学习者通常都会成为优秀的理论家和设计师。

　　大多数 STEM 教授的教学风格与学生偏好之间都难以匹配。教授们喜欢强调基本原则和抽象分析，而大多数感知型学生则更喜欢关注可观察的现象和事实并亲手做实验。因此，直觉型的学生将会在 STEM 大多数课程中占据明显优势，通常来说，除了强调事实性知识和实验研究以外，直觉型学生总是分数更高（参见 Felder et al.，2002）。

　　感知型和直觉型是两种不同的学习风格偏好（learning style preferences）（Felder & Brent，2005）。问题的关键不是要让教师的教学方式符合每一名学生的偏好，相反，是要确保教学方式的均衡，不要偏重于一种或另一种学习风格。在第 9 章和第 12 章中，我们将介绍实现这种均衡的办法。学习风格在心理学界尚存争论，我们也将在第 12 章加以讨论。

9. 问题解决能力

9.0 引言

在本章前面的插曲故事中，我们认识了两位有着诸多不同的假想学生。斯坦非常务实，观察力强，有条不紊，喜欢动手操作，但分析解决问题的速度相对较慢；内森很有创意，喜欢科学理论和数学分析，能快速分析解决问题，但对细节的探究缺乏耐性，容易犯粗心的错误。

STEM 课程体系中涵盖的往往都是单一学科问题，并且可以通过完善的方法予以解决。与之不同的是，真正的科学和工程问题通常都是跨学科且定义不明的，这些问题的解决有赖于斯坦和内森同时具备所有优秀的特质——有创造力、注重细节、动手实验、数学分析与计算、设计与故障排除、善于洞察、检查计算和复制数据等。个别极具天赋的人可以同时具备所有这些特质，但这些天才的数量却无法满足行业、政府和学术界对应用科学家、技术专家、工程师和数学家的旺盛需求。因此，斯坦和内森这两类学生对 STEM 行业都至关重要。

不幸的是，许多 STEM 课程，特别是数学和物理科学以及大多数工程学分支都偏向于支持内森这类学生的发展。学生刚刚迈入大学的第一年，就开始接触微积分、物理和化学等抽象概念，并在未来四年中继续研究这些领域。数学家和科学家们在日趋抽象的高等数学和科学课程的作业和测验中不断探索，工程师们则转向工程科学。工程科学是一种几乎与高等数学和科学同样抽象的学科，包括力学、电路学、流体动力学、热力学、量子和统计力学等，学生们很少有机会进入实验室。

作为 STEM 教师，我们应该努力为所有斯坦和内森类型的学生配备 STEM 职业所需的问题解决技能。我们面临的挑战是如何在教学中平衡两种类型的学习需求和偏好，而不是过分强调其中一种。本章旨在帮助你达到这种平衡。以下是本章拟解决的主要问题：

◆ 解决问题的专家和新手之间的差别在哪里？我该如何帮助我的学生成长为专家？

◆ 为什么元认知[1]（metacognition）是专家解决问题的关键因素？我该如何激励和帮助我的学生训练元认知？

◆ 自我效能（self-efficacy）在学习中扮演了什么角色？我能做些什么来帮助学生在解决问题的过程中构建自我效能感？

◆ 麦克马斯特问题解决策略（McMaster problem-solving strategy）如何帮助学生学会解决他们可能面临的那些专业人士遇到的各种复杂、开放、多学科和现实问题？

◆ 我该何时以及如何运用基于问题的学习（problem-based learning）？

9.1 从新手到专家的悠悠坎坷路

还记得自己第一次开车上路的经历吗？假设你曾经拍摄过几秒钟的视频来记录那种感受。现在，再花几秒钟拍下自己如今开车的场景。

这一定是两种截然不同的体验，对吧？第一次开车上路面对一大堆状况时你必然手忙脚乱。"我开得太快还是太慢？我是不是该换到旁边那条车道？我是否来得及在对面那辆车到达路口之前转弯？"如今，你应该是不假思索就能处理这些问题，不仅如此，驾驶时你可能还在思考其他事情。只有发生了紧急状况，例如前面的司机突然踩了急刹车，你才会立即把注意力转回到驾驶上。

这些行为之间的区别恰恰体现了新手和专家之间的差异。新手需要有意识地思考他们正在实施的每一步，而专家则具备面对突发情况的心理预警及解决对策，大多数步骤都可

---

1 元认知是指个人对自己的感知、记忆、思维等认知活动进行的再感知、再记忆和再思维，即对认知的认知。——译者注

以自动执行，而仅需将注意力集中在对不熟悉的状况做出决策和采取行动上。因此在外界看来，专家总是流畅、自如又自信，而新手可能就有些笨拙、紧张又不安。

新手与专家的差异在人类活动的每个领域都普遍存在。活动越具挑战性和复杂性，从新手到专家的征程就越漫长越困难。人类活动中，解决 STEM 技术问题的挑战性和复杂性都名列前茅，但许多经验丰富的 STEM 教师却忘记了自己在成长为专家之前是如何走过那条崎岖坎坷的漫漫长路。他们认为，只需要在课堂上简单地给新手学生讲解一道例题再布置一两道类似的课后作业，学生无须重复练习就可以学会解决问题了。他们错了。

最好的教师能够弥合他们与学生之间的差距。他们（通常是出于本能地）了解哪些学习经历将帮助学生像数学家、生物化学家、计算机科学家或机械工程师一样思考，然后在课堂上提供这些经历。本章将介绍一些关于如何将新手培养成为专家的经验，并讨论如何将这些经验融入课程而不牺牲重要内容。为了让这些经验更加切实有效，本章还会探讨专家会怎么做而新手不会怎么做，反之亦然。表 9.1.1 中概述了专家和新手在四个方面的显著差异。

表 9.1.1　专家和新手在解决问题上的差异

属　性	专　家	新　手
问题归类	依据基本原理和核心属性将问题进行分类；将新问题置于恰当的类别中并迅速挑选对应的解决策略。	依据问题的表层特性（例如包含一种化学反应，看起来很像例题 3.5.2），选择解决策略
元认知	在认知任务来临之前及过程中，习惯性地监测和反思自己的想法，遵循成功的策略并快速调整欠佳策略。	较少思考自己的想法；选择了某种方法就一成不变，直到被迫放弃。
自动性	解决常规问题几乎毫不费劲。	必须逐步思考解决步骤。
自我效能	对自己应对特定挑战或其他类型挑战（例如数学问题或口试）的能力信心满满。	对自己应对特定挑战或其他类型挑战（例如数学问题或口试）的能力缺乏自信。

资料来源：Ambrose et al.（2010）；Bransford et al.（2000）。

许多初学者一旦在作业中遇到复杂而困难的问题，就开始在讲义、课本或是互联网上搜索类似的问题，又或是试图从过去的作业和试题中寻找曾经解答的记录。如果找到一个类似的问题，他们就会依葫芦画瓢而非真正理解这些问题，除非手上的问题与他们找到的问题相去甚远，他们才会煞费苦心地调整方案或者干脆放弃努力。有些学生也许会得到一个解决方案但可能正确也可能不正确，而其他学生只能无助地挣扎直至最后沮丧地放弃。

就长期面对诸多问题的专家而言，过去的经验让他们对自己解决问题的能力（自我效能）充满信心。他们反思问题并对其进行归类——是动态问题还是静态问题、是线性问题还是非线性问题，是完全定义还是不完全定义等问题（问题分类）；根据分类确定并实施解决方案，但并不仅仅满足于蜻蜓点水；在每一步之后，他们会想出一种或多种方法来检查自己的工作，并且只有在自己满意之后才会进行下一步（元认知）。除此之外，他们还会不断反思自己的工作过程，寻求更加高效或更加准确的解决方案，并在必要时予以调整（元认知）。如果工作受阻，他们也不会慌乱，因为他们一路走来已经习惯面对和解决困难（自我效能）。他们会仔细分析特定问题的不同之处，并调动资源另辟蹊径。除上述元认知活动以外，以一位局外人的视角来看，专家的工作过程因此显得快速、高效和轻松。

是否可以让我们的学生发展这四个方面的专业属性而无须经历漫长的重复实践呢？对于罕见的天才而言这是可能的，但对于大多数学生而言是不可能的。我们能做的就是帮助他们在成长的道路上开一个好头。让我们思考一下该如何行动吧。

9.2 有助于培养专家型问题解决能力的教学策略

本节讲述的教学策略有助于将学生培养成为专家型问题解决者，帮助学生发展与之相关的技能和特质。

9.2.1 教会学生进行问题归类

安布罗斯等人（Ambrose et al.，2010：59-64）曾经针对如何教会学生像历经多年学习的专家一样进行问题归类给出过策略建议。基于这些建议，问题归类的步骤如下：

◆ 识别属性［基础科学原理、线性或非线性、封闭式或开放式等］以区分不同类别的问题。根据问题属性对其进行分类，并确定每种类别问题的解决策略。每当你在课堂上讨论一个新问题时，首先让学生识别其类别并概述解决方法，随后让他们通过课后作业予以巩固。

◆ 先布置可以通过一种方法解决的几个问题（例如使用牛顿定律解决力学问题），再布置另一个难以或不可能使用该方法但可以使用另一种方法轻松解决的问题（例如使用能量守恒定律）。让学生在问题分类系统中进行必要的调整。

9.2.2　展示包括元认知在内的问题解决全过程

如果只看到最终结果，学生很难理解那些复杂的问题解决方案。用托兰斯（Torrance，1962）的话讲，"要消除学生对完美的敬畏之心"。教师在课堂上解决实例问题时，不要总是从正确的原则或方程开始，进行从始至终的完美演绎。在这样的教学环境下，初学者会产生一种自己也该娴熟至此的错觉，一旦他们尝试到失败的滋味，很可能感到沮丧甚至想要放弃。相反，你可以偶尔在解决一个新问题时大声说出自己决定如何入手、下一步该做什么、如何通过元认知监测自己的进展（这种方法有效吗？这个解决方案有意义吗？我该如何检查？还可能有更好的方法吗？）以及当你遇到困难或者意识到做错了时该怎么办。偶尔为学生模拟专家解决问题的流程可以加速他们学会自己解决问题的进程（Weimer，2013：79）。

促进元认知发展的另一种策略便是"考试包装纸"（我们曾在第8章做过介绍）。这种测验后发放的调查问卷可以帮助学生反思自己是如何备考和应考、为什么没有掌握部分内容以及可以做些什么才能改进后续测验的成绩。学生们越是明确地识别出错误和无效的测验策略，他们在将来再现这些错误和策略的可能性就越小。

想一想

你目前采取了哪些措施来鼓励学生发展元认知？你下周会做点什么？

9.2.3　使用问题组块和 TAPPS 策略促进元认知

在 6.4 节中，我们介绍过两种主动学习策略，这两种策略的运用可以极好地培养学生解决问题的能力：

◆ 将推导过程和问题解决方案分成若干部分。快速讲解或让学生通读简单的部分，并将分析和理解起来可能存在困难的部分作为后续课堂学习活动的基础。

◆ 使用已经部分或全部解答的例题，通过"有声思考解决问题"（TAPPS）策略指导学生学习。让学生两两成对，通过一系列精简的学习活动完成推导和解决问题。在每项活动中，让一名学生逐步解释分析过程，包括步骤背后的推理，让另一名学生提问并在必要时给对方提示。下一次活动时让学生交换角色。

有关这些策略及其有效性的认知基础，请参阅 6.4 节。当学生采取以上任何一种方式分析问题时，他们对这些问题的理解都会更加深刻，日后举一反三运用这些方法以及发展元认知的可能性也会随之增长。

9.2.4　从周而复始到自然而然

专家和熟手并非一日练成的，在他们到达熟能生巧的程度之前，必然经历了一次又一次的反复练习，例如练习转向、排练片段、制作蛋奶酥、监管注射、设计流程等。认知科学揭示了重复与学习之间的关联。

知识加油站：重复与学习

任何类型的刺激都会触发神经元向邻近的神经元传递一种信号。随后，被激活的神经元可以保持时长数小时到数天不等的敏感性。如果这种刺激源自一项孤立事件并在这个时段内不再重复出现，事件很可能就会从记忆中消失。如果刺激重复出现，神经元将经历"长期增强"（long-term potentiation，LTP）进而触发出更强的敏感性并迅速集结。如果重复的次数足够多，集结成群的神经元又被触发（一起激发的神经元连在一起），从而形成一条新的记忆印痕。学习一种新的程序，例如学习解决特定类型的问题，就与这些记忆印痕息息相关。重复可以持续增强神经元之间的联系，让学生在操作程序时显得更加熟练自然，最终表现出专家才有的自发性（Sousa，2011）。

这个知识点给我们带来的启示是：单纯向学生讲述问题解决的方法并展示一两道例题无法带动太多的学习发生，更别说培养专家了。如果学生在那门课程中没有再次使用这种方法，那么他们在后续课程中表现出与这类问题形同陌路也就不足为奇了。

如果你希望培养学生在问题解决能力中的自发性，请在你的教学中加以重复。你可以在课堂讲授、课堂活动和课后作业中展示这种技能的多种应用方法，然后将需要该技能解决的问题放入考试中。如果该技能的重要程度足以写进所有毕业生的学习成果或能力列表中，请确保每一学年的课程体系中至少有一门课程会教授并实践这项技能。

9.2.5　通过交替进行和超量学习实现重复

让重复发生有两种截然不同的办法：一是交替使用（在教授某项技能时交替使用两种不同的方法），二是超量学习（一次又一次地重复使用同一种方法）（Brown et al.，2014；Dunlosky et al.，2013；Rohrer et al.，2014；Taylor & Rohrer，2010）。在教授学生如何解决问题时，这两种方法的起点都是教师。教师先概述解决一类问题的方法，提供几个示例和可能实施的课堂活动来说明这种方法，再布置一些需要使用该方法解决问题的作业。接下来发生的事情才取决于教师采用这两种方法中的哪一种。

在超量学习中，第一个问题之后便会出现许多需要应用相同方法解决的问题。重复无疑有助于学生加深解决此类问题的熟练程度，而这正是专家自发性的特征之一。但是，这种办法的不利之处在于，从长期来看，实践效果会随着时间的推移而逐渐消失（Rohrer et al.，2004）。如果新问题与原来的问题有了些许不同，学生可能没法及时调整思路（Rohrer & Pashler，2007）。因此，超量学习不是解决 STEM 问题的首选方法。

而交替进行的形式不拘一格，每一种形式在培养专家型学生方面都各有所长，主要用法包括：

将同一种问题解决方法置于不同情境之下。

例如，将扩散方程应用于各种各样的情况，包括染料在无色液体中的扩散、色谱柱中混合物成分的分离、污染物在空气或水中的扩散以及气体或药物通过薄膜进行输送等。我们曾在 4.3 节中表明，在不同情境中呈现信息有利于长时记忆的提取。将同一种问题解决方法放置于不同情境之下还有助于学生学会判断同一种方法对不同类型问题的适用性（问题归类），并增强他们使用该方法的信心（自我效能）。

应用不同方法解决特定类型的问题并评估方法有效性。

例如，先直接证明一个数学命题再用反证法证明一次，或者比较和对比几种不同的生物分离过程的血液分析，并确定每种方法的使用条件及成本。这种形式的交替也可以训练学生进行问题归类的专业能力。

将当前课程内容的作业和测验与先前已学内容结合起来。

很多课程概念在第一次出现时总是被频频提及（超量学习），但在期末考试时却踪影全无。教师可以在课后作业和测验考试中重温某些概念（阶段性重复），以增强它们在长时记忆中的可提取性（Brown et al.，2014）。通过这种方法产生的回忆可以帮助学生用更少的努力更顺利地应用这些概念（自发性），也可以引导学生思考先前学过的方法与新方法之间有何异同（元认知，问题归类），并提升他们运用这些方法的自信心（自我效能）。

然而，请留意，如果你准备将先前学过的内容放进期中考试，请继续遵循我们在前面章节曾经给出的建议——在学习指南中给出清楚的说明。考试对于学生而言，本已是沉重的负担，若再让他们挖空心思去猜测哪些要考哪些不考无疑是雪上加霜。如果你在考试前只告诉他们学过的一切都可能要考，那几乎等于强迫他们对所有概念和公式都要进行表层记忆，而无法专注于你认为真正重要的那些原理、概念和方法。

9.2.6　提升学生运用所学方法和技能的自我效能

自我效能是心理学家艾伯特·班杜拉（Bandura，1977）创建的专业术语，指一个人对自己在特定情况下取得成功的信念。新手和专家之间最显著的区别也许就体现在专家在其专业领域的自我效能上。当专家面临新的挑战时，他们明白自己过去曾经成功地处理过类似的问题，而这些经历也让他们确信自己完全有能力再处理一次。

学生在学科或技能方面的自我效能对他们学习的成败起着至关重要的作用。哈奇森 - 格林等人（Hutchison-Green et al.，2008）引用相关研究将 STEM 学生的自我效能感与他们在各自领域的成就和坚持联系起来。认知科学再次提供了关于这种联系的真知灼见。

知识加油站：情绪与记忆共存

作为一部连续的信息过滤器，大脑将它认为重要的感知信息编码输入工作记忆并丢弃其他不重要的信息，再将工作记忆中的信息编码输入长时记忆或将其丢弃。与喜悦、恐惧、愤怒或任何其他强烈情绪相关的经历相对更有可能被存留下来。在此情况下，杏仁核（颞叶中的小器官）也对情绪进行编码。因此，当人们后来回忆起这段经历时，记忆会带有情绪（Sousa，2011）。

如果学生在某种类型的课程中有过不好的经历，例如得分不高、表现不佳或提出"愚蠢"的问题被老师或同学嘲笑甚至羞辱，这些事件及其引发的不良情绪就有可能会一起进入学生的长时记忆中。如果类似的事件发生在同一类型的课程中，那些记忆和相关的负面情绪可能相互增强，相互融合，导致学生对这门课程的自我效能感低下（"我就是学不好数学"）。相反，如果学生对一种类型的课程有着美好的经历，获得了好成绩，赢得了教师和同学的尊重，他们的记忆和与之相关的良好感受都可能带来自我效能感的提升。

和其他人一样，学生也更加乐意追求与美好感受相关的，而不喜欢与负面情绪相关的经历。如果他们对一个充满全新挑战的科目具备很高的自我效能感，想要再次体验课程带来的良好感受的那种冲动会激励他们努力学习并在挫折中勇往直前。同理，自我效能低下会导致学生尽量减少他们花在这个科目上的时间，并在遇到挫折时立即放弃，从而进一步使他们心灰意冷。

自我效能的概念有时会因为误解而受到批评。提高学生的自我效能并不意味着提高他们的自尊或自我重要性，而是意味着帮助他们在应对特定类型的挑战时获得信心。如果你采取有效措施提高学生的自我效能，你就可以帮助那些本就有能力成功的学生获取成功；而对那些缺乏必要能力或职业道德的人，无论你煞费苦心采取何种措施，他们都还是注定会失败（Dweck，2006）。

以下几种方法可以提升学生在你所授科目中的自我效能，这些方法我们在前面的章节中已经或多或少有所提及，你应当并不陌生。

用成功的讯息激励学生。

一种常见的教学策略是在课程开始时让学习者感到成功之路困难重重，然后随着课程的开展慢慢卸下包袱。虽然这种方法背后有一定的逻辑，但它很容易适得其反。如果你在开课初期就布置要求极高的作业并且给大多数学生很低的成绩，很多有能力的学生可能会误以为自己无法胜任这门课程，因而选择退课或者索性停止尝试。相反，如果早期的作业和考试难度适中，大多数学生都能考试及格，有能力的学生表现优秀，大多数学生应该可以从中培养积极的自我效能信念，并有动力去努力学习以争取在这门课程中取得好成绩（同样，这并不意味着所有学生都能成功，那些缺乏成功能力或学习能力不足的学生仍会失败）。

注重教学中的平衡。

学生在很多方面都不尽相同——不同的优点和缺点、不同的喜爱偏好和学术道德、不同的因素可以激发他们的学习热情或让其灰心丧气，学习方式以及对不同教学策略的反应也大相径庭。除此之外，当然还有种族、性别表现、性取向和社会经济地位等方面的差异。教师面临的最大挑战之一便是要想办法面对教室里这群如此多元的学生。

想要找出一种适合每名学生的最佳教学策略并以这种方法教授学生是不现实的，关键是平衡不同学生在理论与实践、分析与实验、被动聆听与主动学习、个人活动与小组活动等各个方面的学习需求和兴趣偏好。在第 12 章中我们将深入探讨如何平衡学生的多元化价值取向和实现这种平衡的种种策略。在这里，我们先关注课程设计中比较严重的偏向问题，例如许多早期 STEM 课程都毫无例外地强调理论和数学分析，忽略实验和实践，这就会对不太适应这种方法的学生群体的自我效能产生严重的负面影响，从而导致部分学生因为与 STEM 职业发展毫不相干的因素而被 STEM 课程所淘汰（Felder et al.，2002；Seymour & Hewitt，1997；Tobias，1994），这将是 STEM 行业与社会的重大损失。

尽量不要以答题速度的快慢决定成绩的高低。

在第 8 章中我们曾经谈到过，如果一场考试中总是只有班里速度最快的问题解决者才能在规定的时间内完成（例如插曲故事中的内森），这样的考试势必会对有能力的学生带来潜在的灾难性影响。自我效能理论也提供了反驳这种做法的有力论据。学生经常通过与同学之间的对比来建立对自我能力的信念。如果学生经常都无法在规定时间内完成考试，他们可能会错误地断定自己缺乏在课程中取得好成绩的能力。为了最大限度地避免这个问题，请遵循第 8 章中提出的针对量化问题解决型考试的基本准则——给学生的考试时间应至少是你试做时间的三倍。

挑战消极的自我效能感。

每次当你刚刚接触一门本科 STEM 课程时，你一定会注意到一些原本有能力学好的学生因为过往的教育经历导致自我效能感低下。你可以做以下几件事情来应对这种负面情绪：

◆ 如果你正在教授的是一门因为大面积挂科而名声不佳的课程，请在上课第一天宣布你已经听说过这门课程的声誉，然后展示你上次教授这门课程时的成绩分布。

◆ 与学生分享关于备考和应考的有效策略，如 8.3.3 节所列。

◆ 对学生做得好的地方给予集体或个别表扬。确保表扬针对的是作品本身（这是一篇很棒的论文），而不是针对学生本人（你真的很擅长这一点），并且确保作品的质量真正是过硬的，因为虚伪或过分的赞美都可能适得其反。

9.3 解决复杂问题的模型

在上一节中，我们讨论了传统教学方法对培养学生问题解决能力的无效性（授课时展示一两道实例，并在作业中放入几个类似的问题）。为了走出这一困境，人们已经开发出一系列关于如何解决问题的通用策略来替代传统教学方式，其中大多数策略都源自数学家乔治·波利亚在《如何解决问题》（*How to Solve It*）一书中构建的四步结构（Pólya，1945）：界定问题、制订计划、实施计划、回顾验证并尽可能拓展解决方案。所有这些策略都体现了重复性原则（学生对程序的实践和反馈越多，他们执行程序的专业性就越强）

和元认知原则（反思自己的认知可以更快地获取专业知识）。美国麦克马斯特大学的唐纳德·伍兹（Woods，1985，1994，2000）和他的同事在波利亚模型的基础上对其进行了拓展和改进，得出了下文所示的麦克马斯特模型（McMaster strategy）。麦克马斯特模型的五步骤版本如图9.3.1所示。福格勒等人（Fogler et al.，2014）使用了基本相同的五步模型，但为每一个步骤标注了不同的标签。实际运用中，每个步骤之间的关系通常不像图9.3.1所示那般严格地呈现为直线型，在达成最终解决方案之前，有些步骤可能也可以省略。

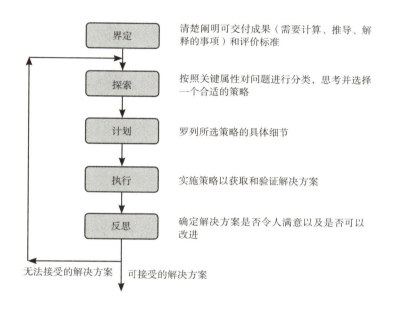

图 9.3.1　麦克马斯特问题解决模型

此时此刻，你可能会担心，如果告诉学生必须在每个问题上都采用这种多步模型，他们会做何反应。放轻松！你可以灵活运用。这种策略最适合用于那些复杂的开放性问题，要解决这些问题（分析、评价和创造）需要运用布鲁姆教育目标分类法中的一种或多种高阶思维能力，而不是简单地记忆或计算。例如，如果你正在教授微积分概论课程并布置了任务 $\int (2x + x^2)\,dx$，你就不必要求学生完整应用麦克马斯特模型。他们只需简单评估积分结果，检查解题步骤就好。

在本节余下的内容中，我们将使用一个工业废水处理问题作为案例来演示麦克马斯特模型在教学中的实际运用。这个案例在应用数学、微积分、微分方程、物理化学、化学、土木或环境工程等课程中均有可能出现。类似问题也已经开始在其他课程中得以运用，但采用的都是传统的文字表述（"假设……，确定……"）。这些问题本质上可能是也可能不是数学问题，并且（b）和（c）部分也可以有所变通。

废水处理问题

一家药物制造工厂排放的废水中含有一种名为 S 的有毒物质，经检测浓度为 C_{SW}=0.425 g S/L（每升废水中 S 的克数）。公司过去常常直接将废水排放到附近的河流中，但最近颁布的一项环境法规规定，排入河流的废水中 S 的浓度必须低于 0.01 g S/L。首席科学家在一本化学期刊上发现一篇文章，指出在少量催化剂（B）的作用下，S 能够以下列表达式给出的速率进行分解：

$$r_d \left(\frac{gS_{分解}}{hr \cdot L_{反应体积}} \right) = 2.05 C_S$$

其中 C_S（g S/L）是反应混合物中 S 的浓度。

于是，科学家向环境保护局提交了以下提案：

河流附近的空地上正好有一批闲置的带有搅拌器的水箱。将工厂废水注入空箱。当一个空箱装满以后，断开水流，再将废水引入下一个空箱。将少量催化剂 B 注入装满废水的水箱中，并打开搅拌器。当水箱中 S 的浓度降至 C_{SF}=0.005 g S/L（远低于安全水平 0.01）时，将水箱中的液体排入河中，并进行下一轮处理。假定正好有足够数量的空箱来处理工厂排放的所有废水。

（a）假设水箱里的液体充分混合（即整个水箱里的 S 浓度相同），计算 C_S 达到 0.005 g S/L 所需的时间。

（b）美国环境保护局要求公司必须针对单个水箱的处理过程进行测试。实验中，当（a）计算所得的时间过去之后，C_S 仍然远高于 0.005 g S/L，故水箱数量不足以处理工厂产生的所有废水。请罗列导致预测与实际分解时间之间差异的三种可能原因，按可能性的大小排序并加以解释。

（c）假设预测和实际分解时间基本一致。小组内头脑风暴，讨论得出 30 种仍然可能造成处理过程无效的原因。

在这道题目中，问题（a）要求学生将文字问题转换为微分方程并求解。根据课堂数学问题的复杂程度，解决方案涉及布鲁姆认知分类（参见第 2 章）的第三级目标（应用）或第四级目标（分析）。问题（b）要求学生具备批判性思维能力（布鲁姆第五级目标），而问题（c）则要求学生具备创造性思维能力（布鲁姆第六级目标）。我们将在第 10 章讨论如何培养学生的批判性和创造性思维能力。

以下小节将逐步讲解麦克马斯特模型的每个步骤，并展示这些步骤在案例中的具体应用。你可以按照时间顺序浏览这些步骤，也可以先概览所有内容以获得解决方案的全貌（步骤四和步骤五的部分请参见本章末尾的附录）。不要将这五个步骤当作解决问题唯一的标准答案，其他方法也可能同样有效。

9.3.1 界定问题

在这个步骤中，让学生清楚说出已知条件和求解问题以确定问题界定是否准确（如"假设⋯⋯，计算⋯⋯"）。对于特定类型的题目，也可以采用其他步骤来界定，比如用可视化的方式归纳已知条件（例如受力分析图、电路图或流程图）。有可能许多学生之前从未进行过明确的问题界定，因此请在布置这种作业之前，一定要先在课堂上举例说明并加以练习。

图 9.3.2 展示了任课教师为废水处理问题的解决方案准备的一系列图表中的第一步。

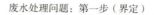

废水处理问题：第一步（界定）

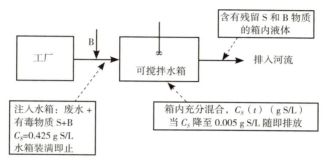

- 流程：在催化剂 B 的作用下，水箱里的工厂废水中的有毒物质 S 会进行分解。原始浓度为 0.425 g S/L。当 C_S 降至 0.005 g S/L（低于"安全"水平 0.01 g S/L）时，将水箱里的液体排入河流。
- 任务：（a）导出 $C_S(t)$ 表达式，找出令 C_S=0.005 的 t 值。（b）如果实际测量的 t 值与问题（a）计算所得不符，找出三个可能原因并按优先顺序排序。（c）即使测量值与计算所得相符，小组开头脑风暴 30 种仍然可能导致处理过程无效的原因。作为"反思"步骤的一部分，找出废水处理问题的替代解决方案（虽然在问题界定步骤中并未明确要求，但我们仍然希望你能这么做）。

图 9.3.2　废水处理解决方案的界定步骤

9.3.2　探索问题

当专家面临一个新问题时，通常会将问题的关键特征与已知问题类别相匹配，并据此确定解决办法。下面是关于废水处理问题的一种探索。

废水处理问题：第二步（探索）

由题意可知系统中的 S 满足质量守恒定律。S 是瞬态［必须导出 $C_S(t)$ 的微分方程］并且在空间中是均匀分布的（方程为常微分方程）。问题（a）只有唯一解；问题（b）和（c）有多种解决方案且（b）需要排出优先顺序。

如果问题（a）是更加宽泛和开放的问题，正如麦克马斯特模型所希望的那样（例如设

计一套办法阻止 S 污染河流），探索这一步就需要在反思步骤之前，从更加宽泛的领域对问题进行深入思考。

与问题界定类似，问题探索这一步可能对于许多学生来说都很新鲜，因此也需要在布置此类作业之前，通过课堂教学和课堂活动进行演示。教师也可以告诉学生，专家在解决此类问题时通常都要先归类，新手学会这么做也是宜早不宜迟。

9.3.3　计划方案

以下是废水处理问题的一种可行方案。

废水处理问题：第三步（计划）

（a）根据质量守恒定律（S 数量变化率 = − 分解速率），写出微分方程（$\frac{dC_S}{dt} = \cdots$，$C_S(0) = 0.425$ g S/L）。求解方程得出 $C_S(t)$ 的表达式。先验证方程是否满足已知条件，再将其生成常微分方程。最后，计算当 $C_S = 0.005$ g S/L 时的 t 值。

（b）考虑分解速率出错或无法适用的情况、计算中的假设不符、废水量和污染物的浓度变化、设备和人为误差等因素可能带来的影响。

（c）思考残留的 S、S 分解物或者废水中的其他成分可能带来的环境问题，以及人为失误或故意破坏，废水数量或成分改变，水箱条件变化（如温度），工厂发生事故和自然灾害（如地震、飓风）等情况。在后续反思步骤中，寻求替代方案和可能办法，从生产环节永久性去除 S 物质。

9.3.4　实施计划

一旦制订了方案计划，下一步就是实施了。然而，这个过程通常并不像预想的那样整齐划一，因为在解决复杂问题的不断探索、预计反响以及可能的问题界定过程中，总会出现一些无法预料的事情。尽管如此，我们一开始在界定、探索和计划等步骤中的努力仍然是非常宝贵的。如果跳过前面这些步骤就直接实施方案，往往可能带来方向性错误和走弯路的后果。

废水处理问题的解决方案请参见本章附录。

9.3.5　反思方案

如果你的学生面对的是一个复杂问题，请让他们回答表 9.3.1 中适用于问题情境的若干问题。

表 9.3.1 用于反思的几个问题

1. 问题的解是否满足所有的前提和约束条件，并且包含了问题表述中传递的所有信息？
2. 我计算的所有变量的数值是否都具有物理意义？
3. 当自变量趋于极限值时（例如当 $t=0$ 和 $t \rightarrow \infty$），我得到的数学函数是否按照预期的方式运行？我还能找出哪些证据支撑其有效性？
4. 还有更好的方案吗？如果有，我如何才能找到？
5. 我从这个问题中学到了什么？

新手总是毫无怀疑地接受自己推导的公式以及自己用计算器和 MATLAB、Excel 等程序得出的数据，而专家总是不断自省。一旦学生养成了自问自答表 9.3.1 中第 2 个和第 3 个问题的好习惯，他们就开始朝着专家靠近了（为了鼓励学生养成问问题的好习惯，可以在发现他们没有反思，或者没有通过反思发现重大错误时扣分）。表中第 5 个问题的重要性在于它可以将学生从简单的机械计算带入元认知，而这恰恰是专家的核心特征之一。反思步骤的示例请参见本章附录。

9.4 基于问题的学习

麦克马斯特模型最适合用于锻炼学生高阶思维能力的大型的、真实的（现实世界）和开放性问题。围绕这些问题而展开的教学方法便是基于问题的学习（problem-based learning，PBL）（Barrett & Moore，2011；Boud & Feletti，1997；Duch et al.，2001；Eberlein et al.，2008；Prince & Felder，2006）。要想实现基于问题的教学，可能需要文献检索、实验试验、过程或产品设计、电脑编程或查询，也会花费大量的时间（从几天到一整个学期不等）。学生通常都以小组形式学习，要为自己的学习承担主要责任。他们要提出假设方案，验证方案，明确教师可能已经提供或没有提供的任务信息，在最终找到一个满意方案并写进项目报告之前反复试错。任课教师负责在学生需要时提供指导和反馈。

PBL 是一种非常有效的教学方法，很多证据都表明它可以促进所教科目知识的长时间保留，以及多种思维能力和问题解决能力的发展（Albanese & Dast，2014；Prince & Felder，2006；Severiens & Schmidt，2009；Strobel & van Barneveld，2009）。然而，它也有美中不足的地方。第一次接触 PBL 的学生可能会望而生畏。很多学生会觉得在 PBL 中教师不再教学了而什么事情都让学生自己做。学生内心非常抗拒，而这种抗拒可以从期末评教中体现出来。如果教师并没有因此打击而灰心丧气，继续坚持使用 PBL，他们的评教分数往往会逐渐回升，学生对待 PBL 的态度也会慢慢改观，但是这头一遭的经历对谁都是不小的考验。

如果你想要采用 PBL，就放手去做，但我们强烈建议你要循序渐进，除非你真的已经对以学习者为中心的教学方法有十足的把握。先试试主动学习策略（参见第 6 章），直到自己感觉得心应手，也可以游刃有余地应对学生的抵触情绪。下一步，你可以将合作式学习（参见第 11 章）引入课堂，频繁开展小组活动解决逻辑思考问题，培养人际关系为项目小组的运转打下基础。此后，等所有铺垫就绪，你就可以勇敢地打开 PBL 的大门了。

当你决定要勇敢走出这一步时，有很多现成的资料可以助你一臂之力。玛拉等人（Marra et al.，2014）和本章开头引用的部分参考文献都为 PBL 的实施提供了很多有用的建议。迪什等人（Duch et al.，2001）的研究成果以及美国特拉华大学的 PBL 资源中心（University of Delaware PBL Clearinghouse，n.d.）也为化学、物理、工程和其他学科的 PBL 教学提供了诸多案例和使用指导。

9.5　要点回顾

◆ 专家和新手在解决问题时的差异主要体现在四个方面：专家习惯于（1）根据基本原理和关键属性对问题进行分类，并快速选择合适的解决策略；（2）在解决过程中实践元认知；（3）体现自动性，驾轻就熟解决常规问题；（4）对自己解决问题的能力具备自我效能感。

◆ 教师应提供（a）问题分类和元认知的示范、练习和反馈，（b）次数充足且有足够时间间隔的解决方法的练习以促进学生自动性的养成，以及（c）交替的背景（在不同情境下变换解决策略），培养学生在解决问题方面的灵活性。此外，教师也尽量不要以解决问题的速度快慢来确定成绩的高低，应采取多种措施提高学生在所学方法和技能方面的自我效能。

◆ 想要在课程中放入复杂的开放式现实问题的教师应考虑使用麦克马斯特问题解决模型（界定、探索、计划、实施和反思）。教师在探索和反思步骤中为学生提供练习和反馈，有助于培养学生具备专家型问题解决者所需要的元认知思维。

◆ 基于问题的学习是帮助学生培养高水平问题解决能力和自主学习能力的有效方法，但想要使用该方法的教师应该首先尝试使用适应难度稍小的以学习者为中心的教学方法，如主动学习与合作式学习。

9.6 课堂实践

◆ 在课堂上解决一个棘手的问题，在思考解决办法时说出你的思维过程，从一个步骤到另一个步骤，在这个过程中以及结束时检视自己（这种方法与通常的做法形成鲜明对比，通常的做法是向学生展示一个完美的已解决方案，但没有任何迹象表明是哪条思路通向这个方案）。

◆ 准备一个问题及其解决方案作为课堂讲义，为解决方案中的关键步骤留出空白。让学生使用第 6 章中介绍的主动学习策略 TAPPS（有声思考结对解决问题）结伴完成空白的问题。重点阐述重要的解决策略。（"在解决这类问题时，什么情况下你会这样做？"）

◆ 使用前两种方法中的任何一种或两种来阐释麦克马斯特问题解决模型。

附录：废水处理解决方案的步骤四和步骤五

废水处理问题：步骤四（实施计划）

（a）

$$
\begin{bmatrix}
V\,(\text{L})\,,\ C_S\,(\,t\,)\ (\text{g S/L}) \\[4pt]
r_{ds}\left(\dfrac{\text{g S}_{\text{分解}}}{\text{L} \cdot \text{hr}}\right)=2.05C_S \\[4pt]
C_S\,(\,0\,)=0.425\ \text{g S/L}
\end{bmatrix}
$$

将质量守恒定律应用于水箱里的 S 物质：

$$
\begin{bmatrix}
\dfrac{dC_S}{dt}=-2.05C_S \\[4pt]
t=0,\ C_S=0.425\ \text{g S/L}
\end{bmatrix}
$$

分离变量并积分：

$$\int_{0.425}^{C_S} \frac{dC_S}{C_S} = \int_0^t -2.05\,dt \implies \ln\left(\frac{C_S}{0.425}\right) = -2.05t$$

$$\implies t\,(\text{hr}) = \frac{\ln\left(\dfrac{0.425}{C_S}\right)}{2.05} \qquad (1)$$

$$\implies C_S\,(\text{g S/L}) = 0.425\exp(-2.05t) \qquad (2)$$

检查：

$$t=0 \xrightarrow{\text{Eq.}(2)} C_S = 0.425 \text{ g S/L} \; \checkmark$$

$$\text{Eq.}(2) \implies \frac{dC_S}{dt} = -2.05\left[0.425\exp(-2.05t)\right] = -2.05C_S \; \checkmark$$

由公式（1）可知：

$$C_S = 0.005 \text{ g S/L} \implies \boxed{t_{.005} = 2.17\text{hr}}$$

（b）列举三种导致（a）的计算结果与实际测量结果出现差异的可能性。按照可能性大小排序并给出理由。

1. 分解速率的测定是在化学实验室理想条件下进行的［超纯化学品、清洁的反应容器、完全控制温度］。在工厂中，反应可能发生在含有数百种化学物质的废液中，其中任何一种化学物质都可能干扰 S 的分解反应，以及箱壁上的杂质（例如锈）和罐内环境，毫无疑问这些条件远不如实验室控制得那么完美。所以我们没有理由期望会出现完全相同的分解率。

2. 用于测量 C_S 的分析程序可能受到废水中多种物质的影响。

3. 进行测量操作的技术人员在仪器校准、反应器内采样或将原始数据转换为 S 浓度时出错。

（c）假设理论计算和实际测量的分解时间几乎相同。小组讨论，头脑风暴系统仍然可能失败的情况，至少说出 30 种可能的原因。

1. 废水的体量和成分在每一天且同一天的各轮班间变化很大。

2. 催化剂在工厂废水中降解，活性减弱。

3. 水箱中充分混合这一假设与实际情况相去甚远。

4. 工厂处理过程发生变化或出现某种问题，导致了废水中出现了更多的 S 物质。

5. S 的分解产物与 S 毒性相当。

6. 催化剂比 S 更具环境危害性。

7. 废水腐蚀水箱，导致泄漏。

8. 操作该过程的技术人员犯错或过程控制计算机发生失误，导致 S 对环境造成灾难性影响。

9. 有人蓄意破坏处理过程（例如心怀不满的员工或抗议公司政策的团伙），也会带来类似的灾难性后果。

10. 测量废水中 S 浓度的仪器有缺陷，因此出口处的实际浓度远高于人们以为的浓度。

11. 由于市场对工厂产品的需求增加，工厂生产率提高，水箱数量不足以处理产生的废水。

12. 某物（如卡车、叉车、飞机或陨石）撞击水箱，导致废水外泄，在进行长时间清理时必须关闭工厂。

13. 地震致使水箱破裂。

14. 河水泛滥。

15. 美国环境保护局又将 S 排放率的标准下调到原来的 1/10。

16. ……

废水处理问题：步骤五（反思）

交付成果：

最终解决方案包括微分方程 $\left(\dfrac{dC_S}{dt} = \cdots \right)$ 和初始条件，$C_S(t)$ 的解和两次有效性检验，$t_{0.005}$ 的值，计算结果与测量值 $t_{0.005}$ 之间产生误差的三个可能原因，以及处理过程失败的可能原因列表。

可能的更好方案：

用反应堆替换旧水箱；找到更有效的催化剂；将废水储存在泻湖中不予处理；用分离过程（吸收、吸附、结晶、过滤）来去除和回收 S，并尝试找到 S 的商业应用价值使其可以出售而非处理；尝试找到一种在生产过程中反应或分离 S 的方法，使其不再出现在工厂废水中。

经验总结：

即便是久负盛名的期刊，也不要盲目相信其中出现的任何公式或相关关系：当你将其作为大型设施系统设计和建造的基础之前，应当在系统的预期运行条件下对其进行测试。不要轻易接受你设想的第一个流程设计。想想它可能失败的多种可能性，并弄清楚如何防止失败的发生。

插曲一则　认识你的学生：戴夫、梅根和罗伯托

一场关于人造器官和种植体的测验之后，三位同学正前往食堂准备就餐。梅根和罗伯托在讨论这场测验，戴夫却沉默不语。

梅　　根：我觉得今天考试里的第 1 题和第 2 题基本都超纲了，第 3 题是典型的布伦纳风格[1]。他给我们一个血液透析器，在问题（b）的部分要求我们对该设计进行评论。我说这种设计可能太昂贵并且可能还需要添加一些东西以防止凝血，其实还可以给出很多种说法，他都没法说我错在哪里。

罗伯托：他当然可以说你！这是一个糟糕的设计！他们将血液穿过超窄纤维，你无法获得所需的血流并可能导致红细胞受损，此外，透析溶液中含有一些你可能不希望扩散到血液中的离子，并且……

梅　　根：也许是吧，但这种回答也不代表就是标准答案，不过是很多观点中的一种罢了。就像我的英语老师，傻子都能听懂我在说什么，她却因为我表达不准确或其他莫名其妙的原因扣掉了我的分数。

罗伯托：拜托，梅根，大多数现实问题都有着不止一个解决方案，老师的目的应该是……

梅　　根：是的，是的，他试图让我们批判性思考！只要我不丢分，就算与他意见相左，我还是可以继续玩下去的。你觉得呢，戴夫？

戴　　夫：我觉得那道题目简直糟透了！到底该选哪个公式？

梅　　根：这不是那种题目啦！不是每道题都有公式对应的，你可以……

戴　　夫：好吧，可是他什么时候教过我们答案是什么？上次测验后我就炸了，我能背出来他那之后说过的每一句话，我敢说没有一句话与今天的测验有关系。

罗伯托：这是一道思考题。你必须努力提出尽可能多的……

戴　　夫：我晕，我当然知道这是一道思考题，但是我来这里是学习医疗设备的。

梅　　根：戴夫，不是世界上所有事物都是非黑即白的，有些事情就是模棱两

---

[1] 布伦纳为任课教师。——译者注

可的。

戴　夫：是呀，这种情况存在于那些蹩脚的人文课程里，不应该出现在医学课程中。医学问题都有答案，布伦纳的工作就是把答案教给我们，而不是玩猜谜游戏！还有，周一的时候罗伯托问了他一个关于瓣膜最佳替换材料的问题，他一开口就是"这取决于……"，我可是付了学费来求答案的，如果这个傻瓜不知道答案，他就不应该站在讲台上。

罗伯托：要知道，老师也不是万能的。你必须随时随地获取信息，加以评估并自行决定，然后你就可以……

戴　夫：这简直是……

梅　根：嗯，这道题目的问题（c）很奇怪，你们是怎么做的？他告诉我们，在透析过程中会形成血凝块，导致患者出现肺栓塞，然后问我们患者应该起诉谁以及为什么我们会这样想。我回答的是应该起诉医院，我很确定这是正确的，因为医院总是偷工减料，我的直觉告诉我医院的设备肯定有问题，但是凭我对布伦纳的了解，他想的应该还不止这些。

罗伯托：我的回答是如果没有更多的信息，我就无法做出判断，比如设备是如何测试的，是否正确连接以及是否在开始透析之前注射了抗凝剂。

梅　根：哇！他从来没有在课堂上讨论过这些问题！

戴　夫：我说我们还是直接去找院长吧！

这三位学生的对话体现了佩里智力发展模型的三个阶段（Perry，1970/1998）。该模型将学生的智力发展分为若干阶段，大体上可以归为三类：

二元论

知识非黑即白；每个问题只有一个正确答案，每道题目也只有一个正确的解决方案；权威人士（在学校指教师）给出的一定是标准答案和正确方案，学生个人的任务就是记住并重复答案。

多元论

有些问题和题目不是非黑即白的；在确定答案和解决方案时要寻找支撑性证据，预想和直觉也可以作为证据，答案和解决方案不应对成绩产生重大影响。

相对论

"知识"取决于应用的情境和每个人不同的视角，而不是客观和外部存在的。学生应习惯运用数据、经过验证的理论和逻辑来得到和支持自己的结论，而不仅仅是完成教师交代的任务。

在更高的智力发展水平上，人们开始意识到即使在确定性不足的情况下，也需要对行动方案做出判断，而这种判断应当是基于自身批判性的评价而非外部权威的观点。许多初进大学的学生都是二元论者，大多数研究生为多元论者，只有少数人是相对论或超越相对主义者（Felder & Brent, 2004b）。插曲故事中的戴夫就是一位二元论者，梅根表现出多元化，而罗伯托则是一位相对论者。大多数成功的 STEM 专业人士已经达到相对论或以上的水平。

在第 10 章中，我们将讨论如何培养学生沟通交流、创造性思维和自主学习等重要能力的方法和策略。STEM 专业的学生经常抵制这些领域的教学，处于佩里模型较低水平的学生更是如此。第 10 章将提供一些有助于克服阻力的建议，第 12 章将更加详细地描述佩里模型和其他几种智力发展量表，并提供能够促进学生在这些量表上取得进步的教学方法。

10. 通用职业能力

10.0 引言

正如书中第一个插曲故事中讲到的，当下很多 STEM 教育都是就业导向的，而这样的教育很容易过时。多项针对 STEM 毕业生雇主的调查都显示，工作所需技能与新雇员工所拥有技能之间已经出现了明显的差距。在一项调查中，受访者按重要程度为 11 项智力和实践技能的排序为：口头交流、团队合作、书面沟通、批判性思维、分析推理、解决复杂问题、信息素养以及创新和创造力，显然，这些智力和技能的重要性及其培养，都超越了 STEM 领域相关的技术知识和传统教育方法（Association of American Colleges & Universities，2015），就业信息发布平台（Adecco Staffing USA，2013）和学者普里查德（Prichard，2013）也报道过相似的研究结果。

其实早在几十年前，教育界的领导层就已经意识到了这种状况，也已经明确了未来毕业生若想在专业上取得成功需要具备的知识结构和技术能力（ABET，n.d.）。这些知识结构和技术能力部分来源于与 STEM 领域相关的技术知识与传统方法，另一部分则涉及更加广泛的领域，例如全球和社会问题、终身学习和学会学习、团队合作以及最重要的沟通交流。过去，相较于数学、科学等"硬技能"（hard skills），人们常常把其他方面的技能称为"软技能"（soft skills）而并未给予足够的重视。如今，这些技能更适合的名字应该是"职业能力"（professional skills）。

然而，并非所有教职员工和学生都热衷于将职业能力的培养融入 STEM 课程体系中，尤其是将其融入那些对学生影响最大的核心课程中。STEM 教授们会担心自己从未系统学习过这些技能，不确定自己是否擅长这些技能的教学；也害怕因为教授这些技能需要新的教学方法而花费更多的备课时间，占用过多原本属于重要技术内容的课堂时间。许多 STEM 学生同样对职业能力的教学充满敌意，他们认为自己上大学的目的就是学习"纯粹"的科学、数学和工程学，而其他一切都是不务正业（前面的插曲故事中，戴夫就说过这样的话）。

若是要讨论所有能够促进学生发展的职业能力与方法，本书的容量远远不够。但是，本书涵盖的五种能力均是雇主心目中最重要的职业能力，分别是沟通交流（communications）、创造性思维（creative thinking）（当现有方法无效时寻找创造性解决办法）、批判性思维（critical thinking）（制订和支持基于证据的判断与决策）、自主学习（self-directed learning）（主动识别自己的学习需求，寻求满足需求的学习资源并进行学习）以及团队合作（teamwork）。本章将讨论如何培养学生在前四个方面的能力，第 11 章将单独讨论团队合作能力的塑造和培养。

本章探讨的主要问题包括：

◆ 如何在我的课程教学中融入沟通交流、创造性思维、批判性思维和自主学习等能力的培养？如何在不牺牲其他重要课程内容的前提下做到这一点？
◆ 学生的智力发展水平（如前文插曲故事所述）如何影响他们对职业能力教学的反应？如何为学生职业能力的发展创造支持环境，遇到阻力时该如何应对？

10.1　如何培养学生的职业能力

能力的培养没有捷径可走。回想你现在所具备的所有技能——走路、阅读、骑自行车、讲外语、求解代数问题、钻研微分拓扑或量子物理或基因工程，培养的过程都一定符合下面的路径：

1.你第一次尝试着做这些事的时候，可能进展并不顺利。
2.你从已有经验中自我反思，或者从所涉对象和过程那里得到反馈，然后再试一次。

如此循环往复，你经历的周期越多，就会变得越熟练，直到完全掌握或者到达自己的能力极限时（这种情况比较少）才会停止练习。因此，如果你想在课程中帮助学生培养某种职业能力，就应该设计一项与之相适应的学习任务，让学生从中得到练习和反馈。

埃尔伯和索尔奇内利（Elbow & Sorcinelli，2014）提出，学习任务可以分为低风险型（low-stakes）（主要是形成性的，持续时间往往很短）和高风险型（high-stakes）（对课程成绩有影响的）。表 10.1.1 列举了一些能够促进职业能力发展的活动和作业及其可能带来的效果。有些任务一看就属于低风险型，同样有些任务很明显是属于高风险型，还有一些任务可能介于两者之间。

表 10.1.1　促进职业能力发展的学习活动和任务

	学习任务	学习成果
低风险型	推测自己在生活或未来职业生涯中，需要或想要［识别一种植物、实施一个假设检验、在人群面前自信地讲话］。	A，C，D
	解释［归纳法、Java 代码、在本课程中什么算作弊］。	A，B，D
	解释［为什么采取、如何检查］解决方案里的每个步骤。	A，B，D，E
	列举计算值与同一变量的测量值存在较大差异的可能因素。	D，E，F，G
	在两分钟内，列出尽可能多（最多 10 种）的方式来［解释、衡量或实施某件事物］。	B，D，G
	从［电子邮件、一本期刊］中，回想［自己知道的某些内容，从上次布置的视频中学到的某些内容，以及如何更好地为下一次考试做准备］。	A，B，D，E
低风险型或高风险型	在［一个不超过两页的段落中］总结你对［信使 RNA、大爆炸、归纳证明］的理解。	A，B
	向［你的项目团队、你的老板、技术人员］发送一条消息，展示［你的计算、实验、项目］结果。	A，D，E
	按照可能的［质量、有效性、市场潜力、可能性］顺序，为备选的［过程、产品或实验设计、程序、计算机代码、问题解决方案、失败原因］排序，并解释理由。	A，D，E，F
	［提出、编辑和解答］一道适用于下一次考试的现实问题。	A，B，C，D，G
高风险型	运用你在本课程中学到的知识来撰写［争议、道德困境、文章、案例研究］分析文章。	A，B，C，D，F
	评论［问题解决方案、实验报告、期刊文章］。	A，B，F
	针对某个话题［计划、准备并实施］一次［讲座、研讨会、工作坊］。	A，B，C，D，G
	为争论中的某一特定观点准备一个案例，并将在［谈话、辩论］中予以体现。	A，B，D，F，G
	设计［一次实验、一个过程、一个设备、一个算法、一个协议、一个计算机代码］。	A，D，F，G

注：A—提高（书面和口头）沟通交流能力；B—激发先验知识的提取和强化；C—激发学生对课程内容的兴趣；D—扩大并加深学生对课程内容的理解；E—提高元认知思维能力；F—提高批判性思维能力；G—提高创造性思维能力。

10.2　沟通交流能力

市面上已经有很多文章和书籍在探讨如何连贯又有说服力地写作，如何有效表达以及如何准备精美的图形演示（Alley，1996，2013；Alred et al.，2011；Markel，2014；Pfeiffer，2010），你可以充分利用那些参考资料来讲授良好的沟通交流技巧，并为写作和口头作业制订评分标准。这里，我们仅就如何将沟通交流能力的培养融入 STEM 课程提点建议。

如果再看看表 10.1.1，你会发现我们所建议的每一项旨在培养学生通用职业能力的教学任务都离不开书面写作或口头表达。我们会为学生提供练习机会，给予正式或非正式的反馈，以提升他们的沟通交流能力。以下是一些建议可供参考和选择。

低风险任务

课堂活动或课后作业都是低风险的任务。表 10.1.1 给出了几个例子，布伦特和费尔德（Brent & Felder，1992）给出了更具体的建议。

"三动学习"（第 6 章）提供了一些关于技术性演讲和写作技能的低风险训练方式。在这些活动中，当学生试图解决问题时，他们要转向另一位同学，解释一个概念或下一个步骤，这时他们就是在进行技术性口头交流，并从听懂或没听懂的同伴处获取即时反馈。当学生结束了一次小组讨论需要向全班陈述小组意见时，他们会在小组内练习试讲。让学生首先独立地写下一个名词、概念或解题方法的简要解释，然后两两组队，比对各自的解释后合作产生一个更好的答案，这个过程也可以锻炼他们的技术性写作技能。

低风险的写作任务也可以作为单独或附加的问题出现在课后作业中。例如，一道题目的问题（a）通常都是"假设……，计算……"这样的结构，我们可以在问题（b）中增加一项如下所述的低风险写作任务：

假设问题（a）的计算是工作任务的一部分。写一份不超过 150 字的备忘录，向你的项目团队负责人解释你的计算过程和结果（如果你没写好，负责人会不悦）。

用普通高中生能够理解的术语来解释问题（a）计算结果的含义。

假如完全按照假设条件构建和运行系统，实际测量值却比问题（a）的计算值低了35%。列出至少 10 个可能造成差异的原因，思考计算和测量误差的可能来源。

既然如此，我们该如何为低风险的写作和口头练习评分呢？如果这些任务是在课堂活动中进行的，就不需要评分，只需确保学生可以从课堂讨论或小组内部获得反馈即可。如果这些任务是课后作业的组成部分，可以将其计入总成绩的一小部分，而不用花太多时间提供详细反馈。

高风险任务

在大多数 STEM 课程体系中，各种类型的项目报告——实验、案例研究分析、研究或实习报告在课程成绩中都占有很大的比重，因此被定义为高风险任务。能否提高学生的理解水平和职业能力，与项目的结构设计和评估方式息息相关。10.6 节将讲述多种适用于培养各项能力的方法建议。本节余下的部分将重点关注沟通交流能力的培养。

在 8.4 节中，我们曾建议你使用具有明确评价标准的量表或准则来评价学生项目报告的质量。请确保你的标准中至少有一条（最好是更多）与写作或口头表达的质量有关（例如语法和拼写、写作风格、组织结构、视觉外观、解释的连贯性、说服力、文献引用的完整性和格式等）。

当你起草好一份评分表，可以从一两位知识渊博的同事和学生那里获取反馈。与此同时，大多数规模较大和很多规模稍小的高校，都有专门帮助学生和教职员工提高写作和口头表达技能的专业咨询顾问。如果你的学校也有，你可以邀请一位顾问审查自己的评分表，并积极听取意见和建议。有关如何使用评分表进行评估以及如何训练学生使用的更多信息，请参阅 8.4 节。

10.3 创造性思维能力

当今社会面临的最棘手问题，例如如何向全体公民提供数量充足且价格适中的食品、住房和医疗，高效经济的交通以及清洁安全的能源，这些问题是很难通过简单或传统的方法就可以解决的。如果可以，也不会拖到今天了。为了成功解决这些问题，STEM 专业人员将需要运用创造力来改进或替代现有的流程和产品。

人们想出了许多方法来帮助技术学科的学生提高创造性解决问题的能力（Felder，1985，1987，1988；Fogler et al.，2014；Heywood，2005）。表 10.3.1 列出了四种类型的创造性思维练习。前三种方法可以适用于任何 STEM 课程，而第四种方法通常适用于课程内容中包含一个大型项目的情况。

表 10.3.1　创造性思维练习说明

头脑风暴或书面头脑风暴： 针对某个话题，写下所有的想法。这项练习的目标是鼓励创意的数量和想法的多样性，而不是质量（后面再关注质量），非常鼓励学生天马行空大胆想象。
解释意想不到的结果： 描述一项不同于预测或计算的观察或测量结果，并要求学生提出可能造成差异的原因。流程和产品的故障排除就属此类。
提出一个问题： ［提出、编辑并解答］一个与［教材第6章、本周课程内容、本周另一门课程和材料］有关的文字问题。所提出的问题不能是课本中已有的问题。
创造一些东西： 设计符合指定标准的原创［产品、流程、程序、实验、研究、算法、计算机代码］。这项练习也可以要求学生展示设计的可行性、有效性或最优性，并讨论设计的潜在缺陷或意想不到的后果。

你不必在自己所教的每门课程中进行各种类型的练习。你可以从几门希望学生锻炼创造性思维能力的课程开始，如果学生看起来达到了你预期的效果，再慢慢增加任务的数量。

10.3.1　头脑风暴和书面头脑风暴

在大多数 STEM 学生接受的教育中，从大学一年级到最后一门研究生课程，都很少或几乎从来没有接收过如下讯息：

◆ 对于复杂问题，你想出的解决方案越多，就越有可能得到最佳方案。

◆ 有时候，一开始听起来很愚蠢的解决方案反而是最好的那一个。

◆ 犯错不一定就是失败，正如爱迪生在发明电灯泡的过程中说过的那句至理名言："我并没有失败一万次，我只是成功地发现了一万种行不通的办法罢了。"

大多数 STEM 学生并没有学习过如何将这些思想应用于解决问题，相反，他们总是面对那些定义明确的问题，找到唯一正确的答案。一旦毕业走上职场，游戏规则改变，他们的认知系统就会受到冲击，因为工作中的问题往往没法明确定义（通常最难的部分正是清楚定义问题是什么），工作的目标也不再是在理想状态下寻找最优解，而是在有限的时间和资源下找到最优解决方案。

头脑风暴法（brainstorming）是一种可以用于解决问题的方法。通过这种方法，我们可以快速得到眼前问题的多种解决方案，随后通过方案评价，就可以产生（至少是当前状态下的）相对最优的方案。这项由广告业执行官亚历克斯·奥斯本（Osborn，1963）提出的技术方法如今已在工业界得到广泛应用。教会STEM学生使用这项技术方法是为他们未来职业生涯做准备的重要一步。

在班级学生小组中开展典型的头脑风暴活动应该是这样的：

组建一个小组，组内的所有成员提想法，其中一人负责记录，想法提得越多越好。不要讨论或批评任何一种想法，而是在它们的基础上产生更多的想法。那些看起来牵强、滑稽甚至不可能的想法或许尤其有价值。

如果你决定给予参与讨论的学生以奖励，应该颁给团队中最具创意的成员。

这项任务整合了奥斯本提倡的让头脑风暴法更有效的四条原则：

1. 关注数量。本节开始引用的发明家爱迪生的名言深刻地阐释了这项原则背后的道理。在点子生成阶段，我们应该鼓励学生大胆地提出自己的设想，无论是好是坏，是荒谬还是违法。点子越多，最佳点子产生的可能性就越大。

2. 拒绝批评。只有在一种轻松的环境下，创意才会浮出水面。如果创意一出现就被扼杀，这种轻松的感觉就会应声而止。一旦人们开始担心遭受批评，灵感也会停下脚步。如果你认为某种想法很糟糕，别只顾着批评，而是提出一个更好的想法就行了（有时候也可以是更糟糕却有娱乐价值的想法）。

3. 触类旁通。头脑风暴法的作用在于，人们在听到一些想法的时候，往往会刺激他们思考到相关但又不同的其他想法。

4. 欢迎另类。一个看似荒谬的想法其实有着两种极其重要的作用。一来它可以将创意的产生过程推向一个全新的、意想不到的方向，从而产生在其他情况下不会出现的好点子。此外，它可以带来欢乐（赞同而不是嘲笑的笑声），从而激励更大胆想法的出现。如此这样，灵感和创意才会泉涌而至，火花四射。

当教师在教学环境下开展头脑风暴活动时，应该对产生想法所花费的时间和想法的数量施加上限，以防班上的优秀学生忽略了他们需要做的其他重要事情。

当然，头脑风暴法也有一些局限性。如果有太多人同时发言，有的人可能因为害怕被评判而有所保留，而占主导地位的人可能会妨碍那些原本可能有更好想法的人说出想法，这就是所谓的"话语堵塞"现象（Heslin，2009）。规避这一不足的替代方法便是书面头脑风暴法（brainwriting）（VanGundy，1983）。给学生同样类型的问题，但不是口头说出想法，而是让他们写下来，随后整理学生的回应并在组内分享，然后大家集思广益提出更多的想法。赫斯林（Heslin，2009）曾描述过几种不同的书面头脑风暴写作形式及其适用条件。

费尔德（Felder，1988）和福格勒等人（Fogler et al.，2014）推荐过很多种与 STEM 相关的头脑风暴练习。费尔德（Felder，1987）曾经在一门本科生的运输类课程中，布置过两项头脑风暴任务。在第一项任务中（列举废水处理系统可能失灵的若干原因），要求每组学生列举的平均数量是 4 个，最少为 1 个（容器泄漏），最多为 10 个，总共产生了 34 种不同的想法。随后教师公布了所有设想并发起课堂讨论。第二项任务要求学生为没有配备流量计的大型管道设计测量流体速度的不同方法，允许在管道的端口注入示踪剂、提取样本、悬浮设备等。经过第一项任务的练习和反馈，这一次学生们总共想出了 200 多种方法，各组平均 26 种，最少 5 种，最多 53 种，还运用了各种各样巧妙、有趣且完美的设备。表 10.3.2 给出了一些额外的练习方式。

表 10.3.2　头脑风暴法和书面头脑风暴法练习说明

列举：

◆ 验证〔计算值、推导公式〕的方法

◆ 在〔没有约束条件、缺少所需仪器、作为一个或多个其他变量的函数、使用一个玩具熊〕等情况下，确定一个物理属性或变量的方法

◆ 〔任何物体、通常会浪费的东西〕的用途

◆ 〔过程或产品、实验、计算机代码〕的改进方法

◆ 〔理论、程序、公式〕的实际应用

◆ 〔实验、过程、工厂〕的安全和环境问题

◆ 拟定的〔设计、程序、代码、评分标准〕中存在的缺陷

每一次头脑风暴练习之后都可以紧接着进行第二次练习，即让学生为所有想法排序，并根据某些特定的标准（如重要性、可能性或威胁等级）选择排名前三的选项。后面这种练习需要批判性思维的支撑，我们将在 10.4 节中详细讨论。

10.3.2　解释意外结果

美国著名哲学家约吉·贝拉的一句话被很多人（当然也包括贝拉本人）奉为真理："从

理论上讲，理论和实践之间没有差别，但在实践中却是有差别的。"这句话非常适用于科学和工程领域。在科学和工程领域中，确定在特定条件下的实验或过程中应该发生什么只是问题的一部分，通常是容易的部分。更困难也更有趣的部分则是故障排除——试图弄清楚为什么事情没有按照预期的方式发生。

成功的科学家和工程师都善于排除故障。他们可以为预测和观察到的系统行为之间的差异找出很多种可能的原因，如用于预测模型中的错误假设、建筑材料的缺陷或原材料不纯或环境污染，以及在操作、测量和计算中的人为错误等。一旦有了这份针对故障可能原因的清单，他们就会根据可能性的大小对其进行排序，并检视是否有任何一种原因可以解释故障的产生机理。如果没有，他们就会开始寻找那些更加隐蔽的原因。

在科学和工程实践中，故障排除是最基本的本领，然而，它却很少出现在这些学科的课程中。其实要将故障排除融入课程并非难事，例如，在静力学课程中可以开展以下练习：

> 在问题的前半部分已经确定当施加的荷载达到 5.5×10^4 N 时，悬臂支撑就会失稳。假设在一次荷载试验中，当荷载仅为 2.1×10^4 N 就发生了失稳现象。列举至少 10 种可能的原因，包括 3 个以上涉及计算假设的原因。

同理，科学或工程课程的习题和实验也可以轻松集成类似的问题。教师可以组织学生开展头脑风暴，讨论导致下述问题的可能原因，例如为什么发射出去的弹头没有落在预期的位置，为什么手术或药物治疗等方案没法治愈疾病，为什么反应堆会爆炸，为什么细菌培养的细胞没有存活，为什么放大器的输出电压比预期高出 35%，为什么酶催化反应的产率比预期低了 35%，为什么雷暴主要发生在预期晴朗的天气，为什么登陆舱在地球表面坠毁，为什么工厂下游的鱼开始大量死亡，为什么人们坐在符合人体工程学设计的椅子上一个多小时会背痛，等等。

日常工作和生活中意想不到的结果并不总是坏的结果，重大的科学突破和技术创新往往都是在实验室或商业设施中发生令人费解的事情时发生的（想想青霉素和特氟隆）。人类总是本能地忽略这些意想不到的结果，或者不经思考地将其归因于实验失败而不予理会。为了帮助你的学生成为 STEM 专业人士，请教会他们将意外的结果视为加深理解的机会，也可能是实现重大成就的机会。

10.3.3 自行设定问题

STEM 教师面临的最大挑战之一便是设定问题，这些问题最好要全方位覆盖课程学习目标，提供从面向基础知识的简单练习到高阶思维和问题解决能力的高难度练习。如果需要的话，教师在设计、解决和完善这些问题的过程中，自身技能的掌握程度和创造力也会得到相应的锻炼和提升。同理，如果让学生自行创造和解决问题，他们的能力和创造力也会相应得以增强。下面给出了一个设定问题的任务示例，以及使用时的几点建议。

问题设定任务

通过［第 6 章、过去两周、本门课程以及正在学习的其他课程］学过的讲义资料、阅读材料和课后作业，自行提出［编辑和解答］一个问题。如果学生提出的问题只需要简单的公式替换（"假设……，计算……"），就只能获得刚刚及格的分数。若想得到更高的分数，所提出的应该是需要高阶分析、批判或创造性思维才能解决的问题。

在你第一次布置此类任务之前，应该向学生展示一些示例，让学生明白什么是差问题而什么样的问题才能满足你的要求。可以让学生分组讨论，好的或差的问题各自具有哪些特征？如何实现由差变好的转变？随后再分享你的观点。在这个练习之后，大多数学生都会明白你希望他们怎么做。从一两个简单练习开始（例如"基于第 6 章的内容设定问题"），再逐步升级到前文中那样的复杂问题。

当学生提交问题时，你只需快速浏览，而不必担心解决方案是否有错误（把这种担心留给传统的作业题目吧），也不必在每次提交时都提供详细的纠正反馈。这样做既会浪费你的时间，对学生也没多大帮助。10.3.4 节给出了一些评估学生创造性劳动与提供反馈的更好的方法。

和其他技能一样，通过练习和反馈，学生提出好问题的能力也会提高。经过几次这样的作业之后，你应该会看到至少有一部分学生开始展现才华，能够提出聪明的问题，其中一些问题还可以供你在今后的作业和考试中使用。此外，在工程学科课程体系中运用问题设定策略，还有一个好处便是可以让教师底气十足地宣称自己的课程满足了美国工程技术评审委员会在工程教育标准成果中关于"识别、设定和解决工程问题"的三种能力要求（ABET，n.d.）。目前，传统课程体系中满足识别与设定部分学习成果要求的课程比较少见。

费尔德（Felder，1985）介绍过一个用于研究生一年级课程的大型问题设定练习。那个学期的最后一次期中测验是一次持续五周的课外任务，他要求学生自己出一套期末考试题，题目要体现布鲁姆教育目标分类法中的三种高阶思维能力（分析、评价和创造）。在此之前，学生先在低风险任务中接受了初步训练，练习设定满足上述标准的问题但无须解答。考试的结果比较令人满意。课程结束时，好几位学生表示，在尝试构建创造性问题的过程中，他们对课程内容的学习达到了在其他课程中从未体验过的深度。

想一想

一位老师听了一则建议，于是让学生自行设计一些有创意的课后作业问题，她很喜欢这个主意，并且把这些题目用到了一次期中考试中。然而，结果却让人大跌眼镜。你认为是哪个环节出了问题，下次她该如何改进呢？

10.3.4　创造性思维能力的评估

恰当的评估方式可以促进学习，对于创造性思维而言也不例外。不管你在课堂上如何苦口婆心地讲了多少次关于创造力的重要性，如果你只评估基础知识和问题解决能力，就不要指望学生的创造力会有多大提高。作为任课教师，一旦决定了要帮助学生提升哪方面的创造性思维能力，就应当在学习目标、课外任务、研究项目、学习指南和测验考试中予以体现。在课堂上，向学生展示一些正面和反面案例，告诉学生你会如何评价这些成果。

可以高效完成对头脑风暴和书面头脑风暴、故障排除、设定问题等练习的评分：快速检测（或是在头脑风暴和书面头脑风暴时快速考量）学生的回应，通常就足以判别分数的高低。然而，如果创造力练习只是一个大型问题或项目的一部分，评估就要相对困难一些。首先，我们必须明确创造力的重要组成要素，再寻找或设计一个创造力评估工具（例如 Kaufman et al.，2008；Torrance，1966a， 1966b），或是一张可以体现这些要素的评价量表或评价准则（参阅 8.4 节），评价时我们通常采用以下标准：

与创造力相关的项目评价准备

充分性：所提想法或解决方案的数量
灵活性：不同路径的想法数量
透彻性：思想探索的彻底性
原创性：所提想法和解决方案比较少见

10.4　批判性思维能力

将学生培养成为优秀的批判性思考者，相信这应该是大多数教师都认同的教育目标之一，然而不少教师却对究竟什么是批判性思维莫衷一是。在教育类文献中你可以找到关于批判性思维的定义，它覆盖了除死记硬背之外的所有你能够想到的思维活动，包括分析、评价、创造和对自己思维过程的反思（元认知）。

也有很多作者为批判性思维给出了更加严格的定义，特指做出基于确凿证据和逻辑支持的判断和决策。科菲斯（Kurfiss，1988：2）对这一定义进行了详细阐述，他认为"批判性思维是一个调查过程，调查针对某种状况、现象、疑问或问题展开并形成的某种假设或结论，再集成所有可用的信息证明假设或结论的合理性。在批判性思维中，所有的假设都是可以被质疑的，人们会积极寻求不同意见，调查也不会偏向于某个特定的结果"。真正的批判性思考者有能力，也有意愿去进行这样的探索。

STEM课程中大部分的课堂活动和作业题目都是针对特定的学习内容进行"列举……""定义……""解释……""绘制……""已知……，计算……""设计……""推导……公式"等练习。为了培养学生的批判性思维能力，教师可以在任务中增加一些批判性分析和评价的内容。表10.4.1提供了一些易于修改以适合任何STEM主题的练习示例。

表 10.4.1　批判性思维练习说明

◆ 以下是［解决此问题的两种策略、执行此任务的两种计算机代码、三种可选设计方案、实验数据的三种解释］，选出你认为最好的一项并证明你的选择。

◆ ［我刚才发表的声明、书上247页的公式23、社论中的某个观点］是错误的，请识别并纠正错误。

◆ 当发生下列状况时［一名员工知道了一件涉及上司的不道德甚至可能违法的事，一名研究生发现自己的导师篡改实验数据］，列举并讨论可能的行动方案，提出建议并证明合理性。

◆ 一名学习本课程的学生提交了附件中的［项目报告、分析、设计、论文］，请打分并说明理由。

◆ 阅读并评论附件中的［科普期刊文章、昨天报纸上的头版报道或专栏文章、电视采访的文字记录］。你的评论应该包括对观点准确性和有说服力的评价，并能找出文中已声明和未声明的假设、误导性表述、未经证实的声明以及任何可以帮助非专业读者理解并信任文章观点的内容。

在大多数STEM核心课程中，教学的重心应该放在基础知识的教授上，所以你不必在每节课和每次作业中都包含如表10.4.1所示的问题。你只需要明确自己希望学生发展哪方面的批判性思维能力，并在学习任务中提供相应的示范和练习即可。通过这种办法，你确实没法将所有学生都培养成专家型批判性思考者，即使成了专家，他们的批判性思维能力也还有提升空间。你的职责不过是引导学生走上正确的方向，以下是几种可以实现这一目标的方法，其中大多数来自康登和凯利 - 赖利（Condon & Kelly-Riley，2004）、福格勒等人（Fogler et al.，2014）、林奇和沃尔考特（Lynch & Wolcott，2001）以及凡·盖尔德（van Gelder，2005）的研究成果。

10.4.1　树立明确的预期

在第 2 章中，我们曾提出一条常识性原则，即学生越了解教师的期望，就越有可能达成这种期望。同时我们还观察到，告知期望的有效方式是将其作为学习目标，并以学习指南的形式提供给学生。如果你打算在自己的课程中使用表 10.4.1 中的练习，请务必将其技能作为学习目标写进学习指南中。你可以先在低风险的课堂活动和课后作业中使用部分练习题，让学生适应并学会在高风险任务和测验中处理类似的问题。

10.4.2　提供框架、示范和实践

对于不熟悉批判性思维的学生，我们可以为他们提供一个评价出版物、提案或者关于争议问题的书面或口头立场的框架，其中比较有效的是结构化批判性推理（structured critical reasoning）（Fogler et al.，2014：42-43），我们将在表 10.4.2 中加以阐述。无论你是准备采用这种框架还是其他，都应该在课堂上进行描述并给出应用实例，分发样本文件或演示文稿，让学生在课堂活动和课后作业中加以运用，然后才能在考试中加入这种类型的题目。

表 10.4.2　结构化批判性推理

当你在评论一篇文档或报告时，请遵循以下步骤：
◆ 总结作者或演讲者的所有观点；
◆ 审视和评价作者的论据（理由）并汇编支持或否定结论的外部证据（事实、观察、研究数据、科学和逻辑原则）；
◆ 识别和评价作者已声明和未声明的假设和偏见；
◆ 得出有关观点合理性的结论。

10.4.3　批判性思维能力的评估

如果你已将批判性思维能力纳入学生需要掌握的学习成果之列，你准备如何判断学生

的掌握程度呢？以下为你介绍两种常用的评估工具：

准则与量表

表 10.4.3 是一个评分准则，用于评价学生针对某篇文章或论文的评论质量。请注意表中最后一栏，要求学生反思自己哪些地方做得好而哪些地方尚需改进。这种类型的反思性自我评价（元认知的一种表现形式）对培养强大的批判性思维能力具有重要意义。

有了如表 10.4.3 所示的评价准则，你的评分将更加稳定有效，你的期望也更加清晰明了。评价量表（参阅 8.4 节）以数字刻度（例如 1—5）对每一项标准进行评级，并对每一种等级的表现进行具体描述，可以就需要改进的地方和如何改进提供同样良好的反馈。布鲁等人（Blue et al.，2008）、康登和凯利 - 赖利（Condon & Kelly-Riley，2004）、林奇和沃尔考特（Lynch & Wolcott，2001）都曾发表过评价批判性思维能力的量表，而美国高等教育学习评估协会（AALHE，n.d.）也给出了 7 种不同的量表。一项研究表明，在使用评价量表提供定期反馈的课程中，学生在评测批判性思维能力的考试中的平均得分比未使用评价量表的课程高出 3.5 倍（Condon & Kelly-Riley，2004）。这一结果虽然无法直接证明评价量表就一定能为学生带来更高的分数，但却可以在很大程度上支持我们的观点——明确表达预期可以增加实现预期的可能性。

表 10.4.3　关于评论质量的评价准则

学生：_____

日期：_____

评论的文章标题：_____

评价标准	最高分	得分	评语
对文章内容的理解（25%）			
总结了作者意图、主要观点和结论	15		
很好地代表了作者的观点	10		
批判性分析（40%）			
辨别出作者的假设和偏见	10		
辨别出强有力、有支撑和有说服力的观点和结论	10		
辨别出无力的、缺乏支撑的观点	10		
陈述并很好地证明了关于作者立场有效性的结论	10		

评价标准	最高分	得分	评语
表达与呈现（25%）			
格式整洁，结构清晰	5		
语法使用正确，写作风格优美	10		
写作清晰而有说服力	10		
自我反思（10%）			
辨别出评论本身的优缺点（包括自我偏见）以及改进措施	10		
总分	100		

其他专门为评估批判性思维能力而开发的标准化工具

标准化的批判性思维能力评估工具包括批判性思维任务（Tasks in Critical Thinking）（Erwin & Sebrell，2003）、加州批判性思维能力测试（California Critical Thinking Skills Test）和加州批判性思维倾向指数（California Critical Thinking Disposition Index）（Phillips et al.，2004），以及沃森－格拉泽批判性思维鉴定量表（Watson–Glaser Critical Thinking Appraisal）（Watson & Glaser，1980）。使用标准化工具虽然既昂贵又麻烦，还不能根据特定的学习目标来定制评估方案，但是毕竟这些工具是经过验证和规范化处理的，在开展关于一般批判性思维能力发展的学术研究时，最好采用此类标准化工具。

10.5 自主学习能力

在本书的第一则插曲故事中，我们曾经指出在未来几十年中 STEM 专业人士需要具备的能力属性。不依赖教师的存在而依然可以学习新知识和新技能的能力在所有能力中名列前茅。也就是说，专业人士必须是自主学习者。

关于自主学习的定义有很多种版本，我们使用的是其中最经典的定义："从广义上来说，自主学习是指个体采取主动行为，借助或不借助他人的辅助，诊断自身学习需求，设定学习目标，明确学习所需的人力和物质资源，选择和实施适当的学习策略，并评估学习成果等全过程。"（Knowles，1975：18）如果你是一名自主学习者，你可能会采取以下措施：

A. 诊断学习需求。

自主学习过程的第一阶段便是问自己"我需要学什么？"和"什么样的学习条件最有助于我学习？"回答第一个问题意味着要明确你想知道的事实信息、想要执行的程序和方法，以及想要理解的概念。要回答第二个问题，需要确定你认为最有用的教学媒体和方法（书籍、文章、讲座、研讨会、演示、动手实验、视频、模拟、录屏、教程、一对一或小组讨论或在线论坛等），以及对自己学习最有帮助的人（同事、顾问）。另一方面，识别那些对你没有帮助或干扰你学习的条件状况也是很有用的。（你能感觉到元认知在蠢蠢欲动了吗？）

B. 制订学习目标。

多数情况下，每个人一开始对自己想要学习的内容都有些笼统和模糊（"我想学习如何诊断无脊椎动物的皮肤疾病"或"我想了解多变量方差分析"）。这些学习目标少则只需几个小时上网就能学会，多则几年时间，堪比取得博士学位一样漫长。因此，制订更详细、更具体的目标将会更有帮助。在这个阶段，你应该问自己："接下来我要学什么？"学习一门完整的学科往往令人望而生畏，容易受阻停滞，但简单地迈出一小步通常是可以做到的。如果还不能，那就把这一步分得再小一些。

C. 识别并整合学习资源。

下一个你会问的问题应该是："我在步骤 A 确定的资源类型中（印刷资源、在线资源和人力资源），到底应该寻找哪种资源，又该去哪里寻找呢？"

D. 选择并实施学习策略。

阅读书籍和文章，参加讲座和研讨会，观看视频、录像和教程，参与讨论，并亲自操作设备和模拟过程。一切都跟准备考试一样，遵循我们在第 8 章中建议的备考策略。

E. 评估学习成果。

这里的关键问题是，"我想学的东西学得怎样？"如果重来一次，我会采取哪些不同的方式？（想要成为一名自主学习者，你就离不开元认知。）如果你对第一个问题的回答是"我也不知道"的话，你应该返回步骤 B，按流程再来一次，直到完成了自己在步骤 A 中设想的全部学习目标，庆祝一下，再继续前行。

帮助学生学会以上步骤的建议如表 10.5.1 所示。这些建议都是取自或来源于有关自主学习（Guglielmino，2013；Hiemstra，2013）、元认知相关主题（Tanner，2012）以及终身学习（Knapper & Cropley，2000）的研究文献。这三个主题之间原本是有区别的，但如果学生毕业时具备了自主学习能力，我们就完全有理由相信他们具备了元认知思考和终身学习的能力。

表 10.5.1 中的第一条建议便是让学生弄清楚什么是最适合自己的教学资源类型。我们的初衷并不是要鼓励学生向教师索取这些资源（这通常不是一个有效的策略），而是希望学生能够在课堂没有提供的情况下依然可以从其他地方找到这些资源。

表 10.5.1　促进自主学习和终身学习的任务类型

学生行为	拟达到的目的
找出自己认为最为适合的教学资源和方法。	A、C、D
设定学习目标、学习指南和问题。	B
在网上搜索有关特定主题的相关书籍和论文。	C
针对一个实质性开放式问题，详细说明其已知内容，需要确定的内容，以及计划如何开始学习（归纳式学习，参阅 3.6 节、9.4 节、12.2 节）。	A—D
运用适当的量表评价自己和别人的作品（第 8 章）。	E
运用适当的量表评价项目团队和各位成员的表现（包括自己在内）。	E
分析研究真实背景下的案例，做出艰难的选择和决定。陈述采取的措施并解释理由。	A—E
练习从各种学习任务和评分方式中做出选择（自行选择项目类型和主题，用项目代替作业和考试，为不同的课程组成部分在总成绩中的占比指定权重）。	A—E
开展独立的科研工作和项目研究。	A—E
选择那些采取以学习者为中心的教学方式的课程，尤其是主动学习、合作式学习、基于项目的学习和基于问题的学习等（参阅第 6 章、第 11 章、9.4 节、10.6 节和 12.2 节）。	A—E
了解学习和元认知过程［参阅 9.2 节，Ambrose et al.，2010；Oakley，2014，University of California，San Diego，2014］。	A—E

注：A—诊断学习需求；B—制订学习目标；C—识别并整合学习资源；D—选择并实施学习策略；E—评估学习成果。

10.6　基于项目的学习

无论 STEM 专业人士身处什么样的职位，都极有可能参与大型项目的团队工作。这些项目通常需要创造性和批判性思维。如果科学家和工程师只执行日常任务，永远不需要做出重要的判断，他们迟早会被计算机或技术人员取代。团队成员既要为自己所负责的工作承担个人责任，也要承担项目成败的团队责任，他们相互之间有效沟通的能力可能会对结果产生重大影响。换句话说，大多数 STEM 专业人士都需要具备本章所讨论的所有能力（以及第 11 章将要探讨的团队合作能力）。

培养职业能力最理想的学术环境便是真正要用到这些能力的场景。因此，在基于项目的学习中，项目既可以激发学生获取和发展目标能力的动力，也为这些能力的运用创设了情境。以下文献提供了关于基于项目学习方式的广泛讨论，主题包括常规的基于项目的学习（Capraro et al.，2013；Kolmos & de Graaf，2014；Prince & Felder，2006，2007）、涉及具体案例研究分析的项目（Davis & Yadav，2014；Herreid et al.，2012；NCCSTS，n.d.）、社区服务（服务式学习）（EPICS，n.d.；Jacoby，2014）、工程设计（Atman et al.，2014；Dym et al.，2005，2013）和本科生科研训练（Laursen et al.，2010）。

上述参考文献部分引用了关于项目式教学有效性评估的报告。与传统教学模式下的学生相比，参与基于项目学习的学生在知识点测验中表现差不多或略好；但在评估概念理解、元认知能力、学习动机、沟通交流与团队合作能力、理论联系实际等方面的表现却明显胜出。为了尽可能发挥项目实施的指导意义，教师应在基于项目的学习过程中，针对学生提交的初步工作计划、阶段性进度报告和最终报告的草稿等提出详细的反馈意见。对于最终呈交的项目报告，教师反而不必提供太详细的反馈，因为学生已经没有机会再修改并重新提交，学生也不会太重视这些意见。教师也可以在学期中安排 1~2 次与学生团队的会议，听取他们关于项目进展的汇报。关于如何在课程中评估、评价项目成效，以及运用评估工具帮助学生提高项目报告的写作技能，请参阅 8.4 节。

10.7 为职业能力发展创设支持环境

很多 STEM 学生并不喜欢接受职业能力方面的教学和测评，尤其是写作和口头表达能力方面，有些学生甚至强烈反对。理查德的一名学生就曾经说过，他之所以进入工程行业的原因正是为了远离那些垃圾！

学生对职业能力发展的态度可能与他们的智力发展水平呈负相关关系（Baxter Magolda，1992；Felder & Brent，2004b，2004c；Perry，1970/1998）。"智力发展水平"是我们在本章前面的插曲故事中谈到过的一个概念。许多学生如同插曲中的戴夫一样，进入大学时都处于佩里智力发展模型中的二元论阶段（Perry， 1970/1998）。他们认为教师的本职工作就是陈述已知事实并展示定义明确的方法，而学生的任务就是在考试中重现这些事实和方法。当教师的要求不再是简单记忆，而是创造性和批判性思维能力，题目也不再是仅有一个简单唯一解之时，二元论水平的学生就会感到困惑和愤怒。尤其是当教师在考核时不仅看重技术正确性，同样也关注语法和写作风格等方面时，他们的困惑和愤怒就会加剧。那些在智力发展的阶梯上走到"多元论"的学生（如插曲故事中的梅根）愿意承认，有些问题可能有不止一个正确答案，这意味着对于一个开放式问题，只要获得答案的方法是正确的，最终的答案并没有绝对的对错之分；如果他们因此而受到教师的负面评价，他们可能也会怨恨教师。只有当学生到达相对论水平时（如插曲故事中的罗伯托），他们才会认同即使有些问题可能不止一个正确答案，但正确答案之中仍有优劣之分，备选方案仍可能严格受制于评价标准，某一方案的确会优于其他方案。

　　插曲故事想说明一个道理，要帮助学生在智力发展领域取得进步，必须满足两个条件——挑战和支持（Felder & Brent， 2004c）。除非受到挑战，否则学生所处的智力发展水平很难撼动。那些认为所有知识都是确定的，所有问题都有唯一解的学生，应该让他们面对尚未解决问题和开放式问题的挑战。那些认为知识存在不确定性而所有判断都同样有效的学生则必须学会为自己的判断举证，并根据证据的质量来评估自己的工作。

　　然而，光有挑战是不够的。那些对知识的基本信念受到挑战的学生可能会感觉受到威胁，通常会坚守目前的发展水平，甚至退回到更低的水平。为了避免这些结果，支持必须伴随挑战而登场。支持的形式包括形成性评估（参阅 3.6.6 节）、清晰的总结性评价标准（参阅 2.1 节和第 8 章）以及 9.2 节中建议的任何可以提升学生自我效能感的措施，或者是本节余下部分的一些建议。

　　主动学习策略也是支持学生的有效方法。如果你在课堂上问一些高阶认知问题，然后冷不丁提问个别学生，担心犯错和害怕出糗可能会让他们停止思考。相反，如果让学生先在小组中讨论，在相对隐私的环境下交换想法，学生就会更有安全感。你也可以让学生两人一组结伴完成他们最开始的几次旨在锻炼创造性或批判性思维能力的课后作业。

　　如果你让答错了的学生陷入尴尬的境地，学生们很可能不再愿意主动回答，甚至不想再去思考你提出的任何问题。此外，学生在找到高阶认知问题的最佳答案之前，通常都会产生各式各样形形色色的想法。

　　因此，当你提问高阶认知问题时，首先要肯定好的回答，并指出好在哪里（如果不是那么显而易见的话）；也要认可那些不太正确但接近正确的回答，也许还可以建议或要求全班提出改进意见。不要坐视不理或者贬低错误的回答。除非你确定所提问题只有一个唯一的正确解答，否则就不要一旦听到有学生说出了自己心中的答案就喊停，而是应该广泛听取学生的想法和意见。这样做也可以向学生表明，对待任何观点的包容性可能会带来更多的有时甚至是最好的点子。

最后，如果你想通过课后作业锻炼并培养学生各种先前并不熟练的职业能力，可以在批改过两三次作业之后，要求学生修改作业并重新上交。你第一次这么要求时，既可以用学生修改作业后的成绩替代先前成绩，也可以计算两次成绩的加权平均值。此后，你可以逐渐为学生第一次提交的作业成绩赋予更高的权重。等到第三或者第四次作业时，两次提交作业所耗费的时间和精力可能无法再给学生带来更多的学习收益，届时就可以结束这种方式了。

10.8　要点回顾

◆ 学生通用职业能力的培养需要教师设定相应的学习目标，指定明确标准评估对学习目标的掌握程度，使用评分表（评分准则或量表）展现评价标准，在为学生成果打分的同时也帮助学生明晰教师对其学习成果的期待。

◆ 低风险作业任务是指简短的形成性写作和口头练习，对课程成绩的影响可忽略不计，而高风险作业任务则对成绩的影响很大。旨在培养学生职业能力的教学活动应该从低风险作业任务开始，然后通过高风险的作业任务来深化和评价能力发展。

◆ 学生的创造性思维能力可以通过头脑风暴、书面头脑风暴、设定问题、故障诊断与排除以及其他需要发挥创造力的学习任务加以培养。批判性思维能力（做出基于证据的判断和决策）的培养则可以要求学生从备选的策略、方案或设计中进行选择，对所列清单按优先顺序进行排序，使用明确定义的评价标准评论文档或报告等。

◆ 学生的自主学习能力可以通过制订明确的学习目标、识别和组合学习资源、选择和实施学习策略以及评估学习成果等活动来加以培养。此外，自主学习能力还可以通过以学习者为中心的教学方法来加以促进，包括主动学习、合作式学习以及基于项目或问题的学习等。

◆ 为营造有利于职业能力培养的支持环境，教师可以向学生展示优质成果，表扬学生的良好表现，提出中肯的改进意见，在大型项目报告最终成果提交之前收集并评价学生的提纲和草稿，以及允许学生修改和重新提交体现其职业能力的学习成果。

10.9　课堂实践

◆ 运用表 10.1.1 中的一种或多种低风险写作任务，如主动学习练习，并在课后作业、学习指南和测验考试中加入类似的任务。

◆ 选择表 10.3.2 中的一种头脑风暴或书面头脑风暴（或同等的）方法，开展一次课堂活动。随后进行批判性思维能力训练，让学生依据教师设定的标准（有效性、可行性、尝试顺序等），选出排名前三的观点并证明自己的选择。同理，你也应当在课后作业、学习指南和测验考试中加入类似的任务。

◆ 在传统的"假设……，计算……"问题之后，增设一个故障排除类型的问题。在新的问题中，变量的测量值与计算值产生了重大偏差，让学生列举所有的可能原因。同理，你也应当在学习指南和测验考试中加入类似的问题。

◆ 在你布置的课后作业中，包含一个或多个让学生自行设定问题的练习，练习步骤应遵循 10.3.3 节中的模型所示。

◆ 在课堂活动、课后作业和测验考试中，加入一个或多个如表 10.4.1 所示的批判性思维训练练习。让学生运用结构化批判性推理工具（表 10.4.2）评论一篇文档或报告。

◆ 布置表 10.5.1 中的一项练习活动，培养学生的自主学习能力。

插曲一则　面对抱怨的几套说辞

正如我们反复强调的那样，如果你使用的教学方法要让学生为自己的学习承担比以往更多的责任，一些学生可能并不会太热衷于此。主动学习（第6章）、合作式学习（第11章）和归纳式教学（第12章）都属于这一范畴。如果你能证明自己这么做的目的不是出于私心，而是为了提高学生的学习成效和成绩，相信一切都会顺利得多。

为了帮助你成功应对这些状况，我们特意为你准备了几套说辞。当你第一次运用新的教学方法，或是在回应学生提出的批判性问题和评论时，可以参考这些说辞。

学　　生：课堂上的集体活动简直是在浪费时间！我付学费来上课是为了让你教我，而不是要和那些懂得比我还少的学生交流想法！

教　　授：没错，我的工作是教你们，但是对于我而言，最重要的是让你们自身去学习，而不仅仅是由我输出信息。我可以给你们看大量的研究文献，看了你们就会明白，若是单纯通过聆听他人讲授，学生无法学到太多东西。真正的学习一定要经历实做、观察、获取反馈或吸取教训并重做一遍等过程才会产生效果。你们在学习活动中所做的事情，正是将来会出现在你们最害怕的作业和考试中的内容。不同之处在于当你们在课堂上做过类似练习并获得即时反馈之后，你们再去完成课后作业就会容易得多，考试也容易取得更好的成绩。如果你们想看看我所说的那些研究文献，请告诉我。

学　　生：我真的很讨厌在小组中完成课后作业，为什么我不能独立完成呢？

教　　授：你要知道当你今后第一天走进公司时，同事们不会对你说："欢迎加入，琼斯先生或女士，告诉我你喜欢怎么工作——单独还是团队？"他们不会这么问的，而是直接让你加入一个团队，从此以后，你的成败都更多取决于你和团队成员之间的合作而不是你求解微分方程或操作抗拉实验的本事。团队合作是你未来工作的重要组成部分，因此我现在必须要教会你该怎么做。

学　　生：好吧，但是我不想和你指定的那些傻瓜分在一组。为什么我不能和我的朋友们一组呢？

教　授：抱歉——还是不能如你所愿。同样的道理，当你第一天走进公司，

　　　　没有人会对你说："这是公司所有人的名单，告诉我你想和谁一组。"

　　　　事实上，他们只会直接将你分到某个团队中，而你并没有任何选择

　　　　权。我可以给你看一份调查，在这份调查中，一群曾在大学期间经

　　　　历了大量团队合作的工程专业毕业生被问及在他们所受的教育中，

　　　　什么对后来的职业生涯最有帮助（Felder，2000），排名第二的就是"课

　　　　后作业小组"（位居榜首的正是那些棘手的课后作业）。其中一人

　　　　说道："当我来这里工作的时候，同事们让我做的第一件事就是加

　　　　入一个团队。你们知道大学里总有那么一些讨厌的队友，他们从不

　　　　努力，结果工作中也是如此。我和那些来自其他学校的毕业生不同

　　　　的地方就在于，我知道如何对付那些懒虫。"现在，在我的这门课上，

　　　　你也将学到如何对付那些懒虫。

　　有时，教师需要分享一些可以支持自己观点的研究结果，即以学习者为中心的教学能促进学生更好地学习和带来更高的分数。弗里曼等人（Freeman et al.，2014）的主动学习、斯普林格等人（Springer et al.，1999）的合作式学习以及普林斯和费尔德（Prince & Felder，2006）的归纳式教学都是很好的研究资料。

　　好吧，先说到这里吧。我们的建议就是，结合自己的观点提前准备好这些说辞，当预计的情境出现时再恰当地表述出来。我们虽然不能保证这些话会立即让所有学生都心服口服（这很难做到），但我们的经验是，至少这些话会减缓学生的抵触心理，直到大多数学生亲眼看到了教师口中的真相。

11.　团队合作能力

11.0　引言

在 STEM 行业中工作就意味着团队合作，无论情愿与否。工厂和研究实验室中最棘手的问题是复杂性和多学科交叉问题，很少有具备足够广泛专业知识的人单靠自己的努力就能独立解决这些问题。在一项针对 STEM 毕业生雇主的调查中，雇主们被要求列出其所在企业近期雇用员工最缺乏的技能，结果表明团队合作正是最常被提及的技能之一；此外还有我们在第 10 章中讨论过的沟通交流、创造性思维和批判性思维能力（CBI，2008；Hart Research Associates，2010；Lang et al.，1999）。

要教会学生在团队中有效工作，唯一有意义的方法便是在教学过程中为他们布置团队任务，教他们团队合作策略，评估他们的表现并提供建设性反馈。但是，如果你就像普通的 STEM 教师那样授课，学生在小组中的表现必然无法让你满意。当你自己还是学生并在小组中完成任务或项目时，那段经历可能也不是那么令人愉快。也许有些团队成员不仅没有为你减负反而增添了额外的工作，或是成员之间不停争吵，又或是你只喜欢安静地独自工作。现在你作为教师给学生布置团队任务，无疑也可能遇到类似的场景，你不得不对付一个个功能失调的群体和一堆堆喋喋不休的抱怨。上一则插曲中描述的场景并非纯属虚构：每一位曾与学生团队合作过的教师想必都有过这种经历，也曾经闪现过这样的念头，"我为什么要自找苦吃啊？"想想 STEM 行业团队合作的普遍存在，以及前面谈到的那些参与调查的雇主们的反映，问题的答案也就不言而喻了，"为培养学生团队合作能力而在教学过程中吃些苦头其实是值得的"。

布置团队任务比单纯教授团队合作技巧有效多了。研究一再表明，团队任务可以促进几乎所有可以想象的学习成果。然而，促进并非凭空发生的。如果没有恰当地组建、管理和引导团队，学生的团队合作可能弊大于利。在本章中，我们将概述合作式学习（cooperative learning）的基本原则。在这种教学模式下，学生能够在团队中有效运作，避免在组织松散的小组合作中经常出现的问题。本章主要解决以下问题：

◆ 什么是合作式学习？它对学生和教师有什么好处？

◆ 如何在我的讲座、实验和基于项目的课程中有效运用团队合作？

◆ 我应该如何组建团队？让学生自行组建团队有何不妥？

◆ 如何评价团队成员的表现？如何确保每个团队成员都能正确理解团队的所有工作？

◆ 当我让学生开展团队合作时，我应该预料到哪些问题？如何最大限度地减少这些问题，并在问题发生时恰当处理？

11.1　合作式学习

有很多种教学形式都会让学生开展小组合作，包括主动学习（active learning）（本书中指代与课程内容相关的简短课堂活动）；合作式（cooperative learning）、协作式（collaborative learning）和基于团队的学习（team-based learning）；探究式（inquiry-based learning）、基于问题（problem-based learning）和基于项目的学习（project-based learning）；同伴教学（peer instruction）；同伴主导的团队学习（peer-led team learning）以及面向过程的指导型探究式学习（process-oriented guided-inquiry learning）等。百科全书一样的期刊《卓越大学教学》（*Journal on Excellence in College Teaching*）中有两期（2014 年第 25 卷，第 3 期和第 4 期）曾对这一系列教学形式进行过描述和比较，其中大多数文章均由全球范围内团队式教学方法领域的知名专家撰写。

数千项研究表明，相对于在以教师为中心的讲座和完成个人作业的方式下学习的学生而言，在特定条件下分组合作的学生通常获得了更高的学业成绩，更能坚持不懈顺利毕业，也能展现出更强的推理能力、更少的焦虑和压力、更强的学习能力和达成目标的内生动力、更积极和支持性的同学关系以及更强的自尊心（Hattie，2009；Johnson et al.，2000，2014；Smith et al.，2005；Springer et al.，1999；Terenzini et al.，2001）。这些益处对所有类型的学生都适用，即便是对高风险的少数群体也是如此（Lichtenstein et al.，2014）。稍等，在你迫不及待明天旦上就想要组建学生团队并为他们分配任务之前，请回想一下本段先前提及的前提条件——团队合作一定是在某些特定的条件下才能促进学习。团队合作可能会出现很多问题，其中一些问题已经在引言中提到了。除非你采取措施尽量减少这些问题的发生并教导学生在发生这些问题时妥善应对，否则学生最终的学习成效可能还不如自己单打独斗。

合作式学习是在 STEM 教育中广泛使用并取得巨大成功的团队学习方法。基于美国明尼苏达大学戴维·约翰逊和罗杰·约翰逊开发的合作式学习模型（CL 模型）（Felder & Brent，2007；Johnson et al.，2006；Millis & Cottell，1998；Smith et al.，2005），合作式学习是一种在同时满足下述五个基本要素的前提下让学生参与团队任务的教学形式：

1. 积极的相互依赖。团队成员必须相互依赖才能实现教师设定的学习目标。
2. 小组成员的责任感。团队中的所有学生都有责任完成自己的那部分工作，也要掌握任务中涵盖的其他内容。
3. 建设性相互交流。虽然一些工作可能是单独划分并完成的，但有些工作是需要以交互方式完成的。在互动中，团队成员互相提供反馈，切磋解决方案和结论，最重要的是，互相教导和鼓励。
4. 发展适当的团队合作技巧。帮助学生培养高绩效团队合作所需的技能，例如沟通交流、领导能力、决策制订、时间管理和冲突解决。
5. 团队运作的定期自评。学生设定团队目标并定期评估目标实现的进度，确认他们截至目前完成较好和尚待改进的地方，并决定将来如何更有效地发挥作用。

在本章中，我们提出了一些建立和维护这些条件的建议。这里，考虑到你班上的学生一开始可能还不习惯团队作业，我们先给你一条建议——在你开始让学生团队合作之前，请效仿上一则插曲中的做法，让学生明白你打算做什么以及为什么要这么做。如果不这么做，你可能会在课程之初遭遇来自学生的强大阻力。在你有机会看到文献中呈现的那些关于合作式学习的好处之前，可能不得不花费大量的时间和精力来克服这些阻力。

11.2 如何组建团队

当你着手为学生团队分配任务时，会立即面临两个问题：（1）应该由你来组建团队还是让学生自行选择加入团队？（2）如果你来组队，你该怎么做？

11.2.1 教师组队

当你使用主动学习策略进行简短的课堂练习时（参阅第 6 章），会要求相邻座位的学生迅速聚集成队。对于更多更大型的团队任务和项目，你应该帮助学生组建团队。

有研究曾经对比了教师组队与学生自行组队两种方式下的团队表现，研究结论倾向于支持前者（例如 Fiechtner & Davis，1985；Oakley et al.，2004），尽管影响大小的差异通常并不大。与此同时，由教师组建团队还有几个其他方面的好处。当学生自行选择团队时，班上的优秀学生经常会找到彼此，从而使较弱的学生处于不公平的劣势，而少数族裔学生则可能被排除在外或被孤立。教师组建团队有助于避免这些情况。此外，教师组队也更接近真实的职场环境——STEM 专业人士几乎总是在团队中工作，他们通常无权自行选择队友。

11.2.2 团队组建的标准

我们在表 11.2.1 中提出了团队组建的四个标准，并会在后面的段落中详细说明。你也可以使用其他标准组建团队，包括按照关键技能（如计算机技能）对学生进行分组，并将有共同兴趣的学生聚集在一起。

表 11.2.1 团队组建的标准

1. 在大多数小组任务和项目中，每一小组包含 3~4 名学生。
2. 团队成员能力异质化。
3. 如果任务要求在课外进行，应将具有共同时间段可供见面讨论的学生分在一组。
4. 在大学的头两年里，不要孤立有挂科或辍学风险的学生和少数群体。

在大多数小组任务和项目中，每一小组包含 3~4 名学生。

当学生两两结对时，由于缺乏解决冲突的自然机制，无论对错，占据主导地位的成员都很有可能在每一次争论中获胜。较大的团队提供了更多元的思想和方法，这些思想和方法可以为团队合作带来诸多好处，但同时也可能使项目管理臃肿而不畅。大型团队中的一些成员更有可能被孤立或边缘化（Aggarwal & O'Brien，2008）。对于大多数任务和项目而言，3~4 人的团队规模通常是最理想的。如果你组建了更大的团队，则须详尽说明各个团队成员的责任［参见迈克尔森等人（Michaelson et al.，2004）的文献，了解六人团队合作式学习的最佳模式］。

团队成员能力异质化。

组建一个只有弱势学生的团队，其不公平性是不言而喻的，但只包含强势学生的团队也可能存在问题。这些团队的成员倾向于分割任务，虽然能够正确无误地完成自己的分工，但却可能不管不顾团队中其他队友在做什么，仅是真正理解了个人负责的部分。在混合能力的团队中，较弱的学生可以观察较强学生处理问题的方式并从一对一的辅导中获益，而较强的学生也通过教授他人而对该主题建立起更加深入的理解。

但是请注意，能力异质的团队在学习目标和职业道德方面也可能是异质的，从而可能引发冲突。如果你计划组建我们建议的混合能力团队，请考虑采取以下措施帮助学生学会如何管理冲突。

确保分在一组的学生有共同的时间段可以参加课外集体讨论。

在每天的课堂、工作和课外活动中来回穿梭，大多数学生的日程安排都非常满。如果你随机组建团队，其中一些成员可能难以腾出与队友见面开展讨论的时间。因此，你可以事先了解班级中的学生是否可以在相同的课余时间见面再组建团队，以避免上述问题的发生或至少将问题最小化。你可以通过问卷调查［例如费尔德和布伦特（Felder & Brent，n.d.）提供的相关案例］，也可以通过一种名为 CATME Team-Maker 的在线软件（CATME Smarter Teamwork，n.d.）了解学生的时间安排，我们将在后面再作介绍。

另外一种解决团队集合时间的办法是帮助学生建立在线团队互动。Google Hangouts、Skype 和 FaceTime 等工具可以在无法或难以实现面对面对话的情况下启动团队讨论（如同在线课程一样）。

在大学的头两年里，不要孤立任何一名具有挂科或辍学风险的学生和少数群体。

某些学生群体在 STEM 学科中的人数很少，或者历年有比较多的 STEM 课程挂科经历，
的放弃 STEM 课程或辍学风险。这些群体的学生在团队中很容易被孤立或被边缘化，
被动的境地（Felder et al.，1995；Heller & Hollabaugh，1992；Rosser，1998）。因此，

我们建议你一定要尽力避免这种情况的发生。然而，我们也注意到一条规律，如果这些学生能够顺利度过大学的前两年，他们就很有可能顺利毕业。大学的后两年里，教师的重心应该转向为学生的研究生生涯做准备。到了研究生阶段，没有教师再因为担心他们被孤立而提供额外的庇护，这条准则就可以逐渐淡化了。

11.2.3 团队组建的程序

以下是团队组建的四种方式，从我们最推荐的方式开始：

1. 使用 CATME 智慧团队工作系统（CATME Smarter Teamwork，n.d.）中的在线团队组建软件 CATME Team-Maker（Layton et al.，2010）。首先从常用选项的综合列表中选择标准进行排序（包括表 11.2.1 中的标准）或自行创建分组标准。Team-Maker 可以查询、收集并存储学生的相关信息，例如先修课程成绩和课外时间等，并将这些信息输入数据库。当班里的学生都填写了相关信息以后，只需点击一下鼠标，Team-Maker 就可以对学生进行分组了。

2. 收集学生的团队组建数据，并用它手动组建团队。一旦确定了你希望使用的分类标准，请准备相应的问卷并在课程的第一天采集数据。费尔德和布伦特（Felder & Brent，n.d.）提供了一份问卷调查表的示例。

3. 在课程的前 2~3 周之内先随机组建试运行团队。在此期间进行一次颇有难度的测验，再以测验成绩为依据重新组建正式团队。

4. 让学生自行选择分组，规定任一小组最多只能包含一名在 1~2 门指定先修课程中获得 A 的团队成员。如果你不愿意亲自为学生分组，这是一种不错的替代方案。尽管不是特别理想，但至少可以避免所有学霸都集中到某一组当中。

11.2.4 团队的解散与重组

关于团队合作的一个常见问题就是任务和项目团队应该维持多长时间。有的教师支持频繁解散和重组团队，他们认为这样可以减少团队成员之间的摩擦和冲突。我们承认这种观点有一定道理，但我们却对团队重组持有相反的观点，建议让团队成员在较长时间内保持不变。布置团队任务的目的之一便是让学生体验和学习克服现实工作环境下团队合作经常会遭遇的时间安排和人际关系问题。为了实现这一目的，团队必须经历足够长的磨合时间，以便让每一个人都调整到最佳状态。

一种合理的办法是在学期中途将所有团队解散一次，并在余下的时间里重新组建团队（显然，这种办法对为时一个学期但项目规模很大的课程并不适用）。我们已经成功尝试了以下办法：

◆ 在团队初次成立时宣布，除非团队中的每个成员都提交保留申请，否则所有团队在学期中途都会被解散并重组。

◆ 在指定的时间内，解散未集体提交保留申请的团队并重组新团队。

通常情况下，会有一个或两个严重失和的团队不会提交保留申请。这种情况下，教师既可以解散原有团队重新编排，也可以让这些团队的成员逐个分散进入几个原本只有三人的团队里，让那几个队的人数扩充至四人。即使是申请保留的团队其实也可能遭遇各种困难，但他们不管是否有教师从旁协助，都会努力克服困难，完成工作任务，这就是合作式学习的重要意义所在。

11.3　团队可以完成哪些任务？

STEM 课程中的团队任务通常是问题集或项目（包括实验）。本节将概述几种不同的学习模式（专指合作式学习中的团队任务和活动形式）。更多信息可参阅约翰逊等人（Johnson et al.，2006）以及米利斯和科特尔（Millis & Cottell，1998）等相关文献。

11.3.1　问题集

在采用传统讲授式教学法的课程中，教师可以让学生针对部分作业任务开展团队合作，每个团队统一提交一套解决方案集。我们强烈建议团队在提交的材料中仅写上实际参与者的姓名。以下是一些具体的建议。

在讲授式课程中交叉布置个人和团队任务，而不是让团队完成所有任务。

作为未来的 STEM 专业人士，学生将同时承担个人和团队两种责任，两种类型的任务可以帮助他们做好以两种方式工作的准备。如果在课程的前几周时间内，有大量的学生退课或加入，可以考虑只布置个人任务，直到选课人数稳定下来，再组建团队并布置团队任务。

每个团队只提交一套完整的解决方案集，但鼓励或要求所有团队成员在集体讨论得出最终方案之前先单独概述自己的解决方案（无须详细计算过程）。

让一个团队只提交一套解决方案是出于几个方面的考虑，其中，最主要的一个考虑便是这种做法更贴近现实工作场景。此外，要求学生逐一提交个人解决方案只会迫使他们花费大量的时间进行复制粘贴，并不会学到多少东西，也会让教师的批改负担加大 3~4 倍。

那么，为什么又要求团队成员在参与集体制订解决方案之前单独概述解决方案呢？如果学生直接参加小组讨论，团队中速度最快的问题解决者很可能会占据所有话语权，而其他团队成员在参加个人测验之前都可以偷懒不去弄清楚如何寻找解决方案，这对于他们来说可能是场灾难。我们建议，在你布置的前几次任务中，可以要求每一个团队在上交的完整方案中附上团队成员自己的解决思路，以帮助他们养成思考的习惯。

定期评估每个团队成员的个人表现，依据评估结果调整每个成员在团队作业任务中的分数。

如果一个团队中的所有人，无论参与与否，都获得相同的分数，通常会引发学生团队内部的人际冲突。上面这条建议有助于避免这个问题。

大多数听到这个建议的人都有诸如此类的疑问："那你如何进行评估？"此刻我们暂不回答。首先，因为我们将在下一章节提出相同的建议；其次，由于答案很长，我们将在11.4.5 节中单独讲述。

11.3.2　团队项目和拼图活动

有些课程的教学围绕大型项目展开，这些项目的学习可能需要数周或数月才能完成。合作式学习对这一类课程非常适用。在合作式学习模式下，团队只需为每个项目提交一份报告，但每个成员的成绩却还是要依据他们独自的作业完成情况以及团队报告的成绩予以确定和调整。

还有一种非常适用于团队项目式学习，尤其是需要具有不同领域专长的组员共同配合的学习形式叫作拼图活动（jigsaw）（Aronson et al.， 1978）。一次科学实验的学习，可能包含背景研究、实验设计、数据收集、数据分析和解释等不同领域，而一次工程设计项目则可能涉及概念设计、机械设计、仪器控制以及经济分析等不同领域。

假设你设计的班级团队项目涉及三个专业领域，你可以组建大于或等于三人的团队，然后为每个团队成员指定一个专业领域，确保每个团队在每个领域至少有一名"专家"。召集"专家组"（同一专业领域的所有"专家"），并为其提供专业领域的教学指导。这种指导可以由你或者其他知识渊博的同事、研究生或优秀本科生来实施，形式可以是发放讲义，也可以是短期培训。然后，作为团队成员的各位"专家"再回到自己原来的团队里完成项目并提交报告。

拼图活动可以促进团队成员之间的正向依赖，因为每个团队成员都有责任为本队贡献其他队员所不具备的知识。如果某个领域的"专家"做得不够好，团队的整体工作质量就会受到影响。此外，如果教师是依据项目的整体完成情况来评分，团队里的每一个成员都要共同为项目的整体质量承担责任而不仅仅是自己的那一部分（个人责任），与此同时也可以将自己在培训中学到的专业知识教给队友（更加积极地相互依赖）。

11.3.3　TBL、PLTL 和 POGIL

在本节中，我们将简要介绍三种团队学习模式，这些模式在 STEM 教育中的应用非常广泛，并且已展现出良好的效果。这些模式与合作式学习都有异曲同工之处，是否属于合作式学习就取决于它们是否满足合作式学习的五个基本要素。

在基于团队的学习（team-based learning，TBL）（Haidet et al.，2014；Michaelson et al.，2004；Roberson & Franchini，2014）中，任课教师将学生进行分组，每组包含 5~7 名具有不同技能的学生。团队在整门课程的学习过程中都一起工作。学生在各个主要教学单元第一次开启之前，要先提交通过预习完成的作业，并在下一节课上参加一次简短的个人水平评估测试，然后再进入团队中参加一次团体测试并获得关于正确答案的即时反馈。教师可以借助测试结果发现后续课程中需要强调以及学生已经通过预习而掌握的内容。此外，TBL 还适用于课堂活动的应用练习以及周期较长的课外项目。TBL 的评估既看重个人对团队工作的贡献，也可以依据测试结果进行加分或减分。TBL 在医学教育中的应用最为普及。

同伴主导的小组学习（peer-led team learning，PLTL）（Eberlein et al.，2008；Gosser et al.，2001；PLTL，n.d.；Sarquis et al.，2001；Tien et al.，2002）是在传统讲授式课堂教学之外，每周额外开设一场历时 2 小时的工作坊。工作坊由成绩突出、训练有素的学生主持，其余学生以 6~8 人为一组，共同研讨解决问题。任课教师负责设计问题和教学内容，培训和监督学生骨干，同时监督工作坊的进展。所选教学内容应当有利于帮助学生认真反思，直面错误，并有机会让学生将所学知识应用到问题的解决过程中去。主持工作坊的学生骨干则应当明确目标，积极促进学生与学习内容以及学生与学生之间的互动，给予热情的鼓励，但不要讲授内容或提供答案和解决方案。这种方法最初起源并应用于化学教育领域，后来逐步扩展到其他 STEM 学科。

面向过程的指导型探究式学习（process-oriented guided inquiry learning， POGIL）（Douglas & Chiu，2013；Eberlein et al.，2008；Moog & Spencer，2008；POGIL，n.d.）是指让学生在各个教学模块的课堂教学和实验环节中，以小组为单位进行学习，通过关键问题的讨论自行得出结论。这种模式下，教师的角色更像是一名引导员，与学生团队并肩战斗，在学生需要时提供帮助，通过小型讲座解决班级里的共性问题。在 POGIL 的网页上，你可以搜寻到 POGIL 方法在几所大学的实施报告、不同化学分支的教学内容以及介绍该方法在化学概论课程中实施的视频。

埃伯林等人（Eberlein et al.，2008）曾经比较了 PBL（我们在第 9 章中讨论过）、PLTL 和 POGIL 的关键特征，以帮助初学者正确选择最契合自身需求的教学方法。你可以在搜索引擎中输入"［科目］PBL""［科目］PLTL"或者"［科目］POGIL"，查找这些方法在特定科目中的应用案例。

11.4　让学生团队高效运作的策略

如果仅仅是把学生放进一个团队里并命令他们一起完成某项任务或项目，我们不能保证你一定会看到文献中表述和 11.1 节中展现的那些良好的知识和技能成果。本节讲述的几种办法，可以增加团队高效运作的可能性。

11.4.1　树立团队规则和期望

团队一旦成立，帮助他们顺利运作的第一步便是建立并解释你的团队规则。费尔德和布伦特（Felder & Brent，n.d.）曾对团队任务和项目规则给出过说明。我们并不要求你的规则要和我们的一模一样（事实上你制订的规则可能会截然不同）。关键在于，无论你的规则是什么，都应该在课程一开始就向学生明确说明，然后在整门课程实施过程中始终如一地执行。

待你制订了团队合作的规则之后，下一步就是让团队制订目标和期望。费尔德和布伦特（Felder & Brent，n.d.）曾经展示过这种类型的任务说明，亨萨克等人（Hunsaker et al.，2011）也描述过若干团队章程（team charter）的示例（团队目标的扩展）。经过 3~4 周的团队合作，请团队讨论他们所取得的进展与目标之间的匹配程度以及准备如何改进（请记住，自我评估是合作式学习的第五个显著特征）。

11.4.2　促进正向依赖

正向依赖［有时也称团队凝聚力（group cohesion）］意味着团队成员都感觉他们是一个整体，团队的成功取决于所有人都尽其所能地完成任务（Johnson et al.，2006）。团队合作非常耗时，也可能给学生带来很多困难，但你可以告诉学生，这是在为他们未来的职业生涯做准备。这样的解释也许难以让所有学生都信服，特别是那些非常聪明的学生。也许他们会认为如果没有他人干扰而独立工作，自己还能做得更好，于是他们中的许多人或许想摆脱这种团队间的依赖关系。以下是几种有助于建立团队间正向依赖关系的方法。

让团队任务极富挑战性，使大多数学生难以在规定的时间内独立完成。

许多第一次面对团队任务的学生并不热衷于此。如果你布置的团队任务太简单，大多数学生可以轻松地独立完成，我们刚才谈到的抱怨肯定就会出现。让任务更具挑战性可以最大限度地减少或消除这种顾虑，这一建议应被视为合作式学习的基本前提。

但是，不要仅仅通过增加任务量的办法来提高挑战度。团队合作需要时间，如果你只是简简单单地把团队任务的时间设置为个人任务的两倍，学生的怨恨和抵触可能会越演越烈。相反，你应该在任务中加入更多属于布鲁姆教育目标分类法中高阶认知的任务，例如需要高阶分析、批判性思考和创造性思考的问题（有关示例请参见 2.2 节、第 9 章和第 10 章的相关内容）。

为团队成员赋予不同角色。

当每个团队成员都担负着对团队任务成败至关重要的管理角色时，成员之间的正向依赖可以随之增强。管理角色旨在确保团队顺利有效地运作，并及时完成高质量的作品。表 11.4.1 显示了四种常见的角色。角色之间的分界线通常是模糊的，各个团队成员的角色分工往往也有所重叠，但是团队成员一旦被正式赋予了某种角色，这个成员就应当确保顺利完成角色下的各项任务。

此外，管理角色还应该在团队成员之间轮换，因为团队合作的目标之一是帮助学生培养全方位的团队合作技能，包括领导力和项目管理（协调员）、报告准备（记录员）和质量保障（作品检查员、团队学习监督员）。在设置了定期团队合作任务的课程中，管理角色应经常轮换，如每周一次。在项目式学习的课程中，每个团队成员应在项目期间至少担任一次协调员，并有机会在中期报告和最终报告提交之前扮演其他角色。提交作业和报告时，应在每个团队成员姓名旁注明他们所扮演的角色。

表 11.4.1　合作式学习中可能出现的管理角色

协调员
提醒团队成员应该在何时何地见面，提醒每名成员在团队会议期间都专心工作，并确保每个人都知道在下次会议之前应该做什么。
记录员
汇总将要进行评分的小组成果[问题解决方案集、临时或最终项目报告]并将其传递给检查员。有时，记录员也要负责生成部分作品内容，例如手工和计算机绘制的图形和图表等。这些任务本来可能是属于团队中其他人的，但记录员需要收集各个部分的材料并将其整合到最终报告中。
检查员
仔细检查最终作品，确保其完整无误，并按时提交。
过程监督员
确保每名团队成员都了解最终产品的每个部分，并可以解释一切如何完成。在三人小组中，监督员也可以由协调员（或任何其他团队成员）承担。

运用拼图活动。

拼图活动是指让项目团队成员进入各自不同的专业领域，进而获得不同领域的补充训练，这是一种可以最大限度促进团队成员之间正向依赖的好办法。团队必须依靠所有成员的专业知识形成合力才能完成项目。

为在测验中取得好成绩的团队加分。

在课程测验之前，告诉学生如果一个团队所有成员的平均成绩超过 80 分（或其他分值标准），该团队就可以获得额外的加分。若满分为 100 分，加分可以占到 2~3 分。不要规定团队中每个人的成绩都达到一个标准分数才能获得奖励，因为这样会让团队中较弱的成员觉得压力太大，也会造成一旦团队中有一名差生就永远无法获得加分的状况。将加分与团队平均成绩相关联，可以激励团队中的每一位成员都竭尽全力争取高分，也可以鼓励团队中能力较强的学生乐意辅导自己的队友。

如果需要口头汇报，为报告的不同部分随机指派汇报人。

当团队对他们的项目进行最终口头汇报时，学生通常会报告他们各自主要负责的部分。我们可以换一种方式，在距离汇报开始前的短时间之内（一小时或一天），临时指定报告中各个部分的汇报人。如果你确定要这么做，应当在上课之初就告知学生你的想法以及背后的苦心。这样的话，团队中的任何一人都可能分配到报告中的任何部分，团队成员必须确保自己的队友对整个报告都足够熟悉，因为最终的成绩是由所有成员的汇报质量共同决定的。这个策略还有助于促进个人责任的建立。

11.4.3 建立个人责任

小组合作中一个令人沮丧的常见问题便是搭便车（hitchhiking），也称投机取巧（free riding）和社会性惰化（social loafing）。这种现象是指个别学生只完成了很少的必要工作，根本不理解甚至没有看一眼提交的问题集或项目报告，却仍然可以获得和那些负责任的队友相同的成绩。这个问题通常可以直接归咎于团队成员未能清楚认识自己应当承担的任务职责，也对其他队友的工作任务缺乏了解。以下段落提出了建立个人责任的有效策略。

对任务分配和项目内容进行单独测试。

确保个人责任最有效的方法就是单独测试学生对团队任务或项目内容的理解程度。在需要定期解决团队任务的课程中，可以将测试成绩计入最终的课程成绩并赋予较大的权重。与此同时，也可以规定学生的考试平均成绩达到及格或以上水平，团队作业的成绩才能算数。

在基于项目的课程（包括实验）中，可以对项目内容进行单独考试并对其赋予充足权重后计入总成绩。如果学生的项目考试成绩太低，课程总成绩势必会受到影响。这样，搭便车者便难以获得很高的课程成绩，也可以在很大程度上消除无组织小组合作中经常产生的怨恨和冲突。

督促每位团队成员对任务或项目的理解。

我们建议团队的管理角色中应该有一名过程监督员。担此责任的团队成员应确保每位团队成员都了解任务中每个问题的解决方案或项目报告的每个组成部分。过程监督员可以在全体成员在场时向队友提问有关解决方案或报告的问题，以便所有成员都能为可能需要的解释或说明有所贡献。在任务或报告提交之前的最后一次小组会议或在针对任务或项目的测验开始之前的最后一次集体学习活动中，监督员也可以向队友提问加深他们的理解。

作为教师，你无法控制团队是否认真对待这项任务，学生很可能操之过急，跳过你布置的任务而用自己的方式匆匆完成并继续往前赶（如果没有单独测试环节，学生极有可能忽略某些任务）。你最好的办法就是让学生们明白你对他们进行理解程度的测试是有益的——测试可以提高成绩。如果他们在提交任务或项目报告之前完成了测验，或许可以从中发现并纠正自己学习中的错误或遗漏，从而获得更好的成绩。

学分只授予积极的参与者。

教师可以在上课第一天宣布一项规则，即只有对团队有所贡献的学生名字才能写进作业和报告中，并在有学生向你抱怨他们的团队中有人搭便车时重申这一规则。大多数学生一开始都愿意放队友一马，但如果搭便车的人始终无法履行自己应该承担的职责，同组成员也会忍无可忍，拒绝在报告上写上搭便车者的名字。如果教师在分组时已经避免将关系要好的学生分到一组，要做到这一点就更加容易了。一旦搭便车者因为自己的名字不在提交的任务中而拿到一两个零分，他们的责任感可能会经历一次戏剧性的复苏。

运用同伴评级策略调整团队得分产生个人得分。

关于项目团队最常见的抱怨便是工作量不等的团队成员却获得了相同的分数。避免这种情况的常用方法是以同伴评级为基础调整团队项目得分，再据此产生个人得分。合理的同伴评级制度可以成为帮助学生培养良好团队合作技能的有力工具。

同伴评级的标准分为两类：一类与学生能力有关，例如项目相关知识和技能的掌握，以及每位团队成员的贡献在总体工作中的百分比；另一类标准与"团队公民意识"有关而与能力无关。这类标准可能包括团队成员的可信赖程度（按时参加团队会议，完成自己承诺的工作内容等）、在团队活动中的合作程度以及对团队成功的承诺等。

在同伴评价的实施过程中，我们建议最大限度或完完全全关注团队成员的公民意识。与能力相关的标准通常对聪明的成员更有利，而他们已经在课程学习和考试测验中享有一定的优势。同伴评级的主要目的不应该是评估能力，而是为了促进合作、责任、承诺以及高效团队合作等其他属性。如果最聪明的学生总是毫无悬念地获得最高评分，同伴评级的主要目的就不太可能实现。

有一种非常简单却有效的同伴评级方法叫作自动评级（autorating），团队成员根据公民意识的特定标准对自己和队友进行评级，评价结果可作为依据团队成绩计算个人成绩时的系数。系数最高可为 1.05（对超出预期的团队成员），最低为 0（对没有完成任务或项目所需工作的团队成员）。该系统的原始版本由澳大利亚皇家墨尔本理工大学的罗伯特·布朗（Brown，1995）开发，之后由考夫曼等人（Kaufman et al.，2000）进行了改良和课堂测试。CATME 团队支持计划中强大的在线同伴评级功能正是基于自动评级系统而研发的，我们将在稍后予以介绍。

> **善用"开除"和"退出"杀手锏。**

如果团队中有一名很难合作的成员，大家所有努力的尝试都宣告失败（包括与团队指导教师会面以试图解决问题），其他团队成员可以书面通知这位搭便车者，如果再不合作，他将被开除，同时也将此备忘录的副本发送给教师。如果一周后还是没有任何好转，或者稍有改善但很快又重蹈覆辙，其他团队成员可以发送第二份备忘录（同样复制给教师），终止这名搭便车者与团队的一切合作。被开除的学生必须找到愿意接纳自己的另外一个三人小组，否则剩余的任务或项目只能获得零分。因为队友不配合而想要主动退出团队的学生，也可以适用类似的规则。

以我们的经验来看，一旦声明我们将采取措施以强化正向依赖和个人责任，开除或退出这样的事情反而很少发生。在事情的严重程度足以达到发送第一份备忘录的程度之前，有被开除危险的学生和威胁要退出的队友可能会意识到后果的严重程度并选择开始合作。通常情况下，那些被开除或允许团队内负责任的队友主动退出的学生都是那些基本已经自我放弃的学生：他们考试不及格，不管怎么做都无法拿到学分，因此也没有必要将时间花在团队任务或项目上。

11.4.4 让团队监控自己的表现

合作式学习还有一个重要组成部分便是定期的自我评估，通过评估，团队成员应当找出团队表现良好（例如沟通、时间管理、领导力等）以及需要改进的地方。自我评估的一个好处是，它可以让团队成员尽早识别出潜在的问题或冲突，并着手解决，而不是视而不见或避而不谈，最终导致团队内的问题或怨恨变得严重到足以引发团队的崩溃。

为了实施自我评估，每隔 2~4 周，可以让团队以书面形式回答以下（或类似）问题：

◆ 我们在多大程度上实现了预先达成一致的目标和期望？

◆ 我们在哪些方面做得很好？

◆ 哪些方面还有待改进？

◆ 从现在开始，我们该做出哪些改变（如果有的话）？

在你第一次让学生回答上述问题之后，请考虑在课堂上进行简短的总结。通过总结，团队之间可以取长补短，互相学习。

你也不必花费太多时间来审查各组的自我评估，只要各组都提交了书面回答，你无须对其评分。如果有的小组未按要求提交则应该受到一些惩罚。教师只需浏览一下学生的回答，从中寻找已存或潜在冲突的警告信号。如果真的有所发现，你可以把团队成员召集到一起进行讨论，也许"主动倾听"（active listening）可以帮助大家找到适当的解决之道（参阅 11.5.2 节）。

11.4.5　CATME——一种在线使用的团队合作支持软件

CATME Smarter Teamwork 是一套可供在线使用的软件包，可以为学生团队任务和项目实施的各个方面提供辅助（Loughry et al.，2007，2014；Ohland et al.，2012）。CATME 最初是一个名为"团队成员有效性综合评估"（Comprehensive Assessment of Team Member Effectiveness）的同伴评级软件，随后陆续增加了其他功能。要使用 CATME，你需要访问 CATME 网站并开设一个账户（免费的）。上传一个文件，其中包含注册这门课程的学生姓名和电子邮件地址，并指定组建团队所需的信息（例如 GPA 或先修课程成绩、计算或写作技巧、可以参与团队讨论的课外时间以及你可以选择或创建的其他选项）。然后，CATME 会提醒学生登录并输入所需信息，并在学生完成所有操作后通知你。到那时，你就可以访问并使用以下功能：

团队划分（参见 11.2 节）

只需单击一下鼠标，软件就可以依据你指定的标准自动组建团队。然后，你可能根据需要对团队构成进行微调，工作量与手动组建团队相比就小了很多。

标准调校

在你的学生开展第一次同伴评级之前，CATME 会创建几位虚拟成员，让学生使用自己稍后会用来评价队友的同一张量表对虚拟成员进行试评价。随后，教师再讲解自己的评价等级并与学生一起校正评价标准。

同伴评级

根据你的要求，学生将依据高效团队合作五条标准中的任何一条或全部标准去评价他们的队友和自己的表现，包括为团队工作所做的贡献、与队友的互动交流、保持团队的正常运转、期待高质量的工作成果并具备与课程相关的知识和技能（我们不建议采用最后一条标准，因为该标准侧重于能力而不是团队成员的公民意识）。一旦所有团队成员完成并提交了他们的评级，CATME 将（1）提供一个可依据成员平均等级调整其个人成绩的参数；（2）向指导教师报告个人评分和调整情况；（3）标记可疑的评分状态（如不同队友对同一团队成员的评分存在显著差异），提醒教师进行调查，而不是简单地接受调整后的分数；（4）告知学生他们从队友那里获得的平均评分和整个团队的平均得分，并针对如何提高评分给出建议。

  CATME 自 2005 年首次面市以来，其使用频率呈指数增长。截至 2015 年年中，已经有来自 64 个不同国家 1200 所院校的 370000 名学生和 7500 名教职员工使用过 CATME。

11.5 处理团队合作中的困难

  本节将直面团队合作中经常出现的一些困难，并提出解决这些困难的方法建议。

11.5.1 消除学生的抵触情绪

  正如我们在本章前面的插曲故事中所建议的那样，如果你采用任何学生都不熟悉的以学习者为中心的教学方法来教学，一些学生就会认为你要么是让学生教学生推卸自己的责任，要么是在拿他们做实验。以上两种方式他们都不满意（Felder & Brent，1996；Weimer，2013）。学生从被动学习走向主动学习，要经历一段心路历程，这就是心理学家所谓的"创伤"与"阵痛"。

学生面对以学习者为中心的教学的心路历程

1. 震惊："我无法相信！我们必须分组做作业，我还不能选择自己的队友？"
2. 否定："帕克博士对团队合作不会这么认真的！如果我不闻不问，他一会儿也就作罢了。"
3. 强烈的情绪："我可做不到！我还是放弃课程，下学期再修吧！"或"帕克博士不能这样对我！我要向系主任投诉！"
4. 抵抗与退出："我不打算玩这个愚蠢的游戏。我不在乎帕克博士是不是要让我挂科。"
5. 妥协与接受："好吧，尽管我还是觉得这样做很蠢，但我坚持一下，不妨试一试。"
6. 奋斗与探索："其他人似乎都在坚持，也许我需要尝试不同的做事方式让自己的工作更有效率。"

7. **重获信心**："嘿，我也许可以解决这个问题，我认为这种工作方式已经奏效了。"

8. **整合与成功**："是的！这种工作模式没问题！我真想不通为什么之前遇到这么多麻烦！"

资料来源：Felder & Brent（1996）；Woods（1994）。

面对同样的阵痛，有些人会比其他人更容易度过，一些学生也可能很快适应团队工作并跳过八个步骤中的许多步，而有些学生可能在第三步和第四步就败下阵来。但需要记住的是，抵抗是学生从依赖权威到独立思考进程中的必经之路。你若是在课程早期有效地处理了这种情绪，大多数学生的负面情绪便会减少甚至消失。相反，如果你不采取措施迅速处理，这种情绪可能会严重干扰你的教学并限制课堂的有效性。

至于如何消减学生的抵触情绪，我们的主要建议还是耐心向学生解释团队合作，特别是学生团队合作的必要性，具体怎么做我们在插曲中已经提供了建议。一旦学生认识到唯有团队合作才符合他们的最佳利益，尽管他们仍然可能会感觉不快，但大多数人会保持开放的心态直至亲身感受到合作式学习的价值所在。

减少学生对团队合作抵触情绪的另一种方法是遵循 6.6 节结尾部分关于主动学习程序的建议，在中期评估时询问学生的意见与建议。如果你一直在有效地开展合作式学习，班上的大多数学生都会对此持有积极或中立的立场；当不快乐的学生发现自己只是少数时，就不太可能做出太多的投诉。然而，如果许多学生在一个月后仍然对小组工作持否定态度，那么你可能违反了我们推荐的其中一条指导原则。回顾本章，看看你能否发现自己需要改进的地方。

11.5.2　处理功能失调的团队

就像学生对小组任务的抵触情绪可能会让教师上火一样，团队成员之间彼此无法忍受的情况可能会更糟糕。"你们干吗要选这门课？"在一周内听了三四位学生因为厌恶队友而爆发的吐槽之后，教师不禁感叹道，"我要教的是遗传学，不是为一群不负责任的抱怨者充当治愈师啊！"

教师的愤怒是可以理解的，许多教授会同意这样的观点，即他们既没有接受过团队管理或冲突解决方面的专业培训，也没有义务来处理这方面的麻烦。然而，还有另外一种观点。我们认为教师的主要职责不仅仅是教授课程内容和评估学生的学习（彼得·埃尔伯提出的"守门员"职责），还应当帮助我们的学生具备成为专业人士和受过良好教育的公民所需的素质和能力（埃尔伯提出的"教练员"职责）。这些技能既包括传统意义上 STEM 课程中教授的技术能力，也包括第 10 章中讨论的通用职业能力，还应当包括使团队有效运作的人际交往能力。幸运的是，就算你不擅长处理这些问题也没关系，本节的其余部分将为你介绍几种简单有效的方法。

举办班级危机诊所。

小组任务开始后的 2~3 周，你可能会开始听到一些关于麻烦成员的抱怨，例如搭便车或者过于强势的学生，他们总是忽略别人的观点而固执己见。用这些角色和行为作为课堂上简易危机诊所的主题，让学生集思广益，并针对其影响程度对解决措施的优先顺序进行排序（Felder & Brent，2001）。例如，当你收到一些关于搭便车者的投诉之后，你可以这样做：

1. 某一天上课的时候，提及团队有时会因为成员没有尽职尽责而遇到麻烦，例如没有完成他们应该做的事情，没有做好参加讨论的准备甚至根本没有出席讨论。然后告诉全班同学，你想花几分钟谈谈如何与这些人打交道。

2. 把班级分成小组，给他们几分钟的时间进行头脑风暴，讨论对搭便车的队友可能采取的行动，包括好主意、坏主意甚至违法的主意。学生一般都会乐于进行这项练习，想出合理的点子（例如让整个团队或其中一个团队成员与搭便车者谈心、给搭便车者布置特定的任务、给他们分配一名积极贡献者作为合作伙伴、当他们不合作时发出除名警告、从团队中开除他们等）。当然，学生有时也会想出一些不是那么合理的办法（例如给他们穿小鞋、向他们的家长报告等）。

3. 一两分钟后停止头脑风暴，并请各小组报告他们的想法。你可以在黑板上写下这些想法，如果你心目中还有一些学生没有想到的点子，可以增加上去。

4. 让学生又回到他们的小组中，再给他们两分钟，尝试就以下问题达成共识：（a）最好的解决办法是什么，（b）如果这个办法不起作用该怎么办，以及（c）最后的杀手锏是什么。几分钟后，停止小组讨论并在黑板上列出他们的想法，让全班同学自行抄录。

到这时，诊所的全部工作已经完成了。告诉学生认真对待这些想法并在必要时使用，然后继续上课。学生离开教室时可以带走一系列应对搭便车行为的好点子，而试图搭便车的学生也会知道，将来他们的不负责任可能会带来他们不喜欢的后果，这可能会促使他们改变自己的行为方式。一两个星期后，你可以将"如何面对霸道总裁型队友（或其他类型的问题队友）"作为下一次诊所的主题。

用主动倾听策略调解冲突。

即使你尽了最大的努力来避免学生团队中的冲突，某些控制之外的事情仍有可能发生，有的班级里还可能会有一个或多个团队发生严重冲突。主动倾听是解决冲突的有力工具（Rogers & Farson，1987）。

以下是主动倾听在团队合作中的应用程序（当然它还有许多其他应用）。假设你了解到班级中的一个团队存在冲突，其严重程度已经妨碍了成员的正常工作。你可以把所有团队成员都叫到你的办公室或会议室，先让一方（甲方，一位或多位投诉者）讲述具体情况。讲述过程中，乙方（被投诉者）必须认真倾听且不能加以评论或反驳。等甲方讲完之后，乙方必须事无巨细复述一遍，仍然不能评论或反驳。如果乙方的复述出现偏差，甲方可以予以纠正，乙方须复述纠正的部分后再继续完成全部复述。如果乙方偏题了，教师应当适时介入并予以提醒。之后，再由乙方陈述冲突情况，由甲方不予评论或反驳地复述出来。待双方陈述和复述都完毕之后，剩下的问题就交给团队自行解决了，也可以借助教师辅助，找出让团队继续运作的对策和办法。

是什么让主动倾听策略如此有效呢？是因为在大多数冲突中，当一方提出自己的意见时，另一方总是太急于反驳以至于没法真正听清楚对方的声音。在主动倾听中，每一方都被迫倾听然后复述对方的观点，每位学生至少能理解冲突爆发的真正原因。一旦做到这一点，战斗就已经结束了 3/4。该过程的最后一步通常非常顺利，教师仅需非常轻松地介入即可。当学生走完这个流程，他们就会学会一项本领，用于解决余生可能面临的职业和人际冲突。

不要轻言放弃。

无论发生了什么，都别让偶然性事件的阴霾遮挡了你的双眼。我们一起看看理查德的这段亲身经历吧。

一天，一位曾经参加过我的工作坊的同事走上前来，说他在上一学期使用了团队学习方法，结果却糟糕极了。接下来的对话是这样的：

理查德：听到这个消息我很难过！发生了什么事？

同　事：我班上总共组建了 14 支学生团队，其中一支是来自地狱的队伍！他们上交的东西总是邋遢不堪且错误连篇，提交也总是很晚，团队成员一直针锋相对并向我抱怨彼此，我都担心他们要打起来了。我肯定不会再去尝试团队合作了。

理查德：处理这种情况一定是痛苦的。那其他 13 支团队怎么样？

同　事：哦，其他 13 支团队都很好。事实上，我从他们那里得到了我所见过的最好的作品。

理查德：真的吗？所以，总共 14 支团队，其中 13 支团队都做出了令你非常满意的作品，仅 1 支团队功能失调，这如何能算是一场灾难呢？

同　事：呃……

我们必须承认，无论如何努力地实施团队合作，都不能指望获得百分之百的成功。没有任何一种教学方法可以保证所有学生随时随地都能好好学习，太多无法控制的因素会影响学生在课程和团队中的表现。正如传统课堂教学模式下，有几名学生挂科不能说明教师的教学质量差一样，班级里有几个功能失调的团队也并不代表团队合作的失败。那些出问题的学生在今后的学习或工作中也将成为其他团队的一部分，那些关于团队合作的难堪却鲜活的记忆，或许可以警示他们不再踏进同一个泥潭。

简而言之，合作学习并非易事，当你第一次实施时，可能会遇到一些恼人的问题。但是，如果你遵循建议的流程，并且有耐心和信心解决问题，你的学生将获得更多深度学习的回报，并为将来的工作做好更充分的准备。这样想来，眼前的烦恼也都是值得的。

想一想

想象自己回到新手教师的时光（可能现在仍然是），并想象自己被分配去教授一门必须以团队形式每周提交作业的课程。你会担心什么？（不要集体讨论，设身处地说出你内心的担忧。）

现在再想象自己是一位经验丰富的教师，已经在合作式学习中取得了成功。你会如何回应新手教师们的种种顾虑？

11.6　要点回顾

◆ 合作式学习（根据戴维·约翰逊和罗杰·约翰逊开发的模型）是在确保正向依赖、个人责任、积极互动、发展和适当使用团队合作技巧以及定期自我评估等条件下开展的小组式学习。大量研究表明，当这些条件都具备时，小组式学习对大多数学生的学习成果都有正面促进作用。

◆ 由教师组建的 3~4 名学生组成的团队规模最为适宜。团队成员的能力应该异质化，并且具有相同的可用于课外集合讨论的时间段。在大学的前两年里，不应当孤立有挂科或辍学风险的学生和少数群体。

◆ 每个团队只需提交一个作品（问题解决方案集、实验报告或项目报告），但个人得分应在团队成绩的基础上予以调整。CATME Smarter Teamwork 在线工具软件包为成绩调整提供了条件（也可用于依据教师指定标准组建团队）。此外，也可以考虑对团队成员进行涵盖团队项目所有内容的个人测试。

◆ 不习惯团队合作的学生可能会表现出相当大的抗拒心理。为了最小化或消除这种抗拒，教师应当向学生讲明合作的内容和价值（本章前面的插曲示范了一种有效的解释方法），并为团队提供关于如何应对不合作成员的办法（如危机诊所）和解决冲突的策略（如主动倾听）。

11.7　课堂实践

◆ 如果你从未尝试过团队合作，请在你下一门课程中尝试布置几项团队任务，一项任务的持续时间可能为 2~3 周。你可以参考我们的建议为学生组建团队，并使用同伴评级工具评估团队成员的个人表现。如果进展顺利，请考虑在未来的课程中全面实施。

◆ 如果你教授的课程中已经建立起项目或实验团队，请确定一种可以改善正向依赖的方法，外加一种可以增强个人责任感的方法并尝试使用。

◆ 团队合作开始几周后，在课堂上开展一次"危机诊所"活动。

◆ 创建一个 CATME 账户并将其用于团队组建、团队发展和同伴评级。

12. 重温以学习者为中心的教学

12.0 引言

在第 1 章中，我们曾经指出本书将以学习者为中心的教学作为框架，与传统以教师为中心的方法相比，这种教学方式更加关注学生的学习。我们在接下来的 10 个章节中虽没有详细阐释到底什么是"以学习者为中心"，却也从未离开过这个主题，因为我们讨论过的几乎所有教学方法都称得上是以学习者为中心的教学。在本章中，我们将使这种关联更加清晰可见，同时也会再介绍几种 LCT 概念和方法。

以学习者为中心的教师拥有双重身份，既是守门员（设定并执行高标准），又是教练员（尽最大努力帮助所有合格的学生达到或超过这些标准）（Elbow，1986）。守门员的职责是证明完成课程学习的学生具备参加后续课程的必要知识和技能，获得高分的学生达到了特定的高阶学习目标。所有大学教师都很熟悉守门员这一角色，并且不同程度地实现了这一角色。担任教练员则是另一回事。许多大学教师在自己还是学生的时候就并未经历过有意义的训练，因此也不知道应该如何做一名好教练，甚至根本不把教练员作为自己的职责之一。

在竞技体育和企业培训中，优秀教练员所做的第一件事就是了解自己要教导的对象——他们的优势、劣势以及如何激发他们做到最好。有了这些知识武装，教练们才能制订针对性的策略来巩固优势、克服劣势并注入适当的动力。

以学习者为中心的教学是同样的道理。正如我们在第 3 章中看到的，作为教练，你的首要目标之一就是了解你的学生——他们的先备知识、兴趣爱好、学习差距、错误观念，如果可能的话记住他们的名字。此后，你的目标应该是制订并实施针对性的教学策略，将新的教学内容与学生的先备知识和兴趣爱好联系起来，填补知识空白，纠正错误观念，并提高他们对学习目标中指定知识和技能的掌握程度。

　　本章讲述与教练角色相关的另外两个主题——学生多样性（student diversity）（识别并处理可能影响学习态度和学业表现的学生差异性）和归纳式教学（inductive teaching and learning）（从一个挑战开始授课，并在应对挑战的框架下讲授课程内容）。在前面的章节中，我们讨论过多样性的几个方面和两种最常见的归纳式教学法（基于问题的学习和基于项目的学习）。在本章中，我们将着力解决以下问题：

◆ 基于不同的学习方法、智力发展水平和学习方式，如何满足不同背景学生的不同学习需求和偏好？

◆ 各种归纳式教学法有什么相同和不同之处？现有研究对它们的有效性有何看法？针对某一门课程，我该如何确定应当使用哪些方法（如果有的话）？

◆ 本书中提出的哪些学习策略符合以学习者为中心的教学理念？在书中或者书外，我在哪里可以找到关于有效实施这些策略的资料？

◆ 我应该如何实现从传统教学方式到以学习者为中心的教学方式的转换？

12.1　学生多样性的多种体现

　　正如每个学生知道的以及你曾经身为学生所经历的那样，教师的教学方式百花齐放。有些教师主要靠讲，有些教师则花费大量时间进行课堂示范和学习活动；有些教师主要关注原理而有些教师侧重应用；有些教师强调记忆而有些教师看重理解；有些教师在与学生的互动中严肃拘谨而有些教师却热情随和。尽管学生在课堂上能够学到多少很大程度上取决于学生的天分、事先准备、学习动机和职业道德，但身为教师也需要考虑你的教学方式与学生的学习需求与偏好之间的适应性。

　　采用以学习者为中心的教学方法并不意味着要满足每一位学生的喜好。一方面，我们无法确定影响学生学习的所有因素，更不用说满足所有需求了。就算你知道适合每一位学生的最佳教学方法分别是什么（不一定就是他们所希望的），也不可能在一门课程中同时使用五花八门的方法。

如果试图为每一位学生量身定制一套教学方法是徒劳的，那采用一种任何学生都不适用的教学方法就更糟了。不幸的是，几个世纪以来主导高等教育的教学方法——教师单纯讲授，学生试图听懂讲座内容并在考试中重现就是这样一种方法。正如我们一再声明的那样，无休无止的讲课与现代认知科学和实证课堂研究建立的有效教学原则格格不入。除此之外的教学方法中，任何一种针对某种特定类型学生的方法都可能比不间断讲课更有效，但也不见得适用于其他类型的学生。因此，完全个性化的教学是不切实际的，对于大多数学生来说"一刀切"的做法也是无效的，试图平衡学生的不同需求和偏好则必然是我们最好的选择。那么问题来了，学生之间的不同需求和偏好到底是什么？

在设计教学时，有几种形式的多样性是需要考虑的，包括种族和民族差异、性别认同和表现、文化和教育背景、其他群体统计特征以及前文中简要提到的另外三个方面——学习方法、智力发展水平和学习风格（Felder & Brent，2005）。接下来的四个小节将揭示由于学生多样性给教师课堂教学带来的种种挑战，12.3节回顾了应对这些挑战的教学策略。

12.1.1　群体多样性

历史上，某些群体在STEM课程中注册人数较少，流失现象相对严重，导致他们在STEM劳动力中的代表性不足（National Academy of Sciences et al.，2011；Ohland et al.，2008，2011；Schneider et al.，2015；US Department of Commerce，2011）。目前，教育界已经采取多种措施，遏制STEM课程减员，包括暑期桥梁课程[1]和为入学学生提供的第一年支持计划等（Burke & Mattis，2007；Chubin et al.，2005；Jain et al.，2009；Johri & Olds，2014；National Science Foundation，2009）。优秀的课程计划往往具备12.3节中列出的以学习者为中心教学策略的基本特征，并且都是在一种接纳所有学生、重视学生贡献的包容性环境中实施的。

研究人员针对课堂环境对少数群体学生的影响进行了广泛研究。研究结果表明，鼓励学生参与多元化学习活动的经历可以促进学生的学习（Pascarella & Terenzini，2005），创造一种包容性的环境也被证明对所有学生的智力发育和社会发展有着重要影响（Gurin，1999；Reason et al.，2010；Smith et al.，2010）。

---

[1] 暑期桥梁课程是指美国大学普遍开设的一类服务型课程，主要面向即将入学的尤其是来自代表性不足的少数群体和社会经济地位较低的学生，主要教授大学学习必需的学术和社交工具，以期提高大学的学生保留率和学业完成率。——译者注

下列文献探讨了为少数群体学生构建包容性和支持性学术环境的具体措施（Baitz，2006；Beemyn，2005；Busch-Vishniac & Jarosz，2007；Evans，2002；Goodman et al.，2002；Lichtenstein et al.，2014；Poynter & Washington，2005；Rankin et al.，2010；Rosser，1997；Weber & Custer，2005）。斯蒂芬妮·法雷尔 2015 年在此基础上提供了以下建议：

1. 审视你的假设。教师经常做出潜意识的假设——他们和他们的学生有相似的文化背景，学生都来自传统家庭，学生的父母都上过大学，学生都是异性恋等。殊不知所有这些假设都可能让大多数学生感到被边缘化。教师应该时刻洞察自己是否持有此类假设，并尽力避免在自己的语言或行为中反映出来。

2. 避免成见，降低成见威胁。应当特别留意自己是否对特定人群（例如拉丁美洲人、亚洲人、女性等）的特征、能力或弱点等抱有成见，并逐步把成见威胁（stereotype threat）降到最低（学生担忧自己的行为将会验证那些对自己所属社会群体的负面刻板印象）（Steele，2010）。确保为所有学生创造平等的机会参与课堂讨论和回答问题，避免那些认为特定人群能力低下的带有成见的行为，例如向女学生提问难度较低的问题。艾森巴赫等人（Eschenbach et al.，2014）全面回顾了关于成见威胁对工程教育的影响以及降低成见威胁的最佳实践。

3. 使用包容性语言。例如，不要只用男性代词（他或他的）来指代男学生和女学生。

12.1.2　学习方式多样性

在第 8 章前的插曲故事中，我们认识了三位学生米歇尔、瑞安和亚历克斯，他们各自有着不同的学习方式。米歇尔的方式接近于深度学习，自觉超越教师的最低要求，努力真正理解所教的内容。她的动力来自兴趣，如果她认为某门课不是特别重要，她可能就不会努力去获取高分；瑞安更倾向于表层学习，主要依靠记忆事实和公式，考试及格就万事大吉；亚历克斯采用的是一种更具策略性的学习方式，不惜一切代价追求最好的成绩，一般情况下都停留在浅表学习，只有到了必要的时候才会自觉深挖学习的深度。除了记忆事实信息和执行日常步骤外，人们发现深度学习更加有助于获取大多数学习成果（Felder & Brent，

2005：64）。

学习方式是倾向性的，并不是固定的行为模式，恰当的教学策略可以引导米歇尔和亚历克斯，有时甚至包括瑞安展开深度学习。第8章概述过的一些教学策略将在12.3节中详细阐述。

12.1.3　智力发展水平多样性

在第10章前面的插曲故事中，我们认识了另外三位学生戴夫、梅根和罗伯托，阐释了佩里智力发展模型的三个不同阶段（Perry，1970/1998）。佩里把像戴夫一样的学生归为"二元论"水平，而克劳尔（Kroll，1992）称之为"无知的确定性"（ignorant certainty）。这类学生坚信知识是确定的，非对即错，与背景和情境无关，权威人士（如教师和教科书作者）手握一切问题的正确答案，而学生的任务就是记住并在考试中重现这些答案。许多刚刚迈进校门的大学生都秉承着这样的信念（Felder & Brent，2004b）。

随着学习经验的积累，大多数学生（例如梅根）进阶到佩里模型的上一级，这时他们会认识到一些知识并非一成不变的。一些学生（例如罗伯托）到达佩里称为"相对论"水平以及克劳尔称为的"智力混淆"（intelligent confusion）阶段。在这个阶段，学生们会认识到其实所有知识都不是一成不变的。在转变的过程中，学生们承担起越来越多的责任，开始根据证据而不是权威人士的话语来做出自己的判断，在广泛收集和理性解释证据等方面变得越来越老练。像罗伯托这样的学生，当他习惯于在一个知识领域（例如科学）展开基于证据的决策实践，他们就已经在向专家靠近了。相对来说，能在毕业时达到这个水平的大学生并不多见。

佩里模型的严谨性因为访谈的对象全部是男性而受到质疑。贝伦基等人（Belenky et al.，1986/1997）开发并验证了一种适用于女性的替代模型，巴克斯特·马戈尔达（Baxter Magolda，1992）随后推出一种综合了佩里和贝伦基研究成果的模型，在不同智力发展水平都添加了特定性别的子目录。每种模型其实都大同小异（Felder & Brent，2004b）。

无论采用哪种模型，帮助学生提升智力发展水平的关键是提供适当挑战（教师的守门员职责）和支持（教师的教练员职责）的平衡，可以偶尔向学生提出高于其现有认知水平1~2个层级的问题，帮助学生厘清解决问题的思路，并就学生的努力提供支持性反馈（Felder & Brent，2004c）。尽管这么做并不能保证我们所有的学生在毕业时都能达到佩里模型的相对论或更高的水平，但我们越是让他们朝着那个方向前进，我们的工作就越有意义。关于如何提供有效的挑战和支持已经在第 10 章中有所阐述，在 12.3 节中也会再次涉及。

12.1.4 学习风格多样性

学生们的学习风格，即对特定类型的信息和教学方法的偏好也各不相同。一些 STEM 学生喜欢聚焦事实、数据和现实应用，而另外一些学生则更喜欢原理、理论和数学模型；有些学生喜欢图片、图表和示意图等视觉信息，而另外一些则更喜欢书面和口头解释等语言信息；有些学生喜欢主动和互动式学习，而另外一些则喜欢自省式的单独学习。学生对不同教学形式的偏好分布于从"非常强烈"到"完全无感"的连续区间内，可能因学科专业和课堂环境不同而发生改变，而且每种偏好的强度（可能还有偏好本身）都可能会随着学生日渐成熟而发生变化。艾莎和瑞秋（第 6 章前的插曲）以及斯坦和内森（第 9 章前的插曲）就展示了有着截然不同学习风格的学生类型。

学习方式、智力发展水平和学习风格具有很多共同的特征（Felder & Brent，2005）。它们都是依赖于情境的行为模式而不是一成不变的人类属性；它们的产生都源于对学生的广泛观察而不是关于大脑生理结构的科学研究。有些学生几乎总是固守同一种行为模式，而有些学生在遵循固定模式的同时也具有一定程度的灵活性，还有一些学生忠实或放弃一种行为模式的可能性基本相等。研究者已经建立了各种模型来识别各个领域的不同学习类别（例如表层学习、深度学习、策略学习；佩里智力发展模型的二元论、多元论和相对主义；荣格心理类型理论中的感知型和直觉型学习者以及费尔德－西尔弗曼的学习风格模型），也为衡量学生在一种或另一种类别中的倾向性的强弱研发了专门的工具。这些模型已被广泛而有效地用于对学生行为模式进行分类，并据此设计出有助于促进各种类型学生学习的教学策略。

与学习方式和智力发展水平不同的是，学习风格在心理学文献中不时受到猛烈抨击（例如 Coffield，2012；Riener & Willingham，2010；Rohrer & Pashler，2012）。大部分批评都集中于赖纳和威林厄姆（Riener & Willingham，2010）的观点，他们认为还没有证据可以支持下述观点：（1）"学习者对如何学习有自己的偏好，这种偏好独立于能力和内容，对他们的学习有重要意义。"（2）"若使教学方法与学生的学习风格相匹配，将提升学生的学习。"第二种观点被一些批评家称为匹配假设（matching hypothesis）或啮合假设（meshing hypothesis）。

我们认同现有研究不能完全支持上述两种观点，但是，这两种观点也并没有反映出当前关于学习风格的最新理念（Felder，2010）。与学习方式相似的是，学习风格偏好也通常被认为是与情境相关的，偏好的强度可能会随着时间和经验的变化而变化。基于目前的研究成果我们很难断定第二种观点——匹配假设是否属实（缺乏确凿的证据并不等于是无效的），但是现代学习风格理论并不需要验证它的有效性，事实上与它无关。就算教学可以完美地匹配每个学生的学习风格偏好，我们也不应该这么做。现在的重点应该是让教学找到一种平衡，不要严重偏向于一种或另一种学习风格偏好［在科尔布（Kolb，1984）的专业术语中，这叫作"循环式教学"（teaching around the cycle）］。

　　学习风格在教学设计中的价值在于每种学习风格都与特定的技能和态度相关联，而这些技能和态度对专业上的成功都是非常重要的。例如，STEM 专业人士在某些时候应该是务实的、有条理的、关注细节的（就像感知型学习者那样），而在其他时候又应当是创新的、敏捷的，对观察结果和数据可能的意义和启示是思虑周全的 （就像直觉型学习者那样）。在过早做出决定和采取行动之前，他们应该习惯性地反思和寻求更多信息（这是内向和反思型学习者的特点），但也要做好果断行动的准备（像外向和积极型学习者那样），而不是为了获得更多信息而不断拖延。他们应该学会从视觉信息（视觉学习者），也要从语言信息（语言学习者）中提取有意义的信息。诸如此类。当教学达到平衡时，所有的学生都会既经历他们喜欢的方式（这样他们就不会因为太不自在而无法学习），也会经历不太喜欢的方式（因此他们还能提升自身的某些技能，而如果总是身处舒适的教学环境下，这种提升或许还无法实现）。12.3 节列出了一些有助于实现这种平衡的教学策略。

12.1.5　注重教学的多样性

　　没有证据可以表明前面章节中描述的某种类型的学生在 STEM 学习中天然处于劣势，事实上每种类型的学生在所有 STEM 科目中都可能取得辉煌的成功。我们应该努力践行全纳教育理念[1]，帮助尽可能多的学生取得成功。

　　如何才能实现这个目标？这个问题又把我们带回到以学习者为中心的教学，记得此前我们还有一个话题没有讨论。关于如何实施以学习者为中心的教学，我们曾经给出一条建议是"采用归纳式教学"。本书中我们曾经零零星星地介绍过一些归纳式教学法，但从未对其给出过明确定义，也没有讨论过这些教学方法之间到底有什么共同点和不同之处。接下来我们就会填补这些空白，看看以学习者为中心的教学到底如何关注学生之间的多样性，

1　全纳教育理念是在 1994 年 6 月西班牙萨拉曼卡召开的世界特殊教育大会上通过的一项宣言中提出的一种教育理念和教育过程，呼吁教育和教学应该包容所有学生，反对歧视排斥，促进积极参与，注重集体合作，满足不同需求。——译者注

最后用几句鼓舞人心的话（希望如此）来结束这本书。

12.2　归纳式教学

　　STEM 教学的传统路径是演绎式（deductive），即教学过程遵循从基本原理到特定案例再到实际应用的固定路径。教师从计划教授的基本原理（如质量守恒律、几何学的一个基本公理、进化理论等）出发，推导出确定的关系、规律和方法，再延展到相关的应用或案例。传统的 STEM 课程体系也是高度演绎式的。大学的前两三年几乎全用来学习基本的数学和科学原理和方法，反反复复说服学生们确信这些知识在课程后期或毕业后将如何至关重要。如此安排的底层逻辑便是假设学生必须掌握所有基础知识和技能，才能处理真实环境中的过程和系统问题。

　　这种假设是错误的。当演绎式教学做得好时，它是高效的，有时也是优雅的，这可以解释为什么几个世纪以来它一直主导着 STEM 教育，但这并不符合人们通常学习的方式。大多数情况下，学习的发生依赖于新输入信息与长时记忆中的相关认知结构建立关联（没有相关结构就没有学习），通过尝试，获得纠正反馈并从错误中吸取教训，并再次尝试。在第 4 章中，我们介绍过的归纳式教学便是一种与此相匹配的教学路径。教师开启新主题的方式是一个个挑战，例如一道有待解答的疑问、一个有待解决的问题、一件有待分析的案例、一次自然现象的观察或者一组有待解释的实验数据。这些挑战题目经过精心设计，旨在帮助学生将新内容与先备知识关联起来，执行学习目标中指定的任务而应对挑战。应战的学生会主动意识到学习某个原理和程序的必要性，教师再适时提供所需的信息或帮助学生自己获取。

12.2.1　学生可以做什么?

　　归纳式学习活动有很多种表现形式，其中许多已在前面的章节中提到过，例如，你可以要求学生执行以下操作：

◆ 解释观察结果（参见 4.5 节）。让学生们说明为什么浓缩咖啡上会形成泡沫？为什么长时间运动后腿部肌肉会颤抖？为什么我们在 20℃ 静止的空气中感到舒适却在相同温度的水中觉得冰冷？为什么《物质是如何工作的》（*How*

Stuff Works）一书中讨论的熟悉的设备和现象会如此工作？

◆ 回答概念性问题（参见 8.2 节）。在课堂上进行概念测试（带有常见错误干扰项的选择题），通过应答器或带有投票软件的智能手机提交和收集答案。在讲授相关课程内容时，要注意纠正错误概念。

◆ 预测实验结果、物理系统行为或计算机代码的输出结果（参见 4.5 节和表 6.1.1）。描述将要在真实或模拟系统上进行的实验或行动，或特定症状的治疗方案，让学生预测结果。给学生一张电子表格或计算机代码，要求学生预测程序运行时的输出结果。

◆ 故障排除。给学生实验结果、系统行为、患者反应或是与预期不符的计算机程序输出结果，让学生推测或找出差异原因。

◆ 为一个开放式的现实问题制订解决计划（参见 3.6.2 节和 9.4 节）。提出一个需要课程内容来解决的问题，让学生陈述他们已经知道的、还需要学习的以及从哪里学起。然后为学生提供指导，帮助学生开始解决问题，如果未能得到完整的解决方案，则在进行下一步之前先重复上述练习。对于在短时间内可以解决的相对简单的问题，这种教学方式是探究性学习的一种体现；对于需要长时间（最长可至一个学期）、多步骤解决的大型问题，这种教学方式就是基于问题的学习。

12.2.2　归纳式教学法

普林斯和费尔德（Prince & Felder，2006，2007）对归纳式教学法进行了调查研究，概述了各种方法的优缺点，总结了确保其有效性的文献，并提出了实施建议。表 12.2.1 列出了几种最常用方法的定义和附加属性。除了基于探究的学习以外，其他方法都具有独特的定义特征，而探究式教学的定义则只能简单地表述为它是归纳式的。 因此，任何不属于某种类别的归纳式教学法都可以被视为一种探究形式。

表 12.2.1　归纳式教学法

特　征 ＼ 方　法	探究式教学	基于问题的教学	基于项目的教学	基于案例的教学	发现式教学	及时教学法
将疑问或问题作为学习的背景材料	1	2	2	2	2	2
将复杂的、结构不良、开放性的现实世界问题作为学习背景	4	1	3	2	4	4

特 征 / 方 法	探究式教学	基于问题的教学	基于项目的教学	基于案例的教学	发现式教学	及时教学法
重大项目作为学习背景	4	4	1	3	4	4
案例学习作为学习背景	4	4	4	1	4	4
学生自行探究课程内容	2	2	2	3	1	2
学生通过电子信息手段完成并提交有关概念理解的练习答案；教师依据学生反馈调整教学	4	4	4	4	4	1
较大程度地自主学习	4	3	3	3	2	4
主动学习	2	2	2	2	2	2
协作式和（小组）合作式学习	4	3	3	4	4	4

注：1—必须如此；2—总是如此；3—经常如此；4—可能如此。

虽然支持不同归纳式教学法的文献质量参差不齐，但总体而言，关于归纳式教学比传统的演绎式教学效果更好的证据是确凿的（Prince & Felder，2006）。然而，相对演绎式教学，归纳式教学也给教师的教学设计和课堂管理带来了更大的挑战，更有可能引发学生的抵制和抱怨。涉及团队项目的归纳式教学法带来的额外挑战，还包括有学生搭便车获得学分以及团队合作中常见的人际关系问题（参见第 11 章）。如果你在开始归纳式教学时未能提供适当的支持，学生对以学习者为中心的教学的本能抗拒可能会升级为一种敌意，学生的学习成绩和你的评教分数可能比采用传统教学方法时更糟。以下提示可以帮助你尽量避免这种情况。

12.2.3　实施技巧

从易到难。

普林斯和费尔德（Prince & Felder，2007）提出了一种关于不同归纳式教学法的挑战度模型，从较小的挑战（探究、概念测试和同伴指导、小的个体项目和案例研究分析）到中等挑战（更广泛的项目、及时教学），到比较大的挑战（任何涉及合作学习的基于项目的教学方法），再到很大的挑战（基于问题的学习）。如果你从未开展过归纳式教学，我们建议你从探究或者其他相对容易的方法做起。经常开展足够多的练习活动，待学生适应后再考虑换一种更具挑战性的方法，比如合作式学习（第 11 章）。一旦你能成功驾驭更具挑战的方法，你再想全面开展基于问题的学习就可以胜任了。

在准备采用一种归纳式教学法之前先阅读文献，最大限度上使用现有资源，包括人力资源。

为了制作和评估概念测试、探究练习、案例分析、情景模拟、用于及时教学和翻转课堂的交互式多媒体教程以及基于问题的学习中所用到的开放式现实问题，教师需要花费大量的时间和精力。在你从头开始创建此类材料之前，请先搜索文献以查找有无可以使用的现有材料，无论是原封不动还是稍做修改。请务必从文献中找出方法运用过程中存在的潜在问题以及在遇到问题时如何处理。一个合理的起点可能是普林斯和费尔德（Prince & Felder，2006，2007）、4.3 节（探究，基于案例的教学）、9.4 节（基于问题的学习）和 10.6 节（基于项目的学习）中引用的参考文献。这些参考文献还提供了覆盖所有 STEM 科目的常规问题、可用于 PBL 的问题以及案例研究的来源，均可用作归纳式学习活动的焦点话题。

到目前为止，文献只能告诉你如何处理归纳式教学中可能面临的困难。当你尝试开展并避免这些困难或处理已出现的困难时，你还可以向校园里教学经验丰富的同事或教学顾问寻求指导和帮助。

做好铺垫。

无论何时，只要你采用了不同于寻常的"我告诉你如何做，然后让你在考试中做一遍"教学模式，总有一些学生可能会不高兴并退缩。这种情景对主动学习（第 6 章）、合作式学习（第 11 章），尤其是归纳式学习都尤为贴切。你越是要求学生自己解决问题，你就越有可能遭遇来自学生的阻力，而本书所介绍的方法中"基于问题的学习"无疑可能遭遇最大的阻力。（如果做得好，可能也会产生最深度的学习。）在你开始采用归纳式教学法之前，请向学生解释你将要做什么、为什么要这样做、他们将如何从中受益，以及现有研究对其有效性的说明。即使你都这么做了，仍然可能会遭遇阻力，但和什么都不做相比较的话，做好铺垫工作之后你遇到的阻力会温和并且短暂得多。

12.3　以学习者为中心的教学策略

韦默（Weimer，2012， 2013）归纳出以学习者为中心教学的五种基本属性，我们建议在此基础上补充第六种属性。表 12.3.1 列出了本书探讨过的对应各种属性的多种教学方法及其章节索引。

表 12.3.1　以学习者为中心的教学属性和方法

A. 让学生参与到艰苦、麻烦的学习中去

• 在课堂活动、作业和考试中，给予学生不同问题和问题类型（封闭式和开放式、定量的和定性的、定义良好的和定义不清的、布鲁姆教育目标分类法中的不同层次）（参见第 2、8—10 章）。

• 采用主动学习（参见第 3—6 章）和合作式学习（参见第 11 章）。

• 归纳式教学（参见 12.2 节）。

B. 给予学生一定的教育控制权来激励和赋权学生

• 在制订关于成绩的课程规则（参见 3.4 节）、处理作弊（参见 3.6 节）和项目选题（参见第 10 章）时倾听学生的声音。

C. 鼓励学生之间的合作

• 采用小组式主动学习（参见第 3—6 章）和合作式学习（第 11 章）。

D. 促进学生反思他们学习的内容和方式

• 使用有声思考结对解决问题的课堂练习，要求学生解释问题解决方案中的关键步骤（参见 6.4 节）。

• 让学生完成低风险和高风险的写作作业以促进自我反思（参见 10.2 节），包括元认知反思（参见 9.2 节）。

E. 包含明确的技能指导

• 在学习目标中明确包含技术能力和职业能力（参见第 2、10 章），包含布鲁姆教育目标分类法（参见第 2 章）各个层次的知识和技能，并把这些都放进为考试准备的学习指南里（参见第 2、8 章）。

• 在作业和考试中包含面向学习目标的各种任务（参见第 8 章），并在讲课和课堂活动中对完成任务的程序进行示范（参见第 2、4、6—10 章）。

F. 清楚地表达对学生及其学习的关心

• 与学生建立良好沟通和融洽关系（参见 3.6、7.3 节）。

• 包容和专注于帮助所有学生建立归属感和自信心。避免成见，降低成见威胁（参见 12.1 节）。

• 当学生受到高阶思维任务的挑战时，采取措施为学生提供支持环境（参见 10.6 节），并缓解学生对以学习者为中心的学习的担忧（参见第 6、11 章，插曲"面对抱怨的几套说辞"）。

• 面向所有学生的学习需求和偏好进行教学（参见第 2—11 章，"认识你的学生"系列插曲和 12.1 节）。

　　经过研究验证，表 12.3.1 中罗列的教学方法全部都与一项或多项下述学习成果有关，包括改善学生学习、提高学业成绩、减少辍学人数特别是少数群体的辍学人数、激励学生采用深度学习方法、促进智力发展、平衡不同学习风格的学生的需求和偏好等（Busch-Vishniac & Jarosz，2007；Felder & Brent，2004c，2005；Rosser，1997；Svinicki & McKeachie，2014；Weber & Custer，2005）。

不要把表 12.3.1 看作是一份有效教学的万能药方——只要满足了这些必要且充分的教学条件就能一定保证所有学生实现所有学习目标。天下没有这样的药方。教无定法。你可以说出任何一种教学策略，从直接授课到最激进的以学习者为中心的教学方法，然后发现很多使用各种策略的教师，他们实至名归赢得了各种教学奖项。但是，如果你寻求一套策略，能够让班里大多数学生达成课程的知识、技能和价值观等目标，表 12.3.1 可能是一个很好的起点。

12.4 最后的话

如果你已经耐着性子读完了整本书，或者你只是挑选了部分章节去读并跳到这里想看看我们的最后结语，你会被我们抛出的大量信息和建议所吓倒，这不怪你。让我们一起回顾一下第 1 章中出现的几条建议吧。首先，要成为一名好老师，你不必采纳本书中所有的建议。你现在可能已经是位好老师。如果是，就继续做自己一直在做的事情，而不用采纳书中的任何观点，你也仍然是一位好老师。但是如果你采纳一些观点，你可能会成为一位更好的老师。

其次，当你转向以学习者为中心的教学时，不要过于激进。例如，不要直接从纯讲授式教学一下子跳转到基于问题的翻转课堂教学，也不要立马从下周一开始实施表 12.3.1（或任何其他方法集合）中的每一种方法。如果你是一位非常有才华的教师，你可能会侥幸成功；但如果你试图做得太快太多，那么你将要面对的不确定性和学生抵抗的结合可能会让事情变得非常糟糕，让你不敢再轻易尝试任何新兴教学方法。你的目标应该是稳步提高你的教学水平。在任何时候你的课程只需做出 2~3 次改变，就应该能够看到学生的表现与上一次相比有所改善，这时你完全有资格宣布胜利，并开始思考你可以做些什么来让这门课程变得更好。如果要用一句话来概括这份可以收获成功和满意的职业，我们认为这一句话应该是——教学是一场虽辛苦但值得的旅行，且行且珍惜。

参考文献

Accreditation Board for Engineering and Technology （ABET）. （n.d.）. Retrieved from http: // www.abet.org/accreditation/

Active Learning. （1998）. *Active learning with Dr. Richard Felder* ［Video］. North Carolina State University. Retrieved from www.youtube.com/watch? v=1J1URbdisYE

Adecco Staffing USA. （2013）. Lack of soft skills negatively impacts today's US workforce. Retrieved from www.adeccousa.com/about/press/Pages/ 20130930-lack-of-soft-skills-negatively-impacts-todays-us-workforce.aspx

Aggarwal, P., & O'Brien, C. L. （2008）. Social loafing on group projects: Structural antecedents and effect on student satisfaction. *Journal of Marketing Education*, 30（3）, 255-264.

Albanese, M. A., & Dast, L. （2014）. Problem-based learning: Outcomes evidence from the health professions. *Journal on Excellence in College Teaching*, 25（3&4）, 239-252.

Allen, D., & Tanner, K. （2006）. Rubrics: Tools for making learning goals and evaluation criteria explicit for both teachers and learners. *CBE Life Sciences Education*, 5（3）, 197-203. Retrieved from www.lifescied.org/content/5/3/ 197.full

Alley, M. （1996）. *The craft of scientific writing* （3rd ed.）. New York: Springer.

Alley, M. （2013）. *The craft of scientific presentations*: *Critical steps to succeed and critical errors to avoid* （2nd ed.）. New York: Springer.

Alred, G. J., Brusaw, C. T., & Oliu, W. E. （2011）. *Handbook of technical writing* （10th ed.）. Boston: St. Martin's Press.

Ambrose, S. A., Bridges, M. W., DiPietro, M., Lovett, M. C., & Norman, M. K. （2010）. *How learning works: Seven research-based principles for smart teaching.* San Francisco: Jossey-Bass.

American Institute of Chemical Engineers. AIChE Concept Warehouse. （n.d.）. Retrieved from jimi. cbee.oregonstate.edu/concept_warehouse

Anderson, L. W., & Krathwohl, D. R. （Eds.）. （2001）. *A taxonomy for learning, teaching and assessing: A revision of Bloom's taxonomy of educational objectives*; *Complete edition* （pp. 67-68）. New York: Longman.

Angelo, T. A., & Cross, K. P. （1993）. *Classroom assessment techniques: A handbook for college teachers* （2nd ed.）. San Francisco: Jossey-Bass.

Arnold, L., Willoughby, L., Calkins, V., Gammon, L., & Eberhart, G. （1981）. Use of peer evaluation in the assessment of medical students. *Journal of Medical Education*, 56 （1）, 35-42.

Aronson, E., Blaney, N., Stephan, C., Sikes, J., & Snapp, M. （1978）. *The jigsaw classroom.* Beverly Hills, CA: Sage.

Association of American Colleges & Universities. （2015）. Falling short？College learning and career success. Retrieved from www.aacu.org/leap/public-opinion-research/2015-survey-falling-short

Association for the Assessment of Learning in Higher Education （AALHE）. （n.d.）. Retrieved from course1.winona.edu/shatfield/air/rubrics.htm

Astin, A. W. （1993）. *What matters in college: Four critical years revisited.* San Francisco: Jossey-Bass.

Atman, C. J., Eris, O., McDonnell, J., Cardella, M. E., & Borgford-Parnell, J. L. （2014）. Engineering design education: Research, practice and examples that link the two. In A. Johri & B. M. Olds （Eds.）, *Cambridge handbook of engineering education research* （pp. 201-226）. New York: Cambridge University Press.

Baars, B. J., & Gage, N. M. （Eds.）. （2007）. *Cognition, brain, and consciousness: Introduction to cognitive neuroscience.* Amsterdam: Elsevier.

Baitz, I. （2006）. Strategies for inclusion of lesbian, gay, bisexual and transgender learners in discipline-based programs. *International Journal of Pedagogies & Learning*, 2（3）, 52-60.

Bandura, A. （1977）. Self-efficacy: Toward a unifying theory of behavioral change. *Psychological Review*, 84（2）, 191-215.

Barkley, E. F. （2009）. *Student engagement techniques: A handbook for college faculty*. San Francisco: Jossey-Bass.

Barrett, T., & Moore, S. （2011）. *New approaches to problem−based learning: Revitalising your practice in higher education*. New York: Routledge.

Baxter Magolda, M. B. （1992）. *Knowing and reasoning in college*. San Francisco: Jossey-Bass.

Beemyn, G. （2005）. Making campuses more inclusive of transgender students. *Journal of Gay and Lesbian Issues in Education*, 3（1）, 77-87.

Belenky, M. F., Clinchy, B. M., Goldberger, N. R., & Tarule, J. M. （1986/1997）. *Women's ways of knowing: The development of self, voice, and mind*. New York: Basic Books.

Bellanca, J. （1992）. *The cooperative think tank II : Graphic organizers to teach thinking in the cooperative classroom*. Palatine, IL: Skylight Publishing.

Benton, S. L., & Cashin, W. E. （n.d.）. Student ratings of teaching: A summary of the research and literature. IDEA Paper 50. Summary of research through 2010. The IDEA Center, Kansas State University. Retrieved from ideaedu.org/sites/default/files/idea-paper_50.pdf

Biggs, J. （1999）. *Teaching for quality learning at university*. Buckingham, UK: SRHE and Open University Press.

Biggs, J., & Tang, C. （2011）. *Teaching for quality learning at university* （4th ed.）. Maidenhead, UK: Open University Press.

Bligh, D. A. （1998）. *What's the use of lectures* ? San Francisco: Jossey−Bass.

Bloom, B. S., & Krathwohl, D. R. （1956）. *Taxonomy of educational objectives: The classification of educational goals by a committee of college and university examiners. Handbook 1. Cognitive domain*. New York: Addison-Wesley.

Blue, J., Taylor, B., & Yarrison-Rice, J. （2008）. Full cycle assessment of critical thinking in an ethics and science course. *International Journal for the Scholarship of Teaching and Learning*, 2（1）. Retrieved from digitalcommons. georgiasouthern.edu/cgi/viewcontent.cgi ？ article=1078&context=ij-sotl

Boettcher, J. V., & Conrad, R. M. （2010）. *The online teaching survival guide: Simple and practical pedagogical tips*. San Francisco: Jossey-Bass.

Boice, R. （1990）. *Professors as writers*. Stillwater, OK: New Forums Press.

Boice, R. （2000）. *Advice for new faculty members*. Needham Heights, MA: Allyn Bacon.

Boud, D., & Feletti, G. I. （Eds.）. （1997）. *The challenge of problem-based learning* （2nd ed.）. London: Kogan Page.

Bransford, J., Brown, A., & Cocking, R. （2000）. *How people learn: Brain, mind, experience and school*. Washington, DC: Commission on Behavioral and Social Science and Education, National Research Council. Retrieved from www.nap.edu/catalog/9853/how-people-learn-brain-mind-experience- and-school-expanded-edition

Brent, R., & Felder, R. M. （1992）. Writing assignments—Pathways to connections, clarity, creativity. *College Teaching*, 40 （1）, 43-47. Retrieved from www.ncsu.edu/felder-public/Papers/Writing_Paper.pdf

Brent, R., & Felder, R. M. （2012）. Learning by solving solved problems. *Chemical Engineering Education*, 46 （1）, 29-30. Retrieved from www.ncsu.edu/ felder-public/Columns/WorkedSolutions.pdf

Brown, P. C., Roediger III, H. L., & McDaniel, M. A. （2014）. *Make it stick: The science of successful learning*. Cambridge, MA: Belknap Press.

Brown, R. W. （1995）. Autorating: Getting individual marks from team marks and enhancing teamwork. *1995 Frontiers in Education Conference Proceedings* （November）. Pittsburgh, PA: IEEE/ASEE.

Brownell, S. E., Kloser, M. J., Fukami, T., & Shavelson, R. （2012）. Undergraduate biology lab courses: Comparing the impact of traditionally based "cookbook" and authentic research-based courses on student lab experiences. *Journal of College Science Teaching*, 41 （4）, 36-45.

Bullard, L. G., & Melvin, A. T. （2011）. Using a role-play video to convey expectations about academic integrity. *Advances in Engineering Education*, 2 （3）, 1-12.

Bunce, D. M., Flens, E. A., & Neiles, K. Y. （2010）. How long can students pay attention in class? A study of student attention decline using clickers. *Journal of Chemical Education*, 87 （12）, 1438-1443.

Burke, R. J., & Mattis, M. C. （Eds）. （2007）. *Women and minorities in science, technology, engineering and mathematics: Upping the numbers*. Cheltenham, UK: Edward Elgar.

Busch-Vishniac, I. J., & Jarosz, J. P. （2007）. Achieving greater diversity through curricular change. In R. J. Burke & M. C. Mattis （Eds.）, *Women and minorities in science, technology, engineering and mathematics: Upping the numbers* （Chap. 11）. Cheltenham, UK: Edward Elgar.

Capraro, R. M., Capraro, M. M., & Morgan, J. R. （2013）. *STEM project–based learning: An integrated science, technology, engineering, and mathematics （STEM） approach* （2nd ed.）. Rotterdam: Sense Publishers.

Carl Wieman Science Education Initiative. （n.d.）. Retrieved from www.cwsei.ubc. ca/resources/clickers.htm#questions

Carpenter, D. D., Harding, T. S., & Finelli, C. J. （2010）. Using research to identify academic dishonesty deterrents among engineering undergraduates. *International Journal of Engineering Education*, 26（5）, 1156-1165.

Carpenter, D. D., Harding, T. S., Finelli, C. J., Montgomery, S. M., & Passow, S. J. （2006）. Engineering students' perceptions of and attitudes toward cheating. *Journal of Engineering Education*, 23（4）, 181-194.

Case, J. M., & Marshall, D.（2009）. Approaches to learning. In M. Tight, K. H. Mok, J. Huisman, & C. C. Morphew （Eds.）, *The Routledge international handbook of higher education* （pp. 9-22）. New York: Routledge.

CATME Smarter Teamwork. （n.d.）. Retrieved from info.catme.org

CBI. （2008）. *Taking stock: CBI education and skills survey 2008*. London: Confederation of Business Industry.

Cedefop （European Centre for the Development of Vocational Training）. （2009）. *The shift to learning outcomes: Policies and procedures in Europe*. Luxembourg: Office for Official Publications of the European Communities.

Chi, M. T. H. （2005）. Common sense conceptions of emergent processes: Why some misconceptions are robust. *Journal of the Learning Sciences*, 14, 161-199.

Cho, K., & MacArthur, C. （2010）. Student revision with peer and expert reviewing. *Learning and Instruction*, 20, 328-338.

Chubin, D. E., May, G. S., & Babco, E. L. （2005）. Diversifying the engineering workforce. *Journal of Engineering Education*, 94（1）, 73-86.

Clark, R. C., & Mayer, R. E. （2003）. *e-Learning and the science of instruction*. San Francisco: Pfeiffer.

Coffield, F. （2012）. Learning styles: Unreliable, invalid and impractical and yet still widely used. *Bad education: Debunking myths in education*. Berkshire UK: Open University Press.

Cohen, P. A. （1984）. College grades and adult achievement: A research synthesis. *Research in Higher Education*, 20（3）, 281-293.

Condon, W., & Kelly-Riley, D. （2004）. Washington State University critical thinking project: Improving student learning outcomes through faculty practice. *Assessing Writing*, 9（1）, 56-75.

Cornelius, T. L., & Owen-DeSchryver, J. （2008）. Differential effects of full and partial notes on learning outcomes and attendance. *Teaching of Psychology*, 35（1）, 6-12.

Cowan, N. （2010）. The magical mystery four: How is working memory capacity limited, and why？ *Current Directions in Psychological Science*, 19（1）, 51-57.

Crooks, T. J. （1988）. The impact of classroom evaluation practices on students. *Review of Educational Research*, 58（4）, 438-481.

Croxton, R. A. （2014）. The role of interactivity in student satisfaction and persistence in online learning. *Journal of Online Learning and Teaching*, 10（2）, 314-325. Retrieved from jolt. merlot.org/vol10no2/croxton_0614.pdf

Dansereau, D. F., & Newbern, D. （1997）. Using knowledge maps to enhance teaching. In W. E. Campbell & K. A. Smith （Eds.）, *New paradigms for college teaching* （pp. 127-147）. Edina, MN: Interaction Book Company.

Davis, C., & Yadav, A. （2014）. Case studies in engineering. In A. Johri & B. M. Olds （Eds.）, *Cambridge handbook of engineering education research* （pp. 161-180）. New York: Cambridge University Press.

DeMars, C. （2010）. *Item response theory*. Oxford: Oxford University Press.

Deslauriers, L., Schelew, E., & Wieman, C. （2011）. Improved learning in a large-enrollment physics class. *Science*, 332（6031）, 862-864.

Dewey, J. （1910）. *How we think*. Lexington, MA: D. C. Heath.

Donhardt, G. L. （2004）. In search of the effects of academic achievement in post- graduation earnings. *Research in Higher Education*, 45（3）, 271-284.

Douglas, E. P., & Chiu, C. C. （2013）. Implementation of process oriented guided inquiry learning （POGIL） in engineering. *Advances in Engineering Education, 3*（3）, 1-16. Retrieved from advances.asee.org/wp-content/uploads/ vol03/issue03/papers/aee-vol03-issue03– 03.pdf

Duch, B. J., Groh, S. E., & Allen, D. E. （Eds.）. （2001）. *The power of problem–based learning.* Sterling, VA: Stylus.

Dunlosky, J., Rawson, K. A., Marsh, E. J., Nathan, M. J., & Willingham, D. T. （2013）. Improving students' learning with effective learning techniques: Promising directions from cognitive and educational psychology. *Psychological Science in the Public Interest, 14*（1）, 4-58.

Dweck, C. （2006）. *Mindset: The new psychology of success.* New York: Ballantine Books.

Dym, C. L., Agogino, A. M., Eris, O., Frey, D. D., & Leifer, L. （2005）. Engineering design, thinking, teaching, and learning. *Journal of Engineering Education, 94*（1）, 103-120.

Dym, C. L., Little, P., & Orwin, E. （2013）. *Engineering design: A project–based introduction* （4th ed.）. Hoboken, NJ: Wiley.

Eberlein, T., Kampmeier, J., Minderhout, V., Moog, R. S., Platt, T., Varma-Nelson, P., & White, H. G. （2008）. Pedagogies of engagement in science: A comparison of PBL, POGIL, and PLTL. *Biochemistry and Molecular Biology Education, 36*（4）, 262-273.

Elbow, P. （1986）. *Embracing contraries: Explorations in learning and teaching.* New York: Oxford University Press.

Elbow, P. （1998）. *Writing without teachers.* Oxford: Oxford University Press.

Elbow, P., & Sorcinelli, M. D. （2014）. Using high-stakes and low-stakes writing to enhance learning. In M. D. Svinicki & W. J. McKeachie （Eds.）, *McKeachie's teaching tips: Strategies, research, and theory for college and university teachers* （14th ed., pp. 213-231）. Belmont, CA: Wadsworth Cengage.

Ellis, G. W., Rudnitsky, A., & Silverstein, B. （2004）. Using concept maps to enhance understanding in engineering education. *International Journal of Engineering Education, 20*（6）, 1012-1021.

Engineering Projects in Community Service （EPICS）. （n.d.）. Retrieved from engineering. purdue.edu/EPICS

Ericsson, K. A., Krampe, R. T., & Tescher-Romer, C. （1993）. The role of deliberate practice in the acquisition of expert performance. *Psychological Review, 100*, 363-406.

Erwin, T. D., & Sebrell, K. W. （2003）. Assessment of critical thinking: ETS's tasks in critical thinking. *Journal of General Education*, 52 （1）, 50-70.

Eschenbach, E. A., Virnoche, M., Cashman, E. M., Lord, S. M., & Camacho, M. M. （2014）. Proven practices that can reduce stereotype threat in engineering education: A literature review. *Proceedings of the 2014 Frontiers in Education Conference*, Madrid, Spain. IEEE/ASEE.

Etkina, E., Brookes, D. T., Murthy, S., Karelina, A., Villasenhor, M. R., & Heuvelen, A. V. （2006）. Developing and assessing student scientific abilities. *Proceedings of the National STEM Assessment Conference*. Washington, DC: National Science Foundation and Drury University. Retrieved from www.openwatermedia.com/downloads/STEM （for-posting）.pdf

Etkina, E., Murthy, S., & Zou, X. （2006）. Using introductory labs to engage students in experimental design. *American Journal of Physics*, 74, 979-986.

European Higher Education Area. （2014）. Bologna Process—European Higher Education Area. Retrieved from http: //www.ehea.info/article-details.aspx ? ArticleId=5

Evans, N. J. （2002）. The impact of an LGBT safe zone project on campus climate. *Journal of College Student Development*, 43 （4）, 522-539.

Exam Wrappers. （n.d.）. Eberly Center, Carnegie Mellon University. Retrieved from www.cmu.edu/teaching/designteach/teach/examwrappers

Fassinger, P. A. （1995）. Understanding classroom interaction: Students' and professors' contributions to students' silence. *Journal of Higher Education*, 66 （1）, 82-96.

Feisel, L. D., & Rosa, A. J. （2005）. The role of the laboratory in undergraduate engineering education. *Journal of Engineering Education*, 94 （1）, 126-130.

Felder, R. M. （1985）. The generic quiz: A device to stimulate creativity and higher-level thinking skills. *Chemical Engineering Education*, 19 （4）, 176-181, 213-214. Retrieved from www.ncsu.edu/felder-public/Papers/ Generic.pdf

Felder, R. M. （1987）. On creating creative engineers. *Journal of Engineering Education*, 77 （4）, 222-227. Retrieved from www.ncsu.edu/felder-public/ Papers/Creative_Engineers.pdf

Felder, R. M. （1988）. Creativity in engineering education. *Chemical Engineering Education*, 22（3）, 120-125. Retrieved from www.ncsu.edu/felder-public/ Papers/Creativity （CEE）.pdf

Felder, R. M. （1994）. Any questions? *Chemical Engineering Education*, 28 （3）, 174-175. Retrieved from www.ncsu.edu/felder-public/Columns/Questions.pdf

Felder, R. M. （1995）. A longitudinal study of engineering student performance and retention. IV. Instructional methods and student responses to them. *Journal of Engineering Education*, 84 （4）, 361-367. Retrieved from www.ncsu.edu/felder-public/Papers/long4.html

Felder, R. M. （1999）. Memo to students who are disappointed with their last test grade. *Chemical Engineering Education*, 33 （2）, 136-137. Retrieved from www.ncsu.edu/felder-public/Columns/memo.pdf

Felder, R. M. （2000）. The alumni speak. *Chemical Engineering Education*, 34 （3）, 238-239.

Felder, R. M. （2007）. Sermons for grumpy campers. *Chemical Engineering Education*, 41 （3）, 183-184. Retrieved from www.ncsu.edu/felder-public/ Columns/Sermons.pdf

Felder, R. M. （2010）. Are learning styles invalid？（Hint: No.） *On-Course Newsletter*, September 27. Retrieved from www.ncsu.edu/felder-public/Papers/LS_ Validity （On-Course）.pdf

Felder, R. M. （2011a）. Hang in there: Dealing with student resistance to learner- centered teaching. *Chemical Engineering Education*, 45 （2）, 131-132. Retrieved from www.ncsu.edu/felder-public/Columns/HangInThere.pdf

Felder, R. M. （2011b）. How to stop cheating—or at least slow it down. *Chemical Engineering Education*, 45 （1）, 37-38. Retrieved from www.ncsu.edu/ felder-public/Columns/Cheating.pdf

Felder, R. M., & Brent, R. （1996）. Navigating the bumpy road to student-centered instruction. *College Teaching*, 44, 43-47. Retrieved from www.ncsu.edu/ felder-public/Papers/Resist.html

Felder, R. M., & Brent, R. （1997）. Objectively speaking. *Chemical Engineering Education*, 31（3）, 178-179. Retrieved from www.ncsu.edu/felder-public/ Columns/Objectives.html

Felder, R. M., & Brent, R. （2001）. Effective strategies for cooperative learning. *Journal of Cooperation and Collaboration in College Teaching*, 10 （2）, 69-75. Retrieved from www.ncsu. edu/felder-public/Papers/ CLStrategies （JCCCT）.pdf

Felder, R. M., & Brent, R. （2003）. Designing and teaching courses to satisfy the ABET Engineering Criteria. *Journal of Engineering Education*, 92 （1）, 7-25. Retrieved from www. ncsu.edu/felder-public/Papers/ABET_Paper_ （JEE）.pdf

Felder, R. M., & Brent, R. （2004a）. Death by PowerPoint. *Chemical Engineering Education*, 39（1）, 28-29. Retrieved from www.ncsu.edu/felder-public/ Columns/PowerPoint.pdf

Felder, R. M., & Brent, R. （2004b）. The intellectual development of science and engineering students. 1. Models and challenges. *Journal of Engineering Education*, 93 （4）, 269-277.

Retrieved from www.ncsu.edu/felder-public/ Papers/IntDev-I.pdf

Felder, R. M., & Brent, R. （2004c）. The intellectual development of science and engineering students. 2. Teaching to promote growth. *Journal of Engineering Education*, 93（4）, 279-291. Retrieved from www.ncsu.edu/ felder-public/Papers/IntDev-II.pdf

Felder, R. M., & Brent, R. （2004d）. A protocol for peer review of teaching. *Proceedings, 2004 Annual ASEE Conference*. Washington, DC: American Society for Engineering Education. Retrieved from www.ncsu.edu/felder- public/Papers/ASEE04（Peer-Review）.pdf

Felder, R. M., & Brent, R. （2005）. Understanding student differences. *Journal of Engineering Education*, 94（1）, 57-72. Retrieved from www.ncsu.edu/ felder-public/Papers/Understanding_ Differences.pdf

Felder, R. M., & Brent, R. （2007）. Cooperative learning. In P. A. Mabrouk （Ed.）, *Active learning: Models from the analytical sciences*. Washington, DC: American Chemical Society. Retrieved from www.ncsu.edu/felder-public/ Papers/CLChapter.pdf

Felder, R. M., & Brent, R. （2008）. Student ratings of teaching: Myths, facts, and good practices. *Chemical Engineering Education*, 42（1）, 33-34. Retrieved from www.ncsu.edu/felder-public/ Columns/StudentRatings.pdf

Felder, R. M., & Brent, R. （2009）. Active learning: An introduction. *ASQ Higher Education Brief*, 2（4）. Retrieved from www.ncsu.edu/felder-public/Papers/ ALpaper（ASQ）.pdf

Felder, R. M., & Brent, R. （2010）. Hard assessment of soft skills. *Chemical Engineering Education*, 44（1）, 63-64. Retrieved from www.ncsu.edu/ felder-public/Columns/SoftSkills.pdf

Felder, R. M., & Brent, R. （n.d.）. Forms for cooperative learning. Retrieved from www.ncsu.edu/ felder-public/CL_forms.doc

Felder, R. M., Felder, G. N., & Dietz, E. J. （2002）. The effects of personality type on engineering student performance and attitudes. *Journal of Engineering Education*, 91（1）, 3-17. Retrieved from www.ncsu.edu/felder-public/ Papers/longmbti.pdf

Felder, R. M., Felder, G. N., Mauney, M., Hamrin Jr., C. E., & Dietz, E. J. （1995）. A longitudinal study of engineering student performance and retention. III. Gender differences in student performance and attitudes. *Journal of Engineering Education*, 84（2）, 151-174. Retrieved from www.ncsu.edu/felder- public/Papers/long3.pdf

Felder, R. M., & Peretti, S. W. （1998）. A learning theory-based approach to the undergraduate engineering laboratory. *American Society of Engineering Education Annual Conference Proceedings*. Washington, DC: American Society for Engineering Education. Retrieved from www.ncsu.edu/felder- public/Papers/330Lab.pdf

Felder, R. M., & Silverman, L. K. （1988）. Learning and teaching styles in engineering education. *Journal of Engineering Education*, 78（7）, 674-681. Retrieved from www.ncsu.edu/felder-public/Papers/LS-1988.pdf

Felder, R. M., & Stice, J. E. （2014）. Tips on test-taking. *Chemical Engineering Education*, 48（1）, 57-58. Retrieved from www.ncsu.edu/felder-public/ Columns/TestTaking.pdf

Fiechtner, S. B., & Davis, E. A. （1985）. Why some groups fail: A survey of students＇experiences with learning groups. *The Organizational Behavior Teaching Review*, 9（4）, 75-88.

Fink, L. D. （2003）. *Creating significant learning experiences*. San Francisco: Jossey-Bass.

Fogler, H. S., LeBlanc, S. E., & Rizzo, B. （2014）. *Strategies for creative problem solving* （3rd ed.）. Upper Saddle River, NJ: Pearson.

Freeman, S., Eddy, S. L., McDonough, M., Smith, M. K., Okoroafor, N., Jordt, H., & Wenderoth, M. P. （2014）. Active learning increases student performance in science, engineering, and mathematics. *Proceedings of the National Academy of Science*, June 10, 2014, Vol. 111, No. 23. Retrieved from www.pnas.org/content/early/2014/05/08/1319030111.full.pdf+html

Garber, A. （2001）. Death by PowerPoint. Small Business Computing.com （April）. www.smallbusinesscomputing.com/biztools/article.php/684871/Death- By-Powerpoint.htm

Gibbs, G., & Simpson, C. （2004-2005）. Conditions under which assessment supports students＇learning. *Learning and Teaching in Higher Education*, 1, 3-31.

Gikandi, J. W., Morrow, D., & Davis, N. E. （2011）. Online formative assessment in higher education: A review of the literature. *Computers & Education*, 57, 2333-2351.

Goodman, I. F., Cunningham, C. M., Lachapelle, C., Thompson, M., Bittinger, K., Brennan, R. T., & Delci, M. （2002）. *Final report of the women＇s experiences in college engineering* （WECE） *Project*. Cambridge, MA: Goodman Research Group. Retrieved from www.grginc.com/WECE_FINAL_ REPORT.pdf

Gosser, D. K., Cracolice, M. S., Kampmeier, J. A., Roth, V., Strozak, V. S., & Varma-Nelson, P.（Eds.）. （2001）. *Peer-led team learning: A guidebook*. Upper Saddle River, NJ: Prentice Hall.

Gronlund, N. E. （2008）. *How to write and use instructional objectives* （8th ed.）. Upper Saddle

River, NJ: Prentice Hall.

Guglielmino, L. M. （2013）. The case for promoting self-directed learning in formal educational institutions. *SE-eDUC Journal*, 10（2）. Retrieved from www-nwu-ac-za.web.nwu.ac.za/ sites/www-nwu-ac-za.web.nwu.ac.za/ sites/www.nwu.ac.za/files/files/p-saeduc/sdl%20issue/ Guglielmino, %20L.M.%20The%20case%20for%20promoting%20self-directed%20lear.pdf

Guo, P. J., Kim, J., & Rubin, R. （2014）. How video production affects student engagement: An empirical study of MOOC videos. *Proceedings of the first ACM Conference on Learning@Scale*. Atlanta, Georgia, March 4-5, 2014. Retrieved from groups.csail.mit.edu/uid/other-pubs/las2014-pguo- engagement.pdf

Gurin, P. （1999）. The compelling need for diversity in education （expert report）. University of Michigan. Retrieved from diversity.umich.edu/admissions/ legal/expert/gurintoc.html

Haidet, P., Kubitz, K., & McCormack, W. T. （2014）. Analysis of the team-based learning literature: TBL comes of age. *Journal on Excellence in College Teaching*, 25（3&4）, 303-333.

Hart, J. （2015）. Top 100 tools for learning. Center for Learning & Performance Technologies. Retrieved from c4lpt.co.uk/top100tools/

Hart Research Associates. （2010）. *Raising the bar: Employers' views on college learning in the wake of the economic downturn*. Washington, DC: Author. Retrieved from www.aacu.org/leap/ documents/2009_EmployerSurvey.pdf

Hartley, J., & Davies, I. K. （1978）. Note-taking: A critical review. *Programmed Learning & Educational Technology*, 15, 207-224.

Hattie, J. （2009）. *Visible learning*. New York: Routledge.

Hawk, T. F., & Lyons, P. R. （2008）. Please don't give up on me: When faculty fail to care. *Journal of Management Education*, 32（3）, 316-338.

Heller, P., & Hollabaugh, M. （1992）. Teaching problem solving through cooperative grouping. Part II: Designing problems and structuring groups. *American Journal of Physics*, 60, 637-644.

Herreid, C. F., Schiller, N. A., & Herreid, K. F. （2012）. *Science stories: Using case studies to teach critical thinking*. Arlington, VA: NSTA Press.

Heslin, P. A. （2009）. Better than brainstorming？ Potential contextual boundary conditions to brainwriting for idea generation in organizations. *Journal of Occupational and Organizational Psychology*, 82, 129-145.

Heywood, J. （2005）. *Engineering education: Research and development in curriculum and instruction*. Hoboken, NJ: IEEE/Wiley.

Hiemstra, R. （2013）. Self-directed learning: Why do most instructors still do it wrong？ *International Journal of Self-Directed Learning*, 10（1）, 23-34.

Hobson, E. H. （2004）. Getting students to read: Fourteen tips （IDEA Paper 40）. Manhattan, KS: The IDEA Center. Retrieved from ideaedu.org/research- and-papers/idea-papers/idea-paper-no-40/

How stuff works. （n.d.）. Retrieved from www.howstuffworks.com/

Hunsaker, P., Pavett, C., & Hunsaker, J. （2011）. Increasing student-learning team effectiveness with team charters. *Journal of Education for Business*, 86（3）, 127-139.

Hutchison-Green, M. A., Follman, D. K., & Bodner, G. M. （2008）. Providing a voice: Qualitative investigation of the impact of a first-year engineering experience on students' efficacy beliefs. *Journal of Engineering Education*, 97（2）, 177-190.

International Engineering Alliance. （n.d.）. Washington accord. Retrieved from www. washingtonaccord.org/washington-accord

Jackson, M. （1996）. Making the grade: The formative evaluation of essays. In *ultiBASE* （July 3）. Retrieved from trove.nla.gov.au/work/153148874？q& versionId=166904470

Jacobs, L. C. （2002）. How to write better tests: A handbook for improving test construction skills. Indiana University. Retrieved from www.indiana.edu/~best/pdf_docs/better_tests.pdf

Jacoby, B. （2014）. *Service-learning essentials: Questions, answers, and lessons learned*. San Francisco: Jossey-Bass.

Jain, R., Shanahan, B., & Roe, C. （2009）. Broadening the appeal of engineering— addressing factors contributing to low appeal and high attrition. *International Journal of Engineering Education*, 25（3）, 405-418.

Jensen, J. L., Kummer, T. A., & Godoy, D. d. M. （2015）. Improvements from a flipped classroom may simply be the fruits of active learning. *CBE-Life Sciences Education*, 14, 1-12. Retrieved from www.lifescied.org/content/ 14/1/ar5.full.pdf+html

Johnson, D. W., Johnson, R. T., & Smith, K. A. （2006）. *Active learning: Cooperation in the college classroom* （3rd ed.）. Edina, MN: Interaction Book.

Johnson, D. W., Johnson, R. T., & Smith, K. A. （2014）. Cooperative learning: Improving university instruction by basing practice on validated theory. *Journal on Excellence in College Teaching*, 25 （3&4）, 85-118.

Johnson, D. W., Johnson, R. T., & Stanne, M. E. （2000）. *Cooperative learning methods: A meta-analysis*. University of Minnesota, Minneapolis: Cooperative Learning Center. Retrieved from www.lcps.org/cms/lib4/ VA01000195/Centricity/Domain/124/Cooperative_Learning Methods A Meta-Analysis.pdf

Johri, A., & Olds, B. M. （Eds.）. （2014）. *Cambridge handbook of engineering education research*. New York: Cambridge University Press.

Journals in Higher Education （JIHE）. （n.d.） Retrieved from www.cideronline.org/ jihe/view1. cfm

Just-in-Time Teaching （JiTT）. （n.d.）. Retrieved from jittdl.physics.iupui.edu/ jitt/

Karpicke, J. D., & Blunt, J. E. （2011）. Retrieval practice produces more learning than elaborative studying with concept mapping. *Science*, 331（6018）, 772-775.

Kaufman, D. B., Felder, R. M., & Fuller, H. （2000）. Accounting for individual effort in cooperative learning teams. *Journal of Engineering Education*, 89, 133-140. Retrieved from www.ncsu.edu/ felder-public/Papers/ Kaufmanpap.pdf

Kaufman, J. C., Plucker, J. A., & Baer, J. （2008）. *Essentials of creativity assessment*. Hoboken, NJ: Wiley.

Kiewra, K. A. （1989）. A review of note-taking: The encoding storage paradigm and beyond. *Educational Psychology Review*, 1（2）, 147-172.

Kiewra, K. A. （2012）. Using graphic organizers to improve teaching and learning. Idea Paper 51. Manhattan, KS: The Idea Center. Retrieved from ideaedu.org/research-and-papers/idea-papers/ idea-paper-no-51/

King, A. （1993）. From sage on the stage to guide on the side. *College Teaching*, 41（1）, 30-35.

Knapper, C. K., & Cropley, A. J. （2000）. *Lifelong learning in higher education*. London: Kogan Page.

Knowles, M. S. （1975）. *Self-directed learning: A guide for learners and teachers*. New York: Association Press.

Kolb, D. A. （1984）. *Experiential learning: Experience as the source of learning and development*. Englewood Cliffs, NJ: Prentice Hall.

Kolmos, A., & de Graaf, E. （2014）. Problem-based and project-based learning in engineering education. In A. Johri & B. M. Olds （Eds.）, *Cambridge handbook of engineering education research* （pp. 141-160）. New York: Cambridge University Press.

Kolowich, S. （2013）. The new intelligence. *Inside Higher Ed* （January 25）. Retrieved from https://www.insidehighered.com/news/2013/01/25/arizonast-and-knewtons-grand-experiment-adaptive-learning

Koretsky, M. D. （2015）. Program level curriculum reform at scale: Using studios to flip the classroom. *Chemical Engineering Education*, 49（1）, 47-57.

Koretsky, M. D., & Brooks, B. J. （2012）. Student attitudes in the transition to an active-learning technology. *Chemical Engineering Education*, 46（1）, 289-297.

Koretsky, M. D., Kelly, C., & Gummer, E. （2011a）. Student learning in industrially situated virtual laboratories. *Chemical Engineering Education*, 45（3）, 219-228.

Koretsky, M. D., Kelly, C., & Gummer, E. （2011b）. Student perceptions of learning in the laboratory: Comparison of industrially situated virtual laboratories to capstone physical laboratories. *Journal of Engineering Education*, 100（3）, 540-573.

Krathwohl, D. R., Bloom, B. S., & Massia, B. B. （1984）. *Taxonomy of educational objectives. Handbook 2*. Affective domain. New York: Addison-Wesley.

Kroll, B. M. （1992）. *Teaching hearts and minds: College students reflect on the Vietnam War in literature*. Carbondale, IL: Southern Illinois University Press.

Kurfiss, J. G. （1988）. *Critical thinking: Theory, research, practice, and possibilities*. ASHE-ERIC Higher Education Report 2. Washington, DC: ASHE-ERIC.

Lang, J. D., Cruse, S., McVey, F. D., & McMasters, J. （1999）. Industry expectations of new engineers: A survey to assist curriculum designers. *Journal of Engineering Education*, 88（1）, 43-51.

Lasry, N., Mazur, E., & Watkins, J. （2008）. Peer instruction: From Harvard to the two-year college. *American Journal of Physics*, 76（11）, 1066-1069.

Laursen, S., Hunter, A., Seymour, E., Thiry, H., & Melton, G. （2010）. *Undergraduate research in the sciences: Engaging students in real science*. San Francisco: Jossey-Bass.

Layton, R. A., Loughry, M. L., Ohland, M. W., & Ricco, G. D. （2010）. Design and validation of a web-based system for assigning members to teams using instructor-specified criteria. *Advances in

Engineering Education, 2（1）, 1-28.

Lee, V. S. （Ed.）. （2004）. *Teaching & learning through inquiry: A guidebook for institutions and instructors*. Sterling, VA: Stylus.

Lee, V. S. （Ed.）. （2012）. *Inquiry-guided learning new directions for teaching and learning*, No. 129. San Francisco: Jossey-Bass.

Lichtenstein, G., Chen, H. I., Smith, K. A., & Maldonado, T. A. （2014）. Retention and persistence of women and minorities along the engineering pathway in the United States. In A. Johri & B. M. Olds （Eds.）, *Cambridge handbook of engineering education research* （pp. 311-334）. New York: Cambridge University Press.

Lightman, A., & Sadler, P. （1993）. Teacher predictions versus actual student gains. *The Physics Teacher*, 31, 162-167.

Lochhead, J., & Whimbey, A. （1987）. Teaching analytical reasoning through thinking-aloud pair problem solving. In J. E. Stice （Ed.）, *Developing critical thinking and problem-solving abilities* （pp. 73-92）. New Directions for Teaching and Learning, No. 30. San Francisco: Jossey-Bass.

Loughry, M. L., Ohland, M. W., & Moore, D. D. （2007）. Development of a theory-based assessment of team member effectiveness. *Educational and Psychological Measurement*, 67（3）, 505-524.

Loughry, M. L., Ohland, M. W., & Woehr, D. J. （2014）. Assessing teamwork skills for assurance of learning using CATME Team Tools. *Journal of Marketing Education*, 36（1）, 5-19.

Lowman, J. （1995）. *Mastering the techniques of teaching* （2nd ed.） San Francisco: Jossey-Bass.

Lyman Jr., F. （1981）. The responsive classroom discussion: The inclusion of all students. In A. S. Anderson （Ed.）, *Mainstreaming digest*. College Park: University of Maryland.

Lynch, C. L., & Wolcott, S. K. （2001）. Helping your students develop critical thinking skills（IDEA Paper 37）. Manhattan, KS: The IDEA Center. Retrieved from ideaedu.org/research-and-papers/idea-papers/idea-paper- no-37/

Mager, R. F. （1997）. *Preparing instructional objectives: A critical tool in the development of effective instruction*. Atlanta, GA: The Center for Effective Performance.

Markel, M. （2014）. *Technical communication* （11th ed.）. Boston: Bedford/St.Martin's.

Marra, R., Jonassen, D. H., Palmer, B., & Luft, S. （2014）. Why problem-based learning works: Theoretical foundations. *Journal on Excellence in College Teaching*, 25（3&4）, 221-238.

Marton, F., Hounsell, D., & Entwistle, N. （Eds.）. （1997）. *The experience of learning* （2nd ed.）. Edinburgh: Scottish Academic Press.

Mastascusa, E. J., Snyder, W. J., & Hoyt, B. S. （2011）. *Effective instruction for STEM disciplines: From learning theory to college teaching*. San Francisco: Jossey-Bass.

Mayer, R. E. （2003）. Cognitive theory and the design of multimedia instruction: An example of the two-way street between cognition and instruction. In D. F. Halpern & M. D. Hakel （Eds.）, *Applying the science of learning to university teaching and beyond* （pp. 55-72）. New Directions for Teaching and Learning Science, No. 89. San Francisco: Jossey-Bass.

Mazur, E. （1997）. *Peer instruction: A user's manual*. Upper Saddle River, NJ: Prentice Hall.

Means, B., Toyama, Y., Murphy, R., Bakia, M., & Jones, K. （2010）. *Evaluation of evidence-based practices in online learning: A meta-analysis and review of online learning studies*. Washington, DC: US Department of Education. Retrieved from www2.ed.gov/rschstat/eval/tech/evidence-based-practices/ finalreport.pdf

Meyers, S. A.（2009）. Do your students care whether you care about them？ *College Teaching*, 57(4), 205-210.

Michaelson, L. K., Knight, A. B., & Fink, L. D. （2004）. *Team-based learning: A transformative use of small groups in college teaching*. Arlington, VA: Stylus.

Middendorf, J., & Kalish, A. （1996）. The "change-up" in lectures. *National Teaching and Learning Forum*, 5 （2）, 1-5.

Millis, B. J., & Cottell Jr., P. G. （1998）. *Cooperative learning for higher education faculty*. Phoenix: Oryx Press.

Momsen, J. L., Long, T. M., Wyse, S. A., & Ebert-May, D. （2010）. Just the facts？ Introductory undergraduate biology courses focus on low-level cognitive skills. *CBE Life Sciences Education*, 9 （4）, 435-440. Retrieved from www.lifescied.org/content/9/4/435.full

Moog, R. S., & Spencer, J. N. （Eds.）. （2008）. *Process-oriented guided inquiry learning*. New York: American Chemical Society.

Morris, P. E., Fritz, C. O., Jackson, L., Nichol, E., & Roberts, E. （2005）. Strategies for learning proper names: Expanding retrieval practice, meaning and imagery. *Applied Cognitive Psychology*, 19 （6）, 779-798.

National Academy of Sciences, National Academy of Engineering, & Institute of Medicine. （2011）. *Expanding underrepresented minority participation*. Washington, DC: National Academies Press.

Retrieved from grants.nih.gov/training/minority_participation.pdf

National Center for Case Study Teaching in Science （NCCSTS）. （n.d.）. Retrieved from sciencecases.lib.buffalo.edu/cs/

National Science Foundation. （2009, January）. *Women, minorities, and persons with disabilities in science and engineering*. NSF 09-305. Arlington, VA: National Science Foundation, Retrieved from www.nsf.gov/statistics/ wmpd/

Nilson, L. B. （2007）. *The graphic syllabus and the outcomes map: Communicating your course*. San Francisco: Jossey-Bass.

Novak, J. D., & Cañas, A. J. （2008）. The theory underlying concept maps and how to construct them. Technical Report IHMC CmapTools 2006-01 Rev 01-2008. Florida Institute for Human and Machine Cognition. Retrieved from cmap.ihmc.us/Publications/ResearchPapers/ TheoryUnderlyingConceptMaps.pdf

Oakley, B. （2014）. *A mind for numbers: How to excel at math and science （even if you flunked algebra）*. New York: Jeremy P. Tarcher/Penguin.

Oakley, B., Felder, R. M., Brent, R., & Elhajj, I. （2004）. Turning student groups into effective teams. *Journal of Student-Centered Learning*, 2（1）, 9-34. Retrieved from www.ncsu.edu/felder-public/Papers/Oakley-paper（JSCL）.pdf

O'Brien, J. G., Millis, B. J., & Cohen, M. W. （2008）. *The course syllabus: A learning-centered approach* （2nd ed.）. Hoboken, NJ: Wiley.

Ohland, M. W., Brawner, C. E., Camacho, M. M., Layton, R. A., Long, R. A., Lord, S. M., & Wasburn, M. H. （2011）. Race, gender, and measures of success in engineering education, *Journal of Engineering Education*, 100（2）, 225-252.

Ohland, M. W., Loughry, M. L., Woehr, D. J., Bullard, L. G., Felder, R. M., Finelli, C. J., Layton, R. A., Pomeranz, H. R., & Schmucker, D. G. （2012）. The comprehensive assessment of team member effectiveness: Development of a behaviorally anchored rating scale for self and peer evaluation. *Academy of Management Learning & Education*, 11（4）, 609-630.

Ohland, M. W., Sheppard, S. D., Lichtenstein, G., Eris, O., Chachra, D., & Lay- ton, R. A. （2008）. Persistence, engagement, and migration in engineering programs. *Journal of Engineering Education*, 97（3）, 259-277.

Orpen, C. （1982）. Student versus lecturer assessment of learning: A research note. *Higher*

Education, 11, 567-572.

Osborn, A. F. (1963). *Applied imagination: Principles and procedures of creative problem solving* (3rd ed.). New York: Charles Scribner's Sons.

Pascarella, E. T., & Terenzini, P. T. (2005). *How college affects students: A third decade of research*. San Francisco: Jossey-Bass.

Peer-Led Team Learning (PLTL). (n.d.). Retrieved from www.pltl.org

Penner, J. (1984). *Why many college teachers cannot lecture*. Springfield, IL: Charles C. Thomas.

Perry, W. G. (1970/1998). *Forms of intellectual and ethical development in the college years: A scheme*. San Francisco: Jossey-Bass.

Pfeiffer, W. S. (2010). *Pocket guide to technical communication* (5th ed.). Upper Saddle River, NJ: Longman.

Phillips, C. R., Chesnut, R. J., & Rospond, R. M. (2004). The California critical thinking instruments for benchmarking, program assessment, and directing curricular change. *American Journal of Pharmaceutical Education*, 68 (4), Article 101.

Pólya, G. (1945). *How to solve it*. Princeton, NJ: Princeton University Press.

Poynter, K. J., & Washington, J. (2005). Multiple identities: Creating community on campus for LGBT students. *New Directions for Student Services*, 111, 41-47.

Prichard, J. (2013). *The importance of soft skills in entry-level employment and post-secondary success*. Seattle: Seattle Jobs Initiative. Retrieved from www.seattlejobsinitiative.com/wp-content/uploads/SJI_SoftSkillsReport_ vFINAL_1.17.13.pdf

Prince, M. J. (2004). Does active learning work? A review of the research. *Journal of Engineering Education*, 93 (3), 223-231.

Prince, M. J., & Felder, R. M. (2006). Inductive teaching and learning methods: Definitions, comparisons, and research bases. *Journal of Engineering Education*, 95 (2), 123-138. Retrieved from www.ncsu.edu/felder-public/ Papers/InductiveTeaching.pdf

Prince, M. J., & Felder, R. M. (2007). The many faces of inductive teaching and learning. *Journal of College Science Teaching*, 36 (5), 14-20. Retrieved from www.ncsu.edu/felder-public/Papers/Inductive (JCST) .pdf

Prince, M. J., Vigeant, M. A. S., & Nottis, K. E. K. (2012). Assessing the prevalence and persistence of engineering students' misconceptions in heat transfer. *Journal of Engineering*

Education, 101（3）, 412-438.

Process Oriented Guided Inquiry Learning（POGIL）.（n.d.）Retrieved from pogil. org/post-secondary

Pyc, M. A., Agarwal, P. K., & Roediger III, H. L.（2014）. Test-enhanced learning. In V. A. Benassi, C. E. Overson, & C. M. Hakala（Eds.）, *Applying science of learning in education: Infusing psychological science in the curriculum*（pp. 78-90）. Washington, DC: American Psychological Association.

Ramsden, P.（2003）. *Learning to teach in higher education*（2nd ed.）. New York: Routledge Falmer.

Rankin, S., Weber, G., Blumenfeld, W., & Frazer, S.（2010）. *2010 state of higher education for lesbian, gay, bisexual and transgender people*. Charlotte, NC: Campus Pride. Retrieved from issuu. com/campuspride/docs/campus_ pride_2010_lgbt_report_summary

Reason, R. D., Cox, B. E., Quaye, B. R. L., & Terenzini, P. T.（2010）. Faculty and institutional factors that promote student encounters with difference in first-year courses. *Review of Higher Education*, 33（3）, 391-414.

Renkl, A.（2014）. Learning from worked examples: How to prepare students for meaningful problem solving. In V. A. Benassi, C. E. Overson, & C. M. Hakala（Eds.）, *Applying science of learning in education: Infusing psychological science in the curriculum*（pp. 118-130）. Washington, DC: American Psychological Association.

Riener, C., & Willingham, D.（2010）. The myth of learning styles. *Change: The magazine of higher learning*. Retrieved from www.changemag.org/ Archives/Back%20Issues/September-October%20 2010/the-myth-of- learning-full.html

Roberson, B., & Franchini, B.（2014）. Effective task design for the TBL classroom. *Journal on Excellence in College Teaching*, 25（3&4）, 275-302.

Roediger III, H. L., & Butler, A. C.（2011）. The critical role of retrieval practice in long-term learning. *Trends in Cognitive Science*, 15（1）, 20-27.

Rogers, C. R., & Farson, R. E.（1987）. Active listening. In R. G. Newman, M. A. Danziger, & M. Cohen（Eds.）, *Communication in business today*. Washington: Heath.

Rohrer, D., Dedrick, R., & Burgess, K.（2014）. The benefit of interleaved mathematics practice is not limited to superficially similar kinds of problems. *Psychonomic Bulletin & Review*, 21, 1323-

1330.

Rohrer, D., & Pashler, H. （2007）. Increasing retention without increasing study time. *Current Directions in Psychological Science*, 16（4）, 183-186.

Rohrer, D., & Pashler, H. （2012）. Learning styles: Where's the evidence？ *Medical Education*, 46, 634-635. Retrieved from onlinelibrary.wiley.com/doi/ 10.1111/j.1365-2923.2012.04273.x/full

Rohrer, D., Taylor, K., Pashler, H., Wixted, J. T., & Cepeda, N. J. （2004）. The effect of overlearning on long-term retention. *Applied Cognitive Psychology*, 19, 361-374.

Rosen, C. （2008）. The myth of multitasking. *The New Atlantis, Spring*, 105-110. Retrieved from www.thenewatlantis.com/publications/the-myth-of- multitasking

Rosser, S. （1997）. *Re-engineering female friendly science*. New York: Teachers College Press.

Rosser, S. V. （1998）. Group work in science, engineering, and mathematics: Consequences of ignoring gender and race. *College Teaching*, 46（3）, 82-88.

Rowe, M. B. （1986）. Wait time: Slowing down may be a way of speeding up! *Journal of Teacher Education*, 37（1）, 43-50.

Rutledge, M. L., & Warden, M. A. （2000）. Evolutionary theory, the nature of science & high school biology teachers: Critical relationships. *The American Biology Teacher*, 62（1）, 23-31.

Sadler, P. M., & Good, E. （2006）. The impact of self- and peer-grading on student learning. *Educational Assessment*, 11（1）, 1-31.

Sarquis, J. L., Dixon, L. J., Gosser, D. K., Kampmeier, J. A., Roth, V., Strozak, V. S., & Varma-Nelson, P.（2001）. The workshop project: Peer-led team learning in chemistry. In J. E. Miller, J. E. Groccia, & M. Miller （Eds.）, *Student-assisted teaching: A guide to faculty-student teamwork* （pp.150-155）. Bolton, MA: Anker.

Schneider, B., Blikstein, P., & Pea, R. （2013）. The flipped, flipped classroom. *The Stanford Daily*, August 5. Retrieved from www.stanforddaily.com/2013/ 08/05/the-flipped-flipped-classroom/

Schneider, B., Milesi, C., Brown, K., Gutin, I., & Perez-Felkner, L. （2015）. Does the gender gap in STEM majors vary by field and institutional selectivity？ *Teachers College Record*, July 16.

Seidel, S. B., & Tanner, K. D. （2013）. "What if students revolt？" —Considering student resistance: Origins, options, and opportunities for investigation. *CBE Life Sciences Education*, 12, 586-595. Retrieved from www.lifescied. org/content/12/4/586.full

Severiens, S., & Schmidt, H. （2009）. Academic and social integration and study progress in problem based learning. *Higher Education*, 58（1）, 59-69.

Seymour, E., & Hewitt, N. M. （1997）. *Talking about leaving: Why undergraduates leave the sciences*. Boulder, CO: Westview Press.

Shank, J. D. （2014）. *Interactive open educational resources: A guide to finding, choosing, and using what's out there to transform college teaching*. San Francisco: Jossey-Bass.

Shuman, L. J., Besterfield-Sacre, M., & McGourty, J. （2005）. The ABET "professional skills" — Can they be taught？Can they be assessed？*Journal of Engineering Education*, 94（1）, 41-55.

Silverthorn, D. U. （2006）. Teaching and learning in the interactive classroom. *Advances in Physiology Education*, 30, 135-140.

Simkins, S., & Maier, M. （Eds.）. （2009）. *Just-in-time teaching: Across the disciplines, and across the academy*. Sterling, VA: Stylus Publishing.

Simpson, E. J. （1972）. *The classification of educational objectives, psychomotor domain*. ERIC Document ED010368, Education Resource Information Center.

Singh, H. （2003）. Building effective blended learning programs. *Educational Technology*, 43（6）, 51-54.

Smith, H., Parr, R., Woods, R., Bauer, B., & Abraham, T. （2010）. Five years after graduation: Undergraduate cross-group friendships and multicultural curriculum predict current attitudes and activities. *Journal of College Student Development*, 51（4）, 385-402.

Smith, K. A., Sheppard, S. D., Johnson, D. W., & Johnson, R. T. （2005）. Pedagogies of engagement: Classroom-based practices. *Journal of Engineering Education*, 94, 87-101.

Sorcinelli, M. D., & Yun, J. （2007）. From mentor to mentoring networks: Mentoring in the new academy. *Change*, 39（6）, 58-61.

Sousa, D. A. （2011）. *How the brain learns* （4th ed.）［Kindle version］. Retrieved from http://www.amazon.com/Brain-Learns-David-Anthony-Sousa/dp/1412997976

Springer, L., Stanne, M. E., & Donovan, S. （1999）. Effects of small-group learning on undergraduates in science, mathematics, engineering, and technology: A meta-analysis. *Review of Educational Research*, 69（1）, 21-51. Retrieved from www.wcer.wisc.edu/archive/cl1/CL/resource/scismet.pdf

Steele, C. M. （2010）. *Whistling Vivaldi: And other clues to how stereotypes affect us*. New York: W. W. Norton.

Stice, J. E. （1979）. Grades and test scores: Do they predict adult achievement？ *Journal of Engineering Education*, 69 （5）, 390-393.

Streveler, R. A., Miller, R. L., Santiago-Roman, A. I., Nelson, M. A., Geist, M. R., & Olds, B. M. （2011）. Rigorous methodology for concept inventory development: Using the "assessment triangle" to develop and test the thermal and transport science concept inventory （TTCI）. *International Journal of Engineering Education*, 27 （5）, 968-984.

Strobel, J., & van Barneveld, A. （2009）. When is PBL more effective？ A meta-synthesis of meta-analyses comparing PBL to conventional classrooms. *Interdisciplinary Journal of Problem-based Learning*, 3 （1）, 44-58.

Stuart, J., & Rutherford, R. （1978）. Medical student concentration during lectures. *The Lancet*, 2, 514-516.

Svinicki, M. D. （2010）. Synthesis of the research on teaching and learning in engineering since the implementation of ABET Engineering Criteria 2000. National Academies Board on Science Education. Retrieved from sites.nationalacademies.org/dbasse/bose/dbasse_080124

Svinicki, M., & McKeachie, W. J. （2014）. *McKeachie's teaching tips: Strategies, research, and theory for college and university teachers* （14th ed.）. Belmont, CA: Wadsworth.

Sweller, J. （2006）. The worked example effect and human cognition. *Learning and Instruction*, 16 （2）, 165-169.

Sweller, J., Ayres, P., & Kalyuga, S. （2011）. *Cognitive load theory*. Springer Science and Business Media. Available from https: //books.google.com/ books/about/Cognitive_Load_Theory.html？ id=sSAwbd8qOAAC.

Szpunar, K. K., Khan, N. Y., & Schacter, D. L. （2013）. Interpolated memory tests reduce mind wandering and improve learning of online lectures. *Proceedings of the National Academy of Sciences*, 110 （16）, 6313- 6317.

Tanner, K. D. （2012）. Promoting student metacognition. *CBE-Life Sciences Education*, 11, 113-120.

Taylor, A. K., & Kowalski, P. （2014）. Student misconceptions: Where do they come from and what can we do？ In V. A. Benassi, C. E. Overson, & C. M. Hakala （Eds.）, *Applying science of learning in education: Infusing psychological science into the curriculum*. Retrieved from teachpsych.org/ebooks/ asle2014/index.php

Taylor, K., & Rohrer, D. （2010）. The effects of interleaved practice. *Applied Cognitive Psychology*, 24（6）, 837-848.

Terenzini, P. T., Cabrera, A. F., Colbeck, C. L., Parente, J. M., & Bjorklund, S. A. （2001）. Collaborative learning vs. lecture/discussion: Students' reported learning gains. *Journal of Engineering Education*, 90, 123-130.

Tien, L. T., Roth, V., & Kampmeier, J. A. （2002）. Implementation of a peer-led team learning approach in an undergraduate organic chemistry course. *Journal of Research in Science Teaching*, 39, 606-632.

Tinto, V. （1993）. *Leaving college: Rethinking the causes and cures of student attrition* （2nd ed.）. Chicago: University of Chicago Press.

Tobias, S. （1994）. *They're not dumb, they're different*. Tucson, AZ: Research Corporation.

Torrance, E. P. （1962）. Creative thinking through school experiences. In S. J. Parnes & H. F. Harding （Eds.）, *A source book for creative thinking* （pp. 31-47）. New York: Charles Scribner's Sons.

Torrance, E. P. （1966a）. Rationale of the Torrance tests of creative thinking ability. In E. P. Torrance & W. F. White （Eds.）, *Issues and advances in education psychology*. Istica, IL: F. E. Peacock.

Torrance, E. P. （1966b）. *Torrance test on creative thinking: Norms-technical manual*. Lexington, MA: Personal Press.

Trigwell, K., Prosser, M., & Waterhouse, F. （1999）. Relations between teachers' approaches to teaching and students' approaches to learning. *Higher Education*, 37, 57-70.

Tucker, C. （2013）. Mind/Shift teacher's guide to using videos. KQED and NPR. Retrieved from ww2.kqed.org/mindshift/wp-content/uploads/sites/23/ 2013/03/MindShift-Guide-to-Videos.pdf

University of California, San Diego. （2014）. Learning how to learn: Powerful mental tools to help you master tough subjects. Retrieved from www.coursera.org/learn/learning-how-to-learn

University of Delaware PBL Clearinghouse. （n.d.）. Retrieved from http: //www.udel.edu/inst/ clearinghouse/index.html

University of Oregon. （2014）. Writing multiple choice questions that demand critical thinking. Retrieved from tep.uoregon.edu/resources/assessment/ multiplechoicequestions/mc4critthink.html

US Copyright Office. （n.d.）. Circular 92 107 limitations on exclusive rights: Fair use. Retrieved from www.copyright.gov/title17/92chap1.html#107

US Department of Commerce. （2011）. Women in STEM: A gender gap to innovation. *ESA Issue Brief 04–11*. Washington, DC: US Department of Commerce.

van Gelder, T. （2005）. Teaching critical thinking: Some lessons from cognitive science. *College Teaching*, 53（1）, 41-46.

VanGundy, A. B. （1983）. Brainwriting for new product ideas: An alternative to brainstorming. *Journal of Consumer Marketing*, 1, 67-74.

Velegol, S. B., Zappe, S. E., & Mahoney, E. （2015）. The evolution of a flipped classroom: Evidence-based recommendations. *Advances in Engineering Education*, 4（3）. Retrieved from advances.asee.org/wp-content/uploads/ vol04/issue03/papers/AEE-15-Velegol.pdf

Watson, G., & Glaser, E. （1980）. *Watson-Glaser critical thinking appraisal*. San Antonio, TX: The Psychological Corporation.

Weber, K., & Custer, R. （2005）. Gender-based preferences toward technology education content, activities, and instructional methods. *Journal of Technology Education*, 16（2）, 55-71.

Weimer, M. （2012）. Five characteristics of learner-centered teaching. Faculty Focus. Magna publications. Retrieved from www.facultyfocus.com/articles/effective-teaching-strategies/five-characteristics-of-learner- centered-teaching/

Weimer, M. （2013）. *Learner-centered teaching: Five key changes to practice* （2nd ed.）. San Francisco: Jossey-Bass.

Wieman, C. （2014）. Large-scale comparison of science teaching methods sends clear message. *Proceedings of the National Academy of Sciences* （PNAS）, 111（23）, 8319-8320. Retrieved from www.pnas.org/content/111/23/8319.full

Williams, L., & Kessler, R. （2002）. *Pair programming illuminated*. Boston: Addison-Wesley.

Wilson, R. C. （1986）. Improving faculty teaching: Effective use of student evaluations and consultants. *Journal of Higher Education*, 57（2）, 196-211.

Woods, D. R. （1985）. *A strategy for problem solving* （3rd ed.）. Hamilton, Ontario: Department of Chemical Engineering, McMaster University.

Woods, D. R. （1994）. *Problem-based learning: How to get the most from PBL*. Waterdown, Ontario: Woods Publishing.

Woods, D. R. （2000）. An evidence-based strategy for problem solving. *Journal of Engineering*

Education, 89（4）, 443-459.

Zeilik, M.（n.d.）. Field-tested learning assessment guide （FLAG）. Classroom assessment techniques: Minute paper. Retrieved from www.flaguide.org/ cat/minutepapers/minutepapers7.php

Zimarro, D.（2004）. Writing good multiple choice exams. University of Texas at Austin. Retrieved from ctl.utexas.edu/sites/default/files/writing-good- multiple-choice-exams-04-28-10.pdf

译后记

从 2018 年 9 月如获至宝第一次拿到这本书到今天，我已经精读了几十遍，大修了五版。这对于我本来非常薄弱的耐心而言，真的是莫大的考验，可我却从未感到厌倦。每一次的反复斟酌，每一个字词的推敲，每一个版本的进步，都是珍贵的学习过程，也让我越来越坚信——这必将是一本很受读者欢迎的书。

因为，它是一本实用性很强的书。

我经历过"小青椒"成长路上的各种心路历程。绝大多数选择到高校工作的青年才俊，一开始都怀着一颗站好讲台的初心。只是，教学理念的陈旧、教学方法的欠缺、学生的不领情往往会无情地浇灭他们最初的热情。如果能够在入职之初读到这本书，让他们提前知道该如何高效备课、如何课堂互动、如何设计考卷、如何面对质疑……我想他们一定会避开很多雷区，少走很多弯路。

虽然中美两国国情不同、校情不同、学情不同，但是我们要"以学为中心"的理念是共通的，要改变传统"以教为中心"教学范式所面对的困难也是相似的。于是，趁着"近水楼台先得月"的便利，我在面向全国高校的各类教学培训和工作坊中，经常会引用本书的观点、技巧和案例"借花献佛"。幸运的是，这些观点和方法同样也得到了很多有着丰富教学经验的资深教师的认可和共鸣。

此外，它还是一本亲和力很强的书。

面对高校教师这个读者群体，科学性和学术性是建立信任的最重要前提。绝大多数高校教师往往信服于脑科学、认知科学等研究成果但又不愿其实也不必花太多时间和精力去深入研究。作者似乎也洞察到这一心理，书中关于科学原理的阐释总是恰到好处、深入浅出、点到为止 (感兴趣的读者可以查询书中的参考文献)。

在一些方法的介绍章节，例如合作式学习，翻译它的诸多益处时我就暗暗心想，合作式学习虽好，可是成绩评定总是难题，遇到学生搭便车又该怎么办？随着翻译的推进，我才发现作者早就猜透了我们心中的困惑，并在书中给出了答复。

此外，每一篇开始的章节导图、每一章末尾的要点回顾与课堂实践、全书轻松诙谐的写作风格，都让本书的阅读变得非常友好和高效，可以为繁忙的高校教师节约宝贵的时间。书中的一些插曲小故事可能会让读者会心一笑——原来全世界的学生都一个样啊！

作为一名工科出身半路出家的教学发展者，我深知自己的根基尚浅，能力有限，在翻译本书的过程中总是如履薄冰。幸运的是，我得到了很多人的无私帮助和指点。

感谢重庆大学教师教学发展中心的黄璐主任和各位同事，为我提供舒适的工作环境并为本书的面世付出很多艰辛的努力；感谢重庆大学外国语学院彭静院长、雷蕾老师和陈毅强老师，给予我语言方面的专业指导意见和技术支持，雷蕾老师还协助了本书引言、第1章、第9章和第11章的初译；还有数学与统计学院、物理学院、药学院等学院里曾经给予我学科方面专业指导意见的同事们，感谢你们包容我这个门外汉一遍又一遍的打扰；感谢重庆大学出版社的责任编辑夏宇女士，你的细心程度真的刷新了我的认知，感谢你给予我出版和语言方面的专业意见；感谢我曾经就读和工作过的重庆大学管理科学与房地产学院对我的培养，给予我最初的舞台；也感谢我的硕士研究生肖霞女士，协助了本书第6章和第10章的初译。

每当翻译得兴致盎然之时，我就难免废寝忘食；每当遇到瓶颈或词不达意时，我又会变成一颗定时炸弹。这种状态，简直可以和写博士论文那段暗黑岁月相媲美。感谢我的丈夫和女儿，给予我最大限度的包容和支持；感谢我的父亲，戴着老花眼镜为我打磨文字；也感谢我的母亲和公婆，把我从柴米油盐中解救出来，少了很多后顾之忧。

最后，借着此书，想向多年以来参加过我的讲座或工作坊的各位听众道一声感谢，是你们的认可、指正和鼓励，让我觉得自己的这份工作如此有意义，给了我继续前行的勇气。你们总是问我有什么好书推荐，这一次，我终于可以底气十足地推荐这本自己迄今为止最爱的教学用书给你们了，希望你们也会喜欢！

纸上得来终觉浅，绝知此事要躬行。这些理念和方法就像一粒粒种子，只有真正融入专业课堂的土壤里，只有得到教师的心血浇灌和学生的真诚反馈，才能迎来开花结果的高光时刻。既然做一名好老师是我们选择这份职业的初心，那我们就好好走下去！

陈　圆

2021年8月